KB268359

탁월한 리더의 탄생

T.E.A.M.으로 만드는 팀장의 원칙

탁월한 리더의 탄생

박진일 지음

pazit

차례

"인간은 태어나는 것이 아니라 만들어진다."

— 에라스무스

탁월한 리더의 탄생

누구도 리더로 태어나지 않습니다.

명함에 새겨진 두 글자가 바뀌는 순간, 어제의 당신은 사라집니다. 어제까지 당신은 자신의 일만 잘하면 됐습니다. 오늘부터 당신은 타인의 성과까지 책임져야 합니다. 어제까지 당신은 동료였습니다. 오늘부터 당신은 그들의 상사입니다. 같은 사무실, 같은 책상, 같은 얼굴들. 하지만 모든 것이 달라졌습니다.

축하 인사가 쏟아집니다. 고맙다고 말합니다. 하지만 돌아서는 순간, 가슴 한편이 서늘해지는 것을 느낍니다.

'과연 나는 이 자리에 맞는 사람일까.'

그 질문이 당신을 이 책으로 이끌었습니다. 그리고 이 책은 그 질문에 대한 답을 드리기 위해 쓰였습니다. 탁월한 리더는 태어나는 것이 아니라 만들어진다고. 당신도 탁월한 리더로 탄생할 수 있다고.

왜 우리는 리더를 두려워하게 되었을까

언제부터인가 '리더'라는 단어의 무게가 달라졌습니다. 10년 전만 해도 팀장 승진은 직장인의 로망이었습니다. 더 높은 연봉, 더 큰 권한, 조직에서 능력을 인정받았다는 자부심. 그 자리는 선망의 대상이었습니다.

하지만 지금은 다릅니다.

"굳이 팀장을 해야 할까요?"

"책임만 무겁고 권한은 쥐꼬리만한데요."

"그냥 실무만 계속하면 안 될까요?"

왕관의 무게를 아는 자는 함부로 왕좌에 앉지 않습니다. 우리는 지금 '리더 포비아Leader Phobia'의 시대를 살고 있습니다. 승진 축하가 위로처럼 들리고, 팀장 자리가 영광이 아니라 짐처럼 느껴지는 시대입니다.

왜 이렇게 됐을까요? 과거에는 단순했습니다. 경험 많은 선배가 앞장서면 후배들이 따랐습니다. 하지만 지금 팀장에게 요구되는 것은 전혀 다른 차원입니다. 급변하는 시장에서 성과를 증명해야 하고, 서로 다른 세대와 소통해야 하며, 복잡하게 얽힌 이해관계를 조율해야 합니다. 예전 방식은 더 이상 통하지 않습니다.

그래서 많은 사람이 두려워합니다. 준비 없이 그 자리에 앉는 것이 축복이 아니라 재앙처럼 느껴지기 때문입니다.

리더는 태어나는 것이 아니라 만들어진다

이 책은 바로 그 지점에서 시작됩니다.

팀장이 되기를 망설이는 예비 리더. 이미 팀장이 되었지만 "내가 제대로 하고 있는 걸까?" 스스로에게 묻는 현직 리더. 당신을 위해 이 책을 썼습니다.

흔히들 착각합니다. 리더십은 타고난 기질의 문제라고. 카리스마, 추진력, 남다른 통솔력이 DNA에 새겨져 있어야 한다고. 그래서 "나는 원래 그런 스타일이 아니야"라며 가능성을 닫아버립니다.

틀렸습니다.

500년 전, 르네상스 최고의 지성 에라스무스는 이미 답을 알고 있었습니다. "인간은 태어나는 것이 아니라 만들어진다"고. 교육과 훈련이 사람을 만든다고. 이 원리는 리더십에도 그대로 적용됩니다.

반대로 프레젠테이션 기법이나 회의 진행 요령처럼 몇 가지 스킬만 익히면 된다고 가볍게 여기는 사람도 있습니다. 이것도 틀렸습니다.

리더십은 기질의 문제도, 단순한 스킬의 문제도 아닙니다. 체계적인 학습과 의도적인 훈련으로 길러야 할 전문 역량입니다. 올바른 방법으로 단련하면 누구나 탁월한 리더로 탄생할 수 있습니다.

T.E.A.M.- 탁월한 리더의 원칙

이 책은 당신을 위한 리더십 내비게이션입니다.

단순히 좋은 말을 나열한 이론서가 아닙니다. 책을 읽고 난 뒤 내일 아침 당장 '행동'이 바뀔 수 있도록, 모든 챕터를 4단계 실전 프레임워크로 구성했습니다.

첫 번째 단계는 [SCENE]입니다. 현장에서 팀장들이 매일 겪는 생생한 갈등과 고민의 순간을 담았습니다. "이건 내 이야기다"라는 공감에서 출발합니다.

두 번째 단계는 [DIAGNOSIS]입니다. 왜 그 문제가 발생하는지, 심리학과 경영학의 검증된 이론을 통해 현상의 원인을 진단합니다. 문제의 뿌리를 알아야 해법이 보입니다.

세 번째 단계는 [SOLUTION]입니다. 뜬구름 잡는 조언이 아닙니다. 내일 당장 써먹을 수 있는 구체적인 대화법, 질문 리스트, 행동 루틴을 제시합니다.

네 번째 단계는 [ESSENCE]입니다. 각 장의 핵심 원칙을 세 가지로 압축했습니다. 리더십의 나침반으로 삼을 수 있도록.

무엇보다 이 책의 핵심에는 T.E.A.M.이 있습니다. 탁월한 리더가 반드시 갖춰야 할 네 가지 원칙입니다.

1. Trust(신뢰): 권위가 아닌 심리적 안전감으로 팀의 기반을 다지는 것

2. Emotion(감성): 논리가 아닌 공감으로 구성원의 마음을 움직이는 것

3. Alignment(정렬): 조직의 목표와 개인의 방향을 일치시키는 것

4. Motivation(동기부여): 당근과 채찍이 아닌 내재적 동기를 자극하는 것

이 네 가지 원칙이 당신을 탁월한 리더로 탄생시키는 엔진이 될 것입니다.

탁월한 리더로 가는 여정

이 프레임워크를 따라 책장을 넘기다 보면, 당신은 리더십의 여덟 가지 핵심 영역을 하나씩 정복하게 됩니다.

제1장 [자기 인식]에서는 실무자에서 리더로 정체성을 전환하며 내면을 단단히 세웁니다.

제2장 [T.E.A.M.]에서는 신뢰^{Trust}, 감성^{Emotion}, 정렬^{Alignment}, 동기

부여Motivation라는 리더십의 네 가지 핵심 축을 장착합니다.

제3장 [성과 관리]에서는 숫자를 쪼는 대신 몰입을 설계하는 법을 배웁니다.

제4장 [권한 위임]에서는 일일이 시키지 않아도 스스로 움직이는 팀을 만드는 비결을 다룹니다.

제5장 [갈등 관리]에서는 다름을 조율하고 충돌을 기회로 바꾸는 기술을 익힙니다.

제6장 [협업]에서는 칸막이를 허물고 시너지를 창출하는 방법을 탐구합니다.

제7장 [커뮤니케이션]에서는 세대를 연결하고 상사까지 움직이는 소통의 기술을 다룹니다.

마지막 제8장 [성장과 코칭]에서는 팀원의 잠재력을 끌어내 사람을 남기는 리더로 완성되는 길을 안내합니다.

새로운 리더의 탄생을 위하여

리더는 외로운 자리입니다. 위에서는 성과를 압박하고, 아래에서는 불만이 올라옵니다. 어제의 동료가 오늘의 부하 직원이 되었고, 모든 결정의 무게는 당신 어깨 위에 놓입니다.

하지만 기억하십시오. 당신은 혼자가 아닙니다. 이 책이 당신의 가장 든든한 길잡이가 되겠습니다. 방향을 잃을 때 꺼내 볼 수 있는 나침반, 흔들릴 때 기댈 수 있는 버팀목이 되겠습니다.

당신이 지금 불안한 것은 자격이 없어서가 아닙니다. 아직 배우지 못했기 때문입니다. 배우면 됩니다. 훈련하면 됩니다. T.E.A.M.의 원칙을 체화하면 됩니다. 그것이 탁월한 리더로 탄생하는 유일한 길입니다.

탁월한 리더는 태어나지 않습니다. 만들어집니다.

이제 당신의 탄생이 시작됩니다.

제1장

축하와 불안이 교차하는 리더의 출발선

01

"축하합니다" 그 순간, 불안은 시작된다

"승진을 진심으로 축하합니다"

회의실 문이 열리고 쏟아지는 박수 소리, 동료들이 건네는 축하 악수와 화려한 꽃다발. 당신은 환하게 웃으며 "감사합니다, 더 열심히 하겠습니다"라고 씩씩하게 답합니다. 겉모습은 더할 나위 없이 기쁜 승진자의 표정이지만, 속마음은 조금 다를지도 모릅니다. 귀는 멍하고, 입꼬리는 미세하게 떨리고 있지 않습니까? 회의실을 나와 자리로 돌아가는 길, 손에 들린 꽃다발의 향기는 진동하는데 명치끝은 묵직하게 조여옵니다. 퇴근길, 차창 밖으로 스쳐 지나가는 풍경을 보며 당신은 비로소 가면을 벗고 한숨을 쉽니다. 기쁨이나 설렘보다는, 어쩌면 두려움에 더 가까운 감정일 것입니다. '내가 팀장이라니. 아직 준비가 안 됐는데. 당장 다음 달 실적은 어떻게 채우지? 밑천 다 드러나면 어떡하나. 팀원들이 나를 리더로 인정해 줄까? 내가 과연 저들의 인생을 책임질 수 있을까?'

그날 밤, 천장을 보며 잠 못 이루던 당신의 마음은 지극히 당연합니다. 지금 당신은 철저히 혼자라고 느낄 것입니다. 남들은 '승진'이라고 부르며 부러워하고, 연봉이 올랐으니 한턱내라고 성화지만, 당사자에게는 전쟁터 한복판에 방패 하나 없이 덩그러니 던져진 기분일 테니까요. 어제까지는 내 일만 잘하면 되는 '에이스 실무자'였지만, 오늘부터는 타인의 성과까지 책임져야 하는 '초보 리더'가 되었으니, 그 막막함은 이루 말할 수 없을 것입니다. 마치 수영을 글로만 배운 사람이 예고도 없이 깊은 바다에 빠진 것 같은 느낌, 바로 '생존 게임'의 시작입니다. 하지만 안심하십시오. 당신만 유별나게 불안한 것이 아닙니다. 당신이 부족해서가 아니라, 당신이 지금 지극히 정상적인 리더의 길을 걷고 있다는 증거입니다.

성공한 사람일수록 더 불안하다: 가면 증후군의 역설

심리학에는 미국의 심리학자 폴린 클랜스Pauline Clance와 수잔 임스Suzanne Imes가 처음 명명한 '가면 증후군Imposter Syndrome'이라는 개념이 있습니다. 이 증후군은 사회적으로 성공한 사람들이 자신의 성공을 온전히 자신의 실력으로 받아들이지 못하는 심리 상태를 말합니다.

객관적으로는 뛰어난 성과를 냈음에도 불구하고, 스스로를 끊임없이 의심합니다. '내가 운이 좋아서', '타이밍이 기가 막혀서', '사람들이 나를 과대평가해서' 이 자리에 올랐다고 생각합니다. 그래서 마치 자신이 가면을 쓴 사기꾼 같다고 느끼며, 언젠가 자신의 무능함이 가면 벗겨지듯 만천하에 들통날까 봐 전전긍긍하는 것입니다.

흥미로운 사실은, 이 가면 증후군은 일을 못 하는 사람이 아니라 일을 아주 잘하는 고성과자High Performer들에게서 더 자주, 더 강렬하게 나타난다는 점입니다.

제가 현업에서 만난 수많은 대기업 임원들, 심지어 탁월한 성과를 내어 언론의 조명을 받는 CEO들조차 사석에서는 깊은 불안을 토로하곤 했습니다. "사실 매일 아침이 두렵습니다. 오늘은 또 어떤 결정을 내려야 할까, 내 결정이 틀리면 어쩌나… 직원들 앞에서는 '나를 따르라'며 태연한 척 연기하지만, 등 뒤로는 식은땀이 흐릅니다. 꼭 모두를 속이고 있는 것 같습니다."

당신이 지금 불안한 이유는 당신이 '능력이 없어서'가 아닙니다. 오히려 지난 실무자 시절, 누구보다 완벽하게 일을 처리해왔던 당신의 '높은 기준' 때문입니다. 당신은 늘 100점, 120점을 받아왔고, 칭찬에 익숙한 사람입니다. 그런 당신에게 '처음 해보는 팀장 역할'은 낯설고 서툴 수밖에 없는데, 당신의 뇌는 그 '낯설음'을 '무능함'으로 오해하고 있는 것입니다.

실무자일 때는 내 일만 완벽하면 됐습니다. 밤을 새워서라도 내

몫을 해내면 박수를 받았습니다. 하지만 팀장은 다릅니다. 내가 아무리 잘해도 팀원이 실수하면 내 책임이 되고, 성과는 내 것이 아니라 팀의 것이 됩니다. 통제할 수 없는 변수는 기하급수적으로 늘어났는데 책임은 더 무거워졌으니, 불안하지 않다면 그게 더 이상한 일일 것입니다.

그러니 오늘부터 당신의 불안을 재정의하십시오. 당신의 불안은 '무능함의 증거'가 아닙니다. 오히려 이 자리를 가볍게 여기지 않고 제대로 해내고 싶다는 '책임감의 증거'이자, 당신이 지금 안주하지 않고 성장하려 한다는 '성장의 신호'입니다.

"나는 배우는 중입니다"라고 말할 용기

가면 증후군을 겪는 많은 신임 팀장들이 본능적으로 선택하는 방어 기제가 있습니다. 바로 '완벽한 리더'를 연기[Acting]하는 것입니다. 모르는 게 있어도 아는 척하고, 확신이 없어도 있는 척합니다. 회의 시간에 침묵이 흐르면 불안해서 아무 말이나 내뱉습니다. '팀장은 답을 아는 사람'이어야 한다고 믿기 때문입니다. 팀원들에게 틈을 보이면 무시당할까 봐, 빈틈없는 갑옷을 입고 출근합니다. 하지만 이것은 리더십의 본질을 오해한 것입니다.

하버드 경영대학원의 린다 힐[Linda Hill] 교수는 신임 관리자가 겪는 가장 큰 착각이 바로 "권위는 정답에서 나온다"고 믿는 것이라고 날카롭게 지적했습니다. 권위는 '모든 것을 아는 척'할 때 생기는 게 아닙니다. 그러면 팀원들은 리더를 어려워할 수는 있어도 존경하지는 않습니다. 오히려 자신의 '취약성Vulnerability'을 솔직하게 인정하고, 팀원들에게 도움을 구할 때 진짜 신뢰가 싹틉니다. "완벽한 척하는 리더"보다 "솔직하게 도와달라고 말하는 리더"에게 사람들은 더 깊이 헌신합니다.

저 역시 처음 부서장으로 발령받아 큰 프로젝트를 책임지게 되었을 때, 비슷한 경험을 했습니다. '산전수전 다 겪은 베테랑이니까', '인사 전문가니까 다 알겠지'라는 팀원들의 기대 섞인 시선이 천근만근 무거웠습니다. 며칠을 고민하다가 첫 킥오프 미팅 때, 있는 그대로의 제 모습을 드러내기로 결심했습니다.

"여러분, 저는 이 프로젝트의 책임자지만, 사실 모든 답을 알고 있지는 않습니다. 솔직히 말하면 이 분야의 최신 실무 트렌드나 툴은 현장에 있는 김 대리가 저보다 훨씬 더 잘 다루는 걸로 알고 있습니다. 제가 전체적인 방향과 전략은 잡겠지만, 구체적인 방법론은 여러분이 도와주셔야 합니다. 우리가 함께 답을 찾아갔으면 좋겠습니다."

그 말을 뱉는 순간, 저를 바라보던 팀원들의 눈빛이 달라지는 것을 느꼈습니다. 무시당했을까요? 아닙니다. 그들의 눈빛이 반짝였습니다. '아, 부서장님이 나를 필요로 하는구나', '여기선 내 실력을 발휘할 수 있겠구나'라는 효능감^{Self-Efficacy}이 차오르는 게 보였습니다. 제가 완벽함이라는 가면을 벗자, 팀원들도 마음의 벽을 허물고 진짜 실력을 꺼내놓기 시작했습니다. 그 프로젝트가 성공할 수 있었던 것은 제가 잘해서가 아니라, 팀원들이 저를 돕게 만들었기 때문입니다.

불안을 연료로 바꾸는 법: 움직이십시오

불안은 에너지입니다. 그 에너지를 자신을 갉아먹는 데 쓰지 말고, 준비하는 데 써야 합니다. 불안하다고 가만히 앉아 있으면 그 불안은 눈덩이처럼 커져서 당신을 집어삼킬 것입니다. 아마존^{Amazon}의 창업자 제프 베조스는 "스트레스는 일을 많이 해서 생기는 게 아니라, 당신이 상황을 통제할 수 없다고 느낄 때 생긴다. 뭔가 조치를 취하는 순간 스트레스는 극적으로 줄어든다"라고 말했습니다.

불안을 잠재우는 가장 좋은 방법은, 불안해하며 앉아 있는 것이 아니라 무엇이라도 '작은 행동'을 하는 것입니다. 불안하다면, 폼 잡지 말고 움직이십시오. 모르는 기술 용어가 나왔다면 회의가 끝난 후 팀원에게 조용히 물어보십시오. "이건 자네가 전문가니 내게 좀 설명해 줄 수 있나?" 그 팀원은 자신의 전문성을 인정받아 기뻐할 것이고, 당신과의 거리는 좁혀질 것입니다. 중요한 의사결정이 막힌다면 상사에게 도움을 요청하십시오. "이 부분에서 판단이 서지 않습니다. 본부장님의 경험으로는 어떻게 보십니까?" 상사는 당신을 무능하다고 보는 게 아니라 신중하다고 평가할 것입니다. 마음이 너무 답답하다면 동료 팀장과 커피를 마시며 털어놓으십시오. "나만 힘든 줄 알았는데 너도 그렇구나." 그 공감 한 마디가 백만 불짜리 위로가 됩니다.

팀장은 '완성된 사람'이 앉는 자리가 아닙니다. '성장하는 사람'이 앉는 자리입니다. 당신이 팀장으로 발령받은 그 순간은, 회사가 당신에게 "이미 완벽하다"고 인증해 준 날이 아니라, "이제부터 새로운 역할을 배워보라"고 초대한 날입니다. 오늘 밤, 여전히 잠이 오지 않는다면 침대에서 일어나 스스로에게 이렇게 말해주면 어떨까요? "불안한 걸 보니, 내가 꽤 잘하고 싶은가 보구나. 그래, 처음부터 완벽한 팀장은 없어. 배우면 되지." 이 인정이, 당신을 '생존'이 아닌 '성장'으로 이끄는 첫 번째 열쇠가 될 것입니다.

불안은 당신의 적이 아닙니다. 당신이 깨어있게 만드는 알람입니다. 그 알람 소리를 듣고 일어날지, 이불을 뒤집어쓸지는 당신의 선택입니다.

탁월한 리더의 성공 원칙

1. 불안의 수용: 탁월한 리더는 불안을 무능력의 증거가 아니라, 새로운 도전을 위한 '성장의 신호'이자 책임감의 발로로 받아들이고 긍정한다.

2. 취약성의 힘: 탁월한 리더는 모든 답을 아는 척 연기하지 않고, 자신의 부족함을 솔직히 인정하며 팀원에게 '도움'을 요청함으로써 신뢰를 얻는다.

3. 행동하는 용기: 탁월한 리더는 불안에 갇혀 있지 않고, 질문하고, 학습하고, 소통하는 '구체적인 행동'을 통해 상황을 통제해 나간다.

02

일 잘하던 사람이 왜 팀장이 되면 흔들릴까?

최고의 영업사원이 최악의 팀장이 된 이유

조직에서 가장 안타까운 순간 중 하나는, 최고의 실무자가 최악의 리더로 전락하는 과정을 지켜보는 것입니다. 회사에서 최단기 '영업왕'에 오른 박 과장은 어떤 까다로운 클라이언트도 설득해내는 '해결사'로 통하며 팀장으로 승진했습니다. 회사는 그가 자신의 노하우를 전수해 팀원들을 에이스로 키워줄 것이라 기대했습니다. 그러나 6개월 후, 현실은 기대와 달랐습니다. 팀 실적은 곤두박질쳤고, 급기야 아끼던 핵심 팀원이 사표를 던졌습니다. 퇴사 면담에서 팀원은 "팀장님이 모든 중요한 순간에 개입해 해결해 버리시니, 저는 조수에 불과했습니다. 성장할 기회가 없었어요"라고 토로했습니다.

박 팀장은 직책만 팀장일 뿐, 여전히 '영업사원'처럼 일했던 것입니다. 팀원의 제안서가 성에 차지 않는다며 밤새 직접 고쳐 쓰고, 중요한 미팅을 독점했습니다. 결국 그는 팀원들의 기회를 뺏으며 '혼자만' 잘하는 리더가 되는 비극을 초래하고 말았습니다.

그날 저녁, 박 팀장은 저와의 코칭 세션에서 억울함을 토로했습니다. "팀원들이 못 하니까, 답답해서 제가 총대 메고 뛴 겁니다. 회사를 위해서 내가 제일 열심히 일했는데, 왜 팀은 망가지고 욕은 제가 먹어야 합니까?" 이것이 바로 수많은 고성과자들이 팀장이 되자마자 겪는 '승진의 역설'입니다. 가장 일을 잘했기에 리더가 되었지만, 아이러니하게도 그 '일 잘하는 능력' 때문에 리더로서 실패하는 비극이 시작된 것입니다.

당신은 승진한 게 아니라 '이직'한 것입니다

경영학에서는 이런 현상을 설명하는 아주 유명하고도 뼈아픈 이론이 있습니다. 로렌스 피터[Laurence J. Peter] 교수가 주창한 '피터의 원칙[Peter Principle]'입니다. 이 원칙의 핵심은 "조직에서 사람들은 자신의 무능력이 드러나는 단계까지 승진한다"는 것입니다.

쉽게 풀어보겠습니다. 실무를 잘하면 승진을 시킵니다. 그런데 그 승진한 자리는 '실무 능력'이 아니라 전혀 다른 차원의 '관리 능력'을 요구하는 자리입니다. 실무는 100점이지만 관리는 50점일 수 있죠. 하지만 조직은 그가 무능해질 때까지 계속 승진을 시킵니다. 결국 조직의 모든 자리는 그 직무를 수행하기엔 역량이 부족한 사람들로 채워지게 된다는 이론입니다.

많은 분이 팀장이 되는 것을 '승진Promotion'이라고 생각합니다. 더 높은 곳으로 올라갔다고, 더 큰 보상을 받는다고만 여깁니다. 하지만 저는 여러분이 관점을 완전히 바꾸셨으면 좋겠습니다. 팀장이 된 것은 승진이 아니라, 아예 다른 직무로 '이직Job Change'을 한 것과 같습니다.

축구 경기로 비유해 볼까요? 어제까지 당신은 그라운드를 누비며 골을 넣는 '최고의 공격수'였습니다. 관중들은 당신의 슛 하나하나에 열광했죠. 그런데 오늘부터 당신은 벤치에 앉아 작전을 짜고 선수들을 교체하는 '감독'이 되었습니다. 공격수가 감독이 되었는데, 경기가 좀 안 풀린다고 해서 정장 입은 채로 그라운드에 뛰어들어가 공을 찬다면 어떻게 될까요? 관중들은 야유를 보낼 것이고, 심판은 퇴장을 명할 것이며, 무엇보다 당신을 믿고 뛰던 선수들은 뛸 자리를 잃고 멍하니 서 있게 될 것입니다.

박 팀장의 실패는 그가 능력이 없어서가 아닙니다. 직무가 완전히 바뀌었는데, 여전히 예전의 '공격수 직무 기술서'를 손에 쥐고 일했기 때문입니다.

실무자와 팀장의 결정적 차이: '내가' vs '우리가'

제가 현장에서 수많은 리더를 지켜보며 깨달은 것이 있습니다. 리더십 파이프라인 모델을 창시한 램 차란^{Ram Charan}이 지적했듯, 실무자에서 관리자로 넘어가는 과정은 '가장 급격한 업무 가치의 전환점'입니다. 이 파이프라인을 통과할 때 가장 고통스러운 것은 '일의 정의'가 바뀐다는 점입니다.

실무자 시절, 당신의 가치는 '내가(I)' 얼마나 잘하느냐로 증명되었습니다. 내 보고서의 완벽한 논리, 내 기획안의 참신함, 내 실적의 가파른 상승 곡선. 이것이 당신의 자존감이었습니다. 하지만 팀장이 되는 순간 주어는 '우리가(We)'로 바뀝니다. 내가 골을 넣는 게 중요한 게 아니라, 우리 팀이 이기는 게 중요해집니다.

하지만 머리로는 알지만 가슴으로는 받아들이기 힘듭니다. 왜냐하면 당장은 그것이 엄청난 '비효율'처럼 보이기 때문입니다. 제가 만난 수많은 신임 팀장님들이 공통적으로 토로하는 불만이 있습니다.

"솔직히 말해서 제가 하면 1시간이면 끝날 일입니다. 퀄리티도 훨씬 좋고요. 그런데 이걸 팀원에게 맡기면 하루 종일 걸리고, 가져온 결과물도 엉망입니다. 오탈자 투성이에 논리는 빈약하고… 그걸 다시 피드백하고 고치느니 차라리 제가 하는 게 낫지 않습니까? 그게 회사 입장에서도 이득 아닌가요?"

논리적으로는 맞는 말 같습니다. 당장은 그게 빠르니까요. 하지만 기억하십시오. 회사가 당신에게 더 높은 연봉과 직책을 준 이유는 '당신 혼자 10인분의 일을 처리하라'는 게 아닙니다. 그랬다면 당신을 팀장이 아니라 '특급 프리랜서'나 '전문위원'으로 고용했을 것입니다. 회사가 원하는 것은 '10명의 팀원이 당신의 노하우를 배워 1인분을 제대로 하게 만들라'는 것입니다. 이것이 조직이 리더에게 기대하는 '레버리지Leverage 효과'입니다.

당신이 답답함을 참지 못하고 직접 실무를 처리하는 순간, 당신은 팀장이 아니라 '세상에서 가장 비싼 실무자'가 됩니다. 그리고 당신이 '슈퍼맨'이 되어 이리저리 날아다니는 동안, 팀원들은 '내가 할 수 있는 게 없구나', '어차피 팀장님이 다 하겠지'라는 무력감을 학습하며 구경꾼으로 전락합니다. 결국 당신은 과로로 번아웃되어 쓰러지고, 팀은 중심을 잃고 공중분해 됩니다.

'가시적 성과'의 유혹과 존재 가치의 상실감

그렇다면 왜 팀장들은 알면서도 실무를 놓지 못할까요? 단순히 팀원을 못 믿어서일까요? 심리학적으로 더 깊이 들여다보면, 리더 내면의 '존재 가치에 대한 불안'이 자리 잡고 있습니다. 실무자였을 때는 하루의 끝에 '가시적인 결과물'이 남았습니다. 작성 완료된 보고서, 체결된 계약서 등의 결과물들이 "오늘도 나는 밥값을 했다"는 효능감을 줍니다.

하지만 리더의 일은 다릅니다. 하루 종일 회의하고, 팀원 면담하고, 타 부서와 조율하다 보면 퇴근 무렵 허탈해집니다. "나 오늘 뭐 했지? 말만 하다가 하루가 다 갔네." 손에 잡히는 결과물이 없으니 자신이 잉여 인력처럼 느껴지는 '존재 가치의 상실감'을 겪게 되는 것입니다. 이때 뇌는 본능적으로 가장 익숙한 도파민 보상 경로를 찾습니다. 바로 '실무'입니다. 팀원의 일을 가져와서 뚝딱 처리하면 즉각적인 결과가 나오고, "역시 팀장님!"이라는 칭찬도 듣습니다. 그 짜릿한 효능감 때문에 리더는 자꾸만 실무의 늪으로 빠져듭니다. 이것은 일종의 '효율성의 함정'입니다. 당장은 빨라 보이지만, 리더가 실무에 중독될수록 팀의 미래 역량은 갉아먹히게 됩니다.

이제 당신이 집중해야 할 것은 '내 손끝에서 나오는 결과물'이 아닙니다. '팀원들의 성장 가능성'입니다. 70점짜리 결과물을 가져온 팀원에게 "비켜봐"라며 뺏어와 100점으로 만드는 건 하수입니다. 대신 "어떻게 하면 80점이 될 수 있을까?"를 묻고, 그가 75점, 80점으로 나아가는 과정을 지켜봐 주는 인내심, 그것이 지금 당신에게 필요한 새로운 능력입니다.

이제 감독의 옷을 입으십시오

어제까지 입었던 화려한 등번호가 박힌 유니폼은 이제 벗어서 옷장에 넣어두십시오. 그리고 조금은 어색하고 폼이 안 나더라도, 벤치에 앉아 지켜보는 감독의 점퍼를 입어야 합니다. 손이 근질거리고 입이 간질거릴 겁니다. '저기로 패스해야지! 지금 슛을 쏴야지!'라고 소리치고 싶고, 답답해서 직접 뛰쳐나가고 싶을 겁니다. 하지만 입술을 깨물고 참아야 합니다. 당신이 그라운드를 비워줘야 비로소 새로운 스타 플레이어가 탄생할 수 있으니까요. 당신의 빈자리가 곧 팀원의 성장 공간입니다.

팀장은 '일 잘하는 사람'이 아니라, '일 잘하게 만드는 사람'입니다. 이 정체성의 전환을 머리가 아닌 가슴으로 받아들이는 순간, 당신의 흔들림은 멈추고 비로소 진짜 리더십이 시작될 것입니다.

탁월한 리더의 성공 원칙

1. 관점의 전환: 탁월한 리더는 팀장이 된 것을 더 높은 곳으로의 '승진'이 아니라, 전혀 다른 일을 시작하는 '이직'으로 받아들이고 리더의 새로운 룰을 익힌다.

2. 성공의 재정의: 탁월한 리더는 눈에 보이는 '나의 개인적 성과'를 내려놓고, 보이지 않지만 더 큰 가치인 '팀 전체의 성과'와 '팀원의 성장'을 자신의 새로운 성공 지표로 삼는다.

3. 인내와 위임: 탁월한 리더는 직접 해결하고 싶은 충동과 존재 가치의 불안을 이겨내고, 질문하고 기다림으로써 팀원을 무기력한 '구경꾼'에서 주도적인 '선수'로 만든다.

03

성과도 내고 사람도 키우는 팀장의 두 얼굴

**오늘 당장 성과를 내라,
하지만 내일을 위해 사람도 키워라?**

팀장이 된 후, 혹시 거울 속의 내 모습이 낯설게 느껴진 적 없으십니까? 마치 소설 속 '지킬 앤 하이드'처럼, 어떨 때는 성과를 닦달하는 냉혹한 악마가 되었다가, 또 어떨 때는 팀원의 고충을 들어주는 자애로운 천사가 되어야 하는 분열적인 상황 말입니다.

월말이나 분기 말이 되면 리더의 책상 위에는 항상 두 종류의 숙제가 놓입니다. 왼쪽에는 '이번 달 매출/실적 보고서'가, 오른쪽에는 '팀원 육성/평가 계획서'가 있죠. 머리로는 압니다. 둘 다 중요하다는 것을요. 하지만 현실은 냉혹합니다. 임원 회의에 들어가면 "김 팀장, 이번 달 실적이 왜 이 모양이야? 정신 안 차려?"라는 불호령

이 떨어지고, 인사팀 리더십 교육에 가면 "사람을 키우는 것이야말로 리더의 가장 큰 책무입니다"라는 고상한 이야기를 듣습니다.

이 모순된 메시지 사이에서 팀장은 길을 잃습니다. 당장 발등에 불이 떨어졌는데, 팀원의 장기적인 커리어 패스를 고민해 줄 여유가 어디 있겠습니까? 그래서 대부분의 리더는 결국 '성과'라는 급한 불을 끄는 쪽을 선택합니다. 육성은 '여유 있을 때 하는 사치'로 미뤄두죠. 하지만 퇴근길, 마음 한구석은 늘 찜찜합니다.

"내가 팀원들을 소모품처럼 쓰고 있는 건 아닐까?" "성과는 냈지만, 정작 내 곁에 남는 사람은 아무도 없는 건 아닐까?"

이런 고민을 하고 계신다면, 이것은 당신의 능력이 부족해서가 아니라, 조직이 리더에게 요구하는 '이중 과제Dual Task' 자체가 본질적으로 충돌하는 성격을 갖고 있기 때문입니다.

양손잡이 리더십의 딜레마: 활용과 탐색

경영학에는 '양손잡이 조직Ambidextrous Organization'이라는 유명한 이론이 있습니다. 제임스 마치James March 교수가 제시한 이 개념은, 기업이 생존하고 성장하기 위해서는 '활용Exploitation'과 '탐색Exploration'이라는 두 가지 모순된 활동을 동시에 잘해야 한다는 것입니다. '활용'은 현재 가진 자원을 쥐어짜서 당장의 효율과 성과를 극대화하는 것입니다. 실수와 낭비를 줄이고 속도를 높이는 것이 미덕이죠. 반면 '탐색'은 미래를 위해 새로운 기회를 찾고 역량을 키우는 시행착오의 과정입니다. 여기서는 실수를 허용하고 시간을 들이는 것이 필수적입니다.

문제는 이 두 가지가 서로 다른 DNA를 요구한다는 점입니다. 그런데 팀장은 이 거대한 조직 이론을 개인 단위에서 수행해야 하는 '양손잡이 리더'가 되어야 합니다. 한 손으로는 당장의 KPI를 달성해야 하고(성과/활용), 다른 한 손으로는 팀원의 역량을 미래 시점까지 끌어올려야 합니다(성장/탐색). 안타깝게도 많은 팀장이 이 두 가지를 '제로섬 게임Zero-sum Game'으로 인식합니다. 성과를 내려면 사람을 갈아 넣어야 하고, 사람을 챙기려면 성과를 어느 정도 포기해야 한다고 믿는 것이죠.

"박사님, 솔직히 말해서 교육 보낼 시간이 어디 있습니까? 그 시간에 일을 더 시켜야 목표를 맞추죠. 육성은 HR팀에서 해주는 거 아닙니까?"

이런 하소연을 들을 때마다 저는 이렇게 되묻곤 합니다. "팀장님, 지금 당장은 그게 빠를 겁니다. 하지만 1년 뒤에도 팀장님이 그 일을 직접 하거나, 하나하나 지시하고 계실 건가요? 팀원들이 자라지 않으면, 팀장님은 영원히 실무의 늪에서 빠져나올 수 없습니다. 그것이 정말 팀장님이 원하는 미래입니까?"

많은 리더십 책들이 '일과 사람의 균형을 맞춰라'고 조언합니다. 하지만 저는 그 말에 반대합니다. 균형이란 시소 타기 같아서, 이쪽을 높이면 저쪽이 낮아집니다. 오늘은 성과를 챙기고 내일은 육성을 챙기는 식으로는, 결국 이도 저도 아닌 상태가 되기 십상입니다.

탁월한 리더는 성과와 육성을 분리하지 않습니다. 대신 '통합'합니다. 즉, "성과를 내는 과정 자체를 최고의 육성 도구로 사용하는 것"입니다.

어떻게 그게 가능할까요? 일을 바라보는 '해석의 프레임'을 바꾸면 됩니다. 대부분의 리더는 업무를 배분할 때 '효율성'을 기준으로 삼습니다. "이 일은 김 대리가 잘하니까 김 대리에게 주고, 저 일은 박 과장이 빠르니까 박 과장에게 주자." 이것은 전형적인 성과 중심적 사고입니다. 당장의 결과는 좋겠지만, 김 대리는 매일 똑같은 일만 반복하다가 매너리즘에 빠지고, 박 과장은 새로운 것을 배울 기회를 잃습니다. 반면, 사람을 키우는 리더는 업무를 배분할 때 '성장 가능성'을 봅니다. "이 프로젝트는 김 대리에게 좀 버거울 수 있어. 하지만 김 대리가 지금 기획력을 키우고 싶어 하니까, 이번 기회에 사수(멘토)를 붙여서 도전하게 해 보자." 물론 이렇게 하면 초기에는 속도가 느리고 실수가 발생할 수 있습니다. 리더의 인내심이 필요하죠. 하지만 이 과정을 통해 김 대리가 성장하면, 다음 프로젝트부터는 리더가 개입하지 않아도 김 대리 혼자서 훌륭한 성과를 냅니다. 이것이 바로 성과를 내면서 사람도 키우는 '일의 통합'입니다.

'숫자'를 '의미'로 번역하는 통역사가 되십시오

팀원들이 번아웃에 빠지는 가장 큰 이유는 일이 많아서가 아닙니다. '이 일을 왜 해야 하는지', '이 일이 나에게 어떤 도움이 되는지' 모르기 때문입니다. 그저 회사의 부속품으로 소모되고 있다고 느낄 때 사람은 지칩니다. 따라서 팀장의 가장 중요한 역할은 회사가 내려보낸 차가운 '숫자(목표)'를 팀원 개인에게 따뜻한 '의미(성장)'로 번역해 주는 '의미 부여의 통역사'가 되는 것입니다.

"이번 분기 목표가 매출 20% 상승이야. 무조건 달성해. 못하면 알지?" 이렇게 말하는 것은 최악입니다. 팀원에게는 그저 압박과 공포일 뿐입니다. 대신 이렇게 말해보면 어떨까요? "회사가 이번에 매출 20% 상승을 목표로 잡았어. 쉽지 않은 숫자지. 하지만 나는 자네가 이번 기회에 새로운 시장을 개척하는 프로세스를 직접 설계해 봤으면 좋겠어. 이 목표를 달성하는 과정에서 자네는 단순한 영업사원이 아니라 '시장 전략가'로서의 포트폴리오를 갖게 될 거야. 내가 뒤에서 적극적으로 지원할게." 똑같은 목표지만, 후자는 팀원에게 '해야만 하는 숙제'가 아니라 '나를 위한 기회'가 됩니다.

비고츠키의 마법: 자전거를 배우는 아이처럼

이때 중요한 것은 '어느 정도의 과제'를 주느냐입니다. 교육 심리학의 거장 레프 비고츠키^{Lev Vygotsky}는 '근접 발달 영역^{ZPD, Zone of Proximal Development}'이라는 아주 중요한 개념을 제시했습니다. 이름은 어렵지만 원리는 간단합니다.

어린아이가 자전거를 배울 때를 생각해보십시오.

1. **혼자서도 잘 타는 영역**: 세발자전거는 너무 쉽습니다. 재미도 없고 성장도 없습니다. (지루함의 영역)
2. **도저히 못 타는 영역**: 전문가용 산악자전거는 너무 어렵습니다. 타자마자 넘어져 다칩니다. (좌절과 공포의 영역)
3. **ZPD(근접 발달 영역)**: 두발자전거지만, 뒤에서 아빠가 잡아주면 탈 수 있는 영역. 아이는 비틀거리지만 아빠의 도움을 받아 페달을 밟으며 균형 잡는 법을 배웁니다.

비고츠키가 말한 ZPD가 바로 세 번째 영역, "혼자서는 할 수 없지만, 유능한 조력자(리더)의 도움을 받으면 해낼 수 있는 구간"입니다.

리더인 당신이 해야 할 일은 팀원에게 '세발자전거(반복 업무)'만 주거나, 대뜸 '산악자전거(감당 못 할 프로젝트)'를 던져주는 것이 아닙니다. 팀원의 현재 역량보다 딱 반걸음 앞선 과제, 즉 '도전적이지만 리더의 코칭이 있다면 해볼 만한 과제'를 찾아주는 것입니다. 그리고 뒤에서 자전거를 잡아주듯 적절한 피드백과 지원을 제공하는 것입니다. 이때 팀원은 업무에 몰입하고, 그 과정에서 폭발적으로 성장합니다.

성과와 성장은 하나의 얼굴

성과와 성장은 닭과 달걀의 관계가 아닙니다. 사람이 커야 성과가 커집니다. 당신이 만약 성과 압박 때문에 팀원을 다그치고 있다면, 잠시 멈추고 질문해 보십시오. "나는 지금 팀원들을 쥐어짜고 있는가, 아니면 그들의 엔진 배기량을 키워주고 있는가?"

단기적인 성과에 급급해 사람을 놓치면, 결국 그 성과조차 지속할 수 없습니다. 반대로 사람을 키우는 데 공을 들이면, 그들이 성장하여 당신을 들어 올리고 상상 이상의 성과를 만들어낼 것입니다.

당신의 두 얼굴은 사실 하나여야 합니다. '성과를 통해 사람을 키우고, 사람을 통해 성과를 만드는 리더'라는 하나의 얼굴입니다.

탁월한 리더의 성공 원칙

1. **통합적 사고:** 탁월한 리더는 성과와 육성을 양자택일의 문제로 보지 않고, '일을 하는 과정' 자체가 곧 최고의 배움과 성장의 기회가 되도록 업무를 설계한다.

2. **의미의 번역:** 탁월한 리더는 조직의 목표인 건조한 '숫자'를 팀원 개인의 비전과 연결된 '성장의 언어'로 통역하여 동기를 부여한다.

3. **ZPD의 활용:** 탁월한 리더는 팀원에게 '혼자서는 어렵지만 함께라면 가능한' '근접 발달 영역'의 과제를 제시하고, 적절한 지원을 통해 몰입과 성장을 이끌어낸다.

04

팀장이 마주하는 세 가지 덫

1등 팀장이 3년 만에 퇴사한 이유

서준은 회사 내에서 '살아있는 전설'로 통했습니다. 입사 이래 5년 연속 최우수 사원상을 놓치지 않았고, 2년 연속 영업 MVP를 달성하며 '서준이 손대면 무조건 성공한다'는 공식을 만들어냈습니다. 임원들은 그를 "차기 임원감 0순위"라며 치켜세웠고, 팀장 승진은 그야말로 따 놓은 당상처럼 보였습니다. 서준 본인도 자신감에 차 있었습니다.

그런데 팀장이 된 지 딱 3년 후, 모두의 예상을 뒤엎고 서준은 사표를 던졌습니다. 더 좋은 곳으로의 스카우트도 아니었습니다. 그저 "쉬고 싶다"는 이유였습니다. 퇴사 면담에서 인사팀장이 안타까워하며 물었습니다. "당신은 회사의 미래였는데, 도대체 왜 떠나려고 합니까?" 서준은 한참을 침묵하다가 고개를 떨구며 이렇게 말했습니다. "저는… 지난 3년 동안 제가 팀장으로서 얼마나 무능한 사람인지 매일매일 증명하는 기분이었어요. 팀원들은 저를 믿지 않고, 상사는 실망하고, 저는 매일 아침 출근하는 게 지옥 같았습니다. 더는 못 버티겠어요."

무슨 일이 있었던 걸까요? 최고의 실무자였던 서준은 왜 최악의 리더가 되어 회사를 떠나게 되었을까요? 그는 리더가 되는 과정에서 반드시 피했어야 할 '세 가지 덫Trap'에 걸려들었고, 안타깝게도 끝내 그 덫에서 빠져나오지 못했던 것입니다.

덫이란 무엇인가: 성공이 파 놓은 함정

글로벌 컨설팅 기업 맥킨지McKinsey의 조사에 따르면, 임원으로 승진한 리더의 약 40%가 부임 2년 내에 기대 이하의 성과를 내거나 실패하는 것으로 나타났습니다. 뛰어난 역량을 인정받아 승진했는데, 왜 절반 가까운 사람들이 실패하는 걸까요? 연구진은 실패한 리더들에게서 공통적인 패턴을 발견했습니다. 그들은 모두 '과거의 성공 방식'이라는 보이지 않는 덫에 걸려 있었습니다. 덫이란 성공을 방해하는 함정입니다. 그런데 아이러니하게도, 과거에 크게 성공했던 사람일수록 이 덫에 더 쉽게, 더 깊게 빠집니다. 왜냐하면 그

덫이 바로 자신이 걸어온 '성공의 길' 위에 놓여 있기 때문입니다.

신임 팀장이 마주하는 덫은 크게 세 가지입니다. 성공의 덫, 인식의 덫, 역량의 덫. 이 세 가지를 미리 알고 피하는 것만으로도 당신의 리더십 여정은 훨씬 안전해질 것입니다.

첫 번째 덫: 성공의 덫 The Trap of Success

"내가 해온 방식이 정답이야."

성공의 덫은 가장 교묘하고 위험합니다. 자신의 과거 성공 방식을 절대적인 정답으로 믿고 팀원들에게 강요하는 것입니다.

"나는 신입 때 매일 아침 7시에 출근해서 신문을 읽고 스크랩했어. 그렇게 해서 트렌드를 읽고 기획왕이 됐지. 그러니까 너희들도 내일부터 7시에 나와서 신문 읽어. 이게 성공하는 비결이야."

논리적으로는 그럴듯해 보입니다. 본인이 증명한 방식이니까요. 하지만 이것은 치명적인 오류입니다. 왜일까요? 세 가지 이유가 있습니다.

첫째, 환경이 바뀌었습니다. 당신이 성공했던 10년 전과 지금은 다릅니다. 정보 습득 방식도, 일하는 도구도, 시장의 속도도 변했습니다. 과거의 정답이 현재의 오답이 될 수 있습니다. 둘째, 사람이 다릅니다. 당신에게 통했던 동기부여 방식이 다른 사람에게는 통하지 않을 수 있습니다. 당신은 경쟁과 압박 속에서 성장하는 스타일이었을지 몰라도, 당신의 팀원은 칭찬과 인정 속에서 성장하는 스타일일 수 있습니다. 셋째, 역할이 바뀌었습니다. 당신은 이제 실무자가 아니라 팀장입니다. 당신의 성공 방식을 '복제'하는 것이 아니라, 각 팀원에게 맞는 '최적의 방식'을 찾아주는 것이 당신의 일입니다.

두 번째 덫: 인식의 덫The Trap of Identity

"나는 여전히 실무자야."

인식의 덫은 정체성의 혼란에서 옵니다. 명함은 팀장으로 바뀌었지만, 머릿속은 여전히 실무자로 작동하는 것입니다. 가장 흔한 증상은 "내가 하는 게 제일 빠르고 정확하다"는 생각입니다.

한 광고회사 크리에이티브 디렉터CD는 이렇게 고백했습니다. "팀원이 만든 시안이 마음에 안 들면 제가 밤새워 다시 만들었어요. 다음 날 아침 '자, 이게 진짜 광고지' 하면서 제 작업물을 보여줬죠. 처음엔 팀원들이 '역시 디렉터님'이라고 박수쳤어요. 그런데 6개월 지나니까 아무도 시안을 제대로 안 만들더라고요. 어차피 제가 다시 만들 거니까요. 저는 팀장실에 갇힌 '최고급 외주 제작자'가 되어 있었어요."

인식의 덫은 자기 역할에 대한 착각입니다. 팀장은 '팀에서 일을 제일 잘하는 사람'이 아닙니다. '팀이 일을 잘하게 만드는 사람'입니다. 하버드 비즈니스 리뷰의 연구에 따르면, 신임 리더가 실패하는 가장 큰 원인은 '실무자 마인드셋'을 버리지 못하고 모든 문제를 직접 해결하려 들기 때문입니다.

이 덫에 빠진 팀장은 이런 신호를 보냅니다. 매일 야근합니다. 휴가를 못 갑니다. 팀원들이 질문할 때마다 즉시 정답을 줍니다. 회의에서 혼자 말합니다. 그리고 입버릇처럼 말합니다. "답답하네, 그냥 내가 할게."

세 번째 덫: 역량의 덫 The Trap of Competence

"실무 전문성이 곧 리더십이야."

역량의 덫은 가장 아이러니합니다. 당신을 팀장으로 승진시켜 준 그 뛰어난 실무 능력이, 팀장으로서 성공하는 것을 방해합니다. 왜냐하면 '뛰어난 실무 능력'과 '뛰어난 리더십 능력'은 사용하는 근육이 완전히 다르기 때문입니다.

한 대학병원 진료과장의 사례를 볼까요? "저는 20년 경력의 외과 의사입니다. 수술 실력만큼은 누구에게도 뒤지지 않는다고 자부했죠. 과장이 되고 나서도 중요한 수술은 제가 다 집도했습니다. 후배들에게 '수술은 이렇게 하는 거야'라고 보여주는 게 최고의 교육이라고 생각했거든요. 그런데 2년이 지나도 후배들의 실력이 늘지 않더라고요. 알고 보니 제가 기회를 안 줘서 그들이 칼을 잡을 시간이 없었던 겁니다."

역량의 덫은 "내가 기술적으로 최고여야 팀을 이끌 수 있다"는 착각에서 옵니다. 하지만 구글의 유명한 '옥시즌 프로젝트 Project

Oxygen' 연구 결과는 정반대의 사실을 보여줍니다. 구글이 찾아낸 우수한 리더의 8가지 핵심 역량 중, '기술적 전문성'은 몇 위였을까요? 놀랍게도 꼴찌인 8위였습니다. 1위는 '좋은 코치가 되는 것'이었고, 2위는 '팀에 권한을 주고 마이크로매니징 하지 않는 것'이었습니다.

덫을 피하는 방법: 과거를 의심하고, 미래를 학습하라

그렇다면 어떻게 이 덫들을 피할 수 있을까요?

첫째, 과거를 의심하십시오. "내가 해온 방식이 정답"이라는 확신을 내려놓으십시오. 환경이 바뀌었고, 사람이 바뀌었고, 당신의 역할이 바뀌었습니다. 과거의 성공 방정식이 현재의 족쇄가 될 수 있음을 인정해야 합니다.

둘째, 역할을 재정의하십시오. 당신은 이제 '슈퍼 실무자'가 아닙니다. 문제를 직접 해결하는 해결사가 아니라, 팀원들이 문제를 해결하도록 돕는 '조력자Facilitator'입니다.

셋째, 새로운 역량을 학습하십시오. 실무 전문성에만 의존하지 마십시오. 코칭, 피드백, 경청, 위임. 이것들이 당신이 새로 익혀야 할 진짜 무기입니다.

덫은 당신의 '강점' 속에 숨어 있습니다

세 가지 덫(성공, 인식, 역량)이 무서운 이유는, 그것이 당신의 '약점'이 아니라 '강점' 속에 숨어 있기 때문입니다. 당신이 게을러서, 혹은 능력이 부족해서 이 덫에 걸리는 것이 아닙니다. 오히려 당신이 너무나 성실했고, 누구보다 실무를 잘했기 때문에 걸려드는 것입니다. 리더십 코칭의 대가 마셜 골드스미스Marshall Goldsmith는 그의 저서 제목처럼 "당신을 여기까지 오게 한 그 방식이, 당신을 저기(더 높은 곳)까지 데려가지는 못한다What Got You Here Won't Get You There"고 경고했습니다.

실무자 시절 당신의 손에 들려 있던 것이 '망치'였다면, 지금 당신 앞에는 못이 아니라 '나사'가 놓여 있습니다. 망치질을 아무리 잘해도 나사를 조일 수는 없습니다. 오히려 세게 두드릴수록 나사는 망가질 뿐입니다. 지금 당신이 겪는 어려움은 망치질을 더 열심히 하지 않아서가 아니라, 망치를 내려놓고 드라이버를 잡아야 할 때 여전히 망치를 쥐고 있기 때문입니다. 팀장이 된다는 것은 아예 경기장이 바뀌는 '종목의 전환'입니다. 축구를 하다가 야구장으로 왔다면, 축구공을 찰 게 아니라 야구 방망이를 잡는 법부터 새로 배워야 합니다.

과거의 영광은 잠시 서랍 속에 넣어두십시오. 그리고 인정하십시오. "나는 실무의 고수였지만, 리더십의 초보다." 이 솔직한 자기 인식이 당신을 덫에서 구해줄 유일한 동아줄입니다. 덫은 피하려고 애쓰는 것이 아니라, 그것이 덫임을 알아차리는 순간 힘을 잃습니다.

탁월한 리더의 성공 원칙

1. **성공의 재해석:** 탁월한 리더는 자신의 과거 성공 방식을 절대적인 정답으로 여기지 않고, 변화된 환경과 팀원의 특성에 맞춰 유연하게 적용하거나 과감히 버릴 줄 안다.

2. **정체성의 확립:** 탁월한 리더는 '일을 제일 잘하는 사람'이라는 실무자의 정체성에서 벗어나, '팀을 성장시키는 사람'이라는 리더의 정체성을 명확히 확립한다.

3. **역량의 전환:** 탁월한 리더는 기술적 전문성에만 의존하지 않고, 코칭, 위임, 소통 등 '사람 관리 역량'을 최우선으로 학습하고 훈련한다.

05

내려놓기의 기술

과거의 성공을 버릴 용기

완벽했던 그가 팀을 망친 이유

재현은 회사에서 '걸어 다니는 완벽주의자'로 통했습니다. 그가 작성한 보고서에는 오타 하나 없었고, 프레젠테이션 자료는 늘 "예술이다"라는 감탄을 자아냈습니다. 중요한 고객 미팅 전날에는 밤을 새워 시뮬레이션을 돌리는 것이 그의 철칙이었죠. "디테일이 성공을 만든다"는 신념 하나로 그는 동기 중 가장 먼저 팀장이 되었습니다.

그런데 팀장이 된 지 6개월 후, 재현의 팀은 사내에서 가장 분위기가 어두운 곳이 되었습니다. 매일 밤 사무실 불이 꺼지지 않았지만, 성과는 제자리걸음이었습니다. 팀원들의 표정은 지쳐 있었고, 회의실에서는 한숨 소리만 들려왔습니다.

이유는 간단했습니다. 재현은 팀원들에게도 자신과 똑같은 기준을 요구했습니다. 보고서 하나를 열 번씩 수정하게 했고, 폰트 자간이 마음에 들지 않는다는 이유로 밤 11시에 자료를 반려했습니다. "다시 해와. 이게 최선이야?"라는 말이 그의 입버릇이었습니다.

어느 날, 참다못한 팀원 한 명이 인사팀에 면담을 신청하며 이렇게 말했습니다. "팀장님의 완벽주의를 도저히 따라갈 수가 없습니다. 제 나름대로 최선을 다해도 늘 부족하대요. 저는 무능한 사람 같아요. 숨이 막혀서 못 다니겠습니다."

그 이야기를 전해 들은 재현은 텅 빈 회의실에 홀로 앉아 깊은 고민에 빠졌습니다. "내가 뭘 잘못한 거지? 나는 그냥 내가 해왔던 대로, 성공했던 방식대로 열심히 했을 뿐인데…."

그가 가진 최고의 무기였던 '완벽주의'가 리더가 된 순간, 팀을 찌르는 가장 날카로운 흉기로 변해버린 것입니다.

성공이 실패의 원인이 되는 순간: 성공 고착

경영학에서는 이런 역설적인 현상을 '성공 고착Success Fixation'이라고 부릅니다. 과거에 효과가 있었던 방식에 지나치게 집착하여, 상황이 바뀌었음에도 불구하고 새로운 방식을 받아들이지 못하는 심리적 상태를 말합니다. 재미있는 점은, 이 현상은 어중간하게 성공한 사람이 아니라 아주 크게 성공한 사람일수록 더 강하게 나타난다는 것입니다. "내가 이 방식으로 여기까지 왔어. 그러니까 이게 정답이야"라는 확신이 너무 강하기 때문입니다.

MIT의 조직 행동학 연구자 바시마 테픽Basima Tewfik 박사는 흥미로운 연구 결과를 발표했습니다. 리더십 전환기에 과거의 성공 방식을 고집하는 리더보다, 자신의 부족함을 인정하고 배우려는 자세Learning Orientation를 가진 리더가 대인관계 효과성과 장기적 성과에서 훨씬 높은 평가를 받았다는 것입니다. 과거의 성공은 자산이 될 수도 있지만, 동시에 가장 무거운 부채가 될 수도 있습니다. 새로운 역할, 새로운 환경에서는 과거의 훈장을 내려놓는 것이 오히려 성공의 열쇠가 됩니다.

제가 아는 한 게임회사의 개발팀장은 이렇게 고백했습니다. "저는 개발자 시절, '코드 최적화의 달인'이었어요. 한 줄이라도 더 효율적으로 짜는 게 제 자부심이었죠. 팀장이 되고 나서도 팀원들 코드를 일일이 뜯어보고 리뷰했어요. '이렇게 짜면 0.2초 빨라져' 하면서요. 제가 가르쳐주면 고마워할 줄 알았죠. 그런데 6개월 후 깨달았어요. 팀원들이 제 눈치를 보며 창의적인 시도는 안 하고, 딱 제 스타일대로만 코딩하고 있더라고요. 제가 그들의 성장을 막고 있었던 겁니다."

내려놓기의 핵심 : 언러닝^{Unlearning}

그렇다면 어떻게 해야 과거를 내려놓을 수 있을까요? 단순히 "잊어버리라"고 해서 잊혀지는 게 아닙니다. 심리학에서는 이를 '언러닝Unlearning'이라고 부릅니다. 이미 배운 것을 지우고, 백지상태로 돌아가는 의도적인 노력입니다.

언러닝을 위한 세 가지 단계가 있습니다.

첫째, 관점을 '정답'에서 '선택지'로 전환하십시오. "이것이 정답이다"라는 생각을 버려야 합니다. 대신 "이것은 하나의 방법이었다"라고 생각하십시오. 과거 당신의 성공 방식은 틀린 것이 아닙니다. 다만 그것은 '그때, 그 상황에서, 당신에게 효과적이었던 하나의 방법'일 뿐입니다. 지금 이 상황, 이 팀원, 이 목표에도 똑같이 적용되리라는 보장은 없습니다.

관점 전환의 핵심은 '상대화'입니다. 내 방식을 절대적인 정답이 아니라, 여러 선택지 중 하나로 격하시키는 용기가 필요합니다.

한 유통회사 MD팀장의 깨달음을 들어볼까요? "저는 10년간 데이터 분석으로 성공했습니다. 모든 결정을 숫자로 했죠. 팀장이 되어서도 '감이 아니라 데이터'를 강조했어요. 그런데 신입 팀원이 말하더라고요. '팀장님, 이번엔 제 직관을 한번 믿어보시면 안 될까요? 데이터에는 안 잡히지만 10대들 사이에서 유행 조짐이 보여요.' 처음엔 말도 안 된다고 생각했죠. 하지만 밑져야 본전이라는 생각으로 한번 믿어봤습니다. 결과는 대성공이었어요. 데이터가 못 잡은 트렌드를 그 친구의 직관이 감지한 거였죠. 그때 깨달았습니다. 제 데이터 방식이 틀린 건 아니지만, 유일한 정답도 아니라는 것을요."

둘째, 변화를 '위협'이 아닌 '호기심'으로 대하십시오. 환경이 바뀌었다면 방식도 바뀌어야 합니다. 10년 전 통하던 방식이 지금 안 통한다면, 그것은 당신이 틀렸다는 게 아니라 세상이 변했다는 뜻입니다. 이때 많은 리더가 "요즘 애들은 왜 이래?"라며 불평하거나 저항합니다. 하지만 탁월한 리더는 "요즘은 어떻게 달라졌지?"라며 탐구합니다.

리더십 전환 연구의 대가 마이클 왓킨스^{Michael Watkins}는 "과거의 성공 방식에 반사적으로 의존하는 것이야말로 리더십 실패의 가장 큰 원인"이라고 경고했습니다. 성공적으로 전환한 리더들의 공통점은 '학습 민첩성^{Learning Agility}'이었습니다. 과거 경험에만 의존하지 않고, 새로운 상황에서 새로운 것을 빠르게 배우는 능력이죠.

실천하는 방법은 간단합니다. "라떼는 말이야(나 때는 말이야)"라는 말이 목구멍까지 차오를 때마다, 그 뒤에 "그런데 지금은 뭐가 달라졌을까?"라는 질문을 덧붙여 보십시오. 과거와 비교하되, 현재를 이해하려는 태도가 당신을 '꼰대'가 아닌 '멘토'로 만듭니다.

셋째, 의도적으로 불편함을 선택하십시오. 언러닝은 자동으로 일어나지 않습니다. 뇌는 익숙한 것을 좋아하니까요. 의도적으로 불편한 방식을 선택하고 실험해야 합니다.

한 건축설계사무소 소장의 사례입니다. "저는 20년간 제 디자인 감각으로 인정받았습니다. 소장이 되고도 모든 프로젝트의 최종 디자인을 제가 다듬었죠. 그런데 어느 날 제 자신과 약속했어요. '다음 프로젝트는 죽이 되든 밥이 되든 내가 수정하지 않겠다.' 정말 힘들었어요. 팀원의 디자인이 제 눈에는 60점이었거든요. 손이 부들부들 떨렸지만 꾹 참았습니다. 그런데 놀랍게도 그 프로젝트는 성공했어요. 고객은 만족했고, 무엇보다 그 팀원은 엄청난 자신감을 얻었죠. 제가 손을 뗐더니 팀원이 자라난 겁니다." 비워야 채워집니다.

과거를 내려놓으면 무엇이 생길까요? 불안할 것 같지만, 오히려 세 가지 자유가 생깁니다.

첫째, 실패의 자유입니다. 내 방식만 고집하면 실패가 두렵습니다. 하지만 방식을 내려놓으면 실패는 '틀린 것'이 아니라 '배우는 과정'이 됩니다. 둘째, 다양성의 자유입니다. 리더가 정답을 내려놓으면 팀원들이 각자의 답을 가져옵니다. 획일적인 팀이 아니라 다채롭고 창의적인 팀이 됩니다. 셋째, 성장의 자유입니다. 과거에 갇히면 성장은 멈춥니다. 하지만 빈손이 되면 새로운 것을 잡을 수 있습니다. 리더가 성장해야 팀도 성장합니다.

비워야 비로소 채워집니다

많은 리더가 불안해합니다. "내가 이 디테일을 놓는 순간, 품질이 떨어지면 어떡하지?" "내가 실무를 안 하면, 도대체 나의 존재 가치는 어디서 찾지?" 하지만 리더가 손을 꽉 쥐고 있을수록, 역설적으로 그 팀의 성장판은 닫혀버리고 맙니다.

과거의 성공 방식을 내려놓는 것은 패배나 포기가 아닙니다. 더 큰 차원의 성공을 위한 '전략적 선택'입니다. 실무자 시절 당신의 손에 들려 있던 것이 작은 세포를 들여다보는 '현미경'이었다면, 이제 리더인 당신의 손에는 넓은 세상을 조망하는 '망원경'이 들려야 합니다. 현미경을 손에서 놓지 않으면, 결코 망원경을 들 수 없습니다. 낡은 지도를 버려야 새로운 대륙을 향해 항해할 수 있는 것과 같은 이치입니다.

지금 당신의 손을 한번 보십시오. 과거의 성공 방정식, 완벽주의, 내가 다 해야 한다는 강박으로 꽉 쥐고 있지는 않습니까? 그 손을 펴십시오. 당신이 빈손이 되어 여백을 만들어줄 때, 그 빈 공간은 팀원들의 새로운 아이디어와 성장으로 채워질 것입니다. 리더가 만든 여백의 크기가 곧 팀이 성장할 수 있는 크기입니다.

1. 관점의 유연성: 탁월한 리더는 자신의 과거 성공 방식을 '유일한 정답'이 아니라, 특정 상황에서 유효했던 '여러 선택지 중 하나'로 상대화하여 인식한다.

2. 학습하는 태도: 탁월한 리더는 변화된 환경과 세대 차이를 위협으로 느끼지 않고, '호기심'을 가지고 새로운 방식을 배우려는 '학습 민첩성 Learning Agility'을 발휘한다.

3. 의도적 비움: 탁월한 리더는 불안함을 이겨내고 의도적으로 권한과 판단을 내려놓음으로써, 팀원들이 스스로 실패하고 성장할 공간을 마련해 준다.

06

팀장이 먼저 자신을 지켜야 팀을 지킨다

무너지기 직전까지 몰랐던 신호들

어느 수요일 오전 10시, 팀 주간 회의 시간이었습니다. 마케팅 1팀의 지혜 팀장은 평소와 다름없이 회의를 주재하고 있었습니다. 팀원이 이번 분기 프로모션 성과를 열심히 설명하고 있었지만, 지혜의 귀에는 아무것도 들어오지 않았습니다. 마치 물속에 잠긴 듯 웅웅거리는 소리만 들릴 뿐, 머릿속은 하얗게 백지장처럼 변해버렸습니다. 아니, 정확히 말하면 수십 개의 생각이 엉켜버린 실타래처럼 꽉 막혀 있었습니다.

"팀장님, 괜찮으세요? 안색이 너무 안 좋으신데요."

팀원의 걱정스러운 목소리에 퍼뜩 정신을 차렸습니다. "아, 응. 미안. 잠깐 딴생각했네. 계속해." 지혜는 억지로 입꼬리를 올려 웃어 보였습니다. 하지만 책상 아래 놓인 손은 미세하게 떨리고 있었습니다. 사실 어젯밤에도 새벽 3시까지 잠을 이루지 못했습니다. 눈을 감으면 내일 처리해야 할 산더미 같은 일들이 영화 필름처럼 떠올라 가슴이 두근거렸기 때문입니다.

점심시간, 지혜는 팀원들을 먼저 보내고 자리에 남았습니다. 식욕이 없어서라기보다는, 밥 먹는 시간조차 아까웠기 때문입니다. 책상에서 차가운 샌드위치를 두 입 베어 물고는 노트북을 열었습니다. 읽지 않은 메일 127개. 한숨이 깊게 새어 나왔습니다.

오후 6시, 팀원들이 하나둘 퇴근 인사를 합니다. "팀장님도 들어가세요." "응, 조금만 더 있다가." 지혜는 또 혼자 남았습니다. 밤 10시까지 사무실 불을 지키다 집에 가서도 습관처럼 노트북을 켰습니다. 새벽 1시가 넘어서야 겨우 잠이 들었습니다.

다음 날 아침, 알람 소리에 눈을 떴을 때 몸이 납덩이처럼 무거웠습니다. 단순히 피곤한 게 아니었습니다. 침대에서 일어날 힘조차 없었습니다. "나 진짜 이상한 거 아니야?" 지혜는 자신이 이미 무너지고 있다는 사실을, 그날까지도 까맣게 몰랐습니다.

리더의 번아웃은 예고 없이 찾아오지 않는다

마이크로소프트의 '워크 트렌드 인덱스^{Work Trend Index}' 보고서에 따르면, 전 세계 관리자의 53%가 업무에서 번아웃^{Burnout}을 경험한다고 답했습니다. 이는 일반 직원(48%)보다 더 높은 수치입니다. 더 놀라운 것은, 번아웃을 겪고 있는 리더 중 상당수가 번아웃 상태인 줄 몰랐다는 점입니다. 심리학에서는 이를 '번아웃 불감증^{Burnout Denial}'이라고 부릅니다.

왜 유독 팀장들은 자신의 상태를 알아차리지 못할까요? 그것은 세 가지 착각 때문입니다.

첫째, "팀장은 약해지면 안 된다"는 강박입니다. 리더는 팀의 기둥이자 버팀목이어야 한다고 믿기에, 자신의 고통을 무시합니다. 불면증, 원인 모를 두통, 소화불량. 몸이 보내는 명백한 구조 신호를 "좀 피곤해서 그런 거겠지"라며 대수롭지 않게 넘깁니다.

둘째, "나를 돌볼 시간이 없다"는 핑계입니다. 팀원들의 고충은 1시간씩 들어주면서, 정작 자신의 마음을 들여다볼 시간은 10분도 내지 않습니다. 마치 구명조끼도 입지 않은 채 물에 빠진 사람을 구하러 뛰어드는 격입니다.

셋째, 번아웃은 어느 날 갑자기 터지는 폭탄이 아니라, 서서히 갉아먹는 흰개미 같기 때문입니다. 조금씩, 천천히, 눈에 띄지 않게 당신의 에너지를 고갈시킵니다. 그러다 어느 순간 임계점을 넘으면 와르르 무너져 내리는 것이죠.

당신이 쓰러지면 팀도 무너집니다 : 감정의 전염성

팀장의 번아웃은 개인의 문제로 끝나지 않습니다. 리더십 연구의 대가 다니엘 골먼^{Daniel Goleman}은 '감정의 전염성^{Emotional Contagion}'을 강조했습니다. 리더의 감정 상태는 바이러스처럼 팀 전체로 빠르게 퍼져나갑니다. 리더가 지치고 짜증이 나 있으면, 팀원들도 덩달아 위축되고 불안해집니다.

번아웃된 리더가 이끄는 팀은 필연적으로 세 가지를 잃게 됩니다.

첫째, 공감 능력을 잃습니다. 내 코가 석 자인데 남을 돌볼 여력이 있을 리 없습니다. 팀원이 어려움을 토로해도 "그래서 결론이 뭐야? 그것도 못 해?"라며 날카롭게 반응합니다. 공감이 사라진 팀은 차가운 기계 부품처럼 돌아가다 삐걱거립니다.

둘째, 판단력을 잃습니다. 뇌과학적으로 만성 피로는 전두엽의 기능을 저하시킵니다. 중요한 의사결정에서 실수를 연발하고, 우선순위를 정하지 못해 우왕좌왕합니다. 사소한 일에 과잉반응하고, 정작 중요한 일은 놓치게 됩니다.

셋째, 신뢰를 잃습니다. 번아웃된 리더는 감정 기복이 심해 예측 불가능합니다. 어제는 괜찮다던 일을 오늘은 화내며 뒤집습니다. 팀원들은 일보다 리더의 눈치를 보는 데 에너지를 씁니다. "오늘 팀장님 기분이 어떨까?" 이것이 팀의 최대 관심사가 되는 순간, 심리적 안전감은 무너집니다.

자기돌봄은 이기심이 아니라 '책임'입니다

많은 팀장들이 착각합니다. "팀원을 먼저 챙기는 게 리더십이지. 나는 나중이야." 훌륭한 희생정신 같지만, 이것은 지속 가능하지 않은 '잘못된 리더십'입니다.

비행기에 탑승하면 승무원이 비상시 산소마스크 착용법을 안내합니다. 그때 나오는 멘트를 기억하십니까? "산소마스크가 내려오면 보호자가 먼저 착용한 후, 어린이나 노약자를 도와주십시오." 왜일까요? 보호자가 먼저 숨을 쉬어야, 옆 사람을 도울 수 있기 때문입니다. 보호자가 숨이 막혀 쓰러지면, 결국 둘 다 위험해집니다.

팀장도 마찬가지입니다. 당신이 먼저 건강해야 팀을 건강하게 만들 수 있습니다. 당신의 에너지가 고갈되면 팀에게 나눠줄 에너지도 없습니다. 자기돌봄Self-care은 이기심이 아닙니다. 팀에 대한 가장 기본적인 '책임Responsibility'입니다.

제가 코칭했던 한 IT 기업 개발실장의 깨달음을 들려드릴까요? "예전엔 제가 마지막까지 남아서 사무실 불을 껐습니다. '리더가 먼저 가면 안 돼'라는 강박 때문이었죠. 그런데 팀원들도 제 눈치를 보며 퇴근을 못 하더라고요. 모두가 지쳐갔습니다. 어느 날 박사님 조언대로 제가 먼저 6시에 퇴근해 봤습니다. '나 먼저 갈게, 다들 푹 쉬고 내일 보자!' 처음엔 불안했는데, 한 달이 지나니 팀 분위기가 완전히 달라졌어요. 팀원들도 눈치 안 보고 쉬니까 다음 날 업무 몰입도가 올라가더라고요. 제가 쉬는 게 팀을 돕는 거란 걸 그때 알았습니다."

나를 지키는 리더의 3가지 원칙

그렇다면 어떻게 무너지지 않고 자신을 지킬 수 있을까요? 거창한 휴가가 필요한 게 아닙니다. 일상 속에서 지켜야 할 세 가지 원칙이 있습니다.

첫째, '선Line'을 명확히 그으십시오. 일과 삶, 긴급한 일과 중요한 일, 내가 할 일과 남이 할 일 사이에 경계선을 그어야 합니다. 이 선이 무너지면 당신은 무너집니다. 구체적으로는 '디지털 디톡스 시간'을 정하는 것이 좋습니다. "퇴근 이후에는 업무 메일을 확인하지 않는다", "주말 오전은 온전히 가족과 보낸다"는 원칙을 세우고 지키십시오. 리더가 연결을 끊을 때Disconnect, 비로소 팀도 쉴 수 있습니다.

둘째, 몸이 보내는 신호를 무시하지 마십시오. 우리 몸은 거짓말을 하지 않습니다. 이유 없는 짜증, 만성 피로, 소화 불량은 단순한 증상이 아니라 "당신 지금 위험해, 제발 멈춰"라는 몸의 절규입니다. 일주일에 한 번은 조용한 카페나 공원에서 자신과 대화하는 시간을 가지십시오. "나 지금 괜찮은가?" 스스로에게 묻고, 힘들다면 그 감정을 인정하십시오. 인정하는 것만으로도 치유는 시작됩니다.

셋째, '슈퍼맨 콤플렉스'를 버리고 도움을 요청하십시오. 팀장은 모든 문제를 혼자 해결하는 슈퍼맨이 아닙니다. 혼자 끙끙 앓지 마십시오. 상사에게 솔직하게 말하십시오. "지금 제 업무량이 과중하여 우선순위 조정이 필요합니다." 동료 팀장에게 털어놓으십시오. "요즘 팀 관리가 너무 힘든데, 자네는 어떻게 하나?" 도움을 청하는 것은 약함의 증거가 아니라, 문제를 해결하려는 '현명함의 증거'입니다.

당신이 건강해야 팀이 산다

팀장인 당신에게 묻습니다. 당신은 지금 안녕하신가요? 마지막으로 머리만 대면 곯아떨어질 정도로 푹 잔 게 언제입니까? 일 생각 없이 환하게 웃어본 게 언제입니까? 만약 답하기 망설여진다면, 지금이 바로 당신을 돌봐야 할 골든타임입니다.

경계선을 그으십시오. 몸의 신호를 읽으십시오. 그리고 주저 말고 도움을 요청하십시오.

당신이 쓰러지면 팀도 무너집니다. 하지만 당신이 건강하면 팀도 건강해집니다.

부디, 당신의 산소마스크를 먼저 착용하십시오. 그것이 당신의 팀을 살리는 길입니다.

탁월한 리더의 성공 원칙

1. 자기 인식: 탁월한 리더는 자신의 신체적, 정신적 상태를 수시로 점검하며, 몸이 보내는 경고 신호를 무시하지 않고 즉시 '멈춤'을 선택할 줄 안다.

2. 경계 설정: 탁월한 리더는 일과 삶의 경계를 명확히 설정하여 자신의 에너지를 보호하고, 이를 통해 팀원들에게도 '건강하게 일하는 방식'의 모델이 된다.

3. 용기 있는 요청: 탁월한 리더는 모든 짐을 혼자 짊어지는 '슈퍼맨'이 되려 하지 않고, 한계 상황에서 솔직하게 조직과 동료에게 '지원'을 요청함으로써 지속 가능한 성과를 만든다.

제2장

T.E.A.M.으로 리드하라

변화는 시작됐다

팀장을 다시 정의하라

10년 전 팀장과 지금 팀장의 결정적 차이

제가 10년 전, 처음 팀장이 되었을 때의 일입니다. 첫 팀 회의 시간, 저는 비장한 표정으로 10명의 팀원에게 이렇게 선언했습니다. "올해 우리 팀 목표는 전년 대비 20% 성장입니다. 모두 함께 죽기 살기로 뛰어봅시다. 제가 가장 앞장서겠습니다."

그때 팀원들의 반응은 어땠을까요? 모두 결의에 찬 눈빛으로 고개를 끄덕였습니다. "열심히 하겠습니다!"라는 우렁찬 대답도 들렸죠. 당시 우리에게 '열심히'라는 단어의 의미는 같았습니다. 9시 출근해서 6시에 퇴근하는 건 기본이고, 필요하면 야근하고, 주말에도 긴급 상황이면 달려오는 것. 그것이 '프로'의 자세라고 믿어 의심치 않았습니다. 리더가 방향을 가리키면, 팀원들은 군말 없이 그곳을 향해 달리는 것이 미덕이었습니다.

그런데 10년이 지난 지금, 똑같은 회의실에서 똑같은 멘트를 던진다면 어떤 일이 벌어질까요? "팀장님, 20% 성장은 알겠는데요. 왜 꼭 20%여야 하나요? 그게 우리 회사의 장기 비전과 어떻게 연결되죠?"(의미를 묻는 질문) "죽기 살기로 하라는 말씀은… 야근하라는 뜻인가요? 저는 워라밸이 중요한데, 일정이 그걸 고려해서 짜인 건가요?"(삶의 균형에 대한 질문) 10년 전의 저였다면 당황했을 겁니다. '아니, 시키면 하는 거지 웬 말이 이렇게 많아?'라고 생각했을지도 모릅니다. 하지만 지금은 아닙니다. 세상이 변했기 때문입니다. 단순히 유행이 바뀐 것이 아니라, 일하는 사람들의 '생각의 구조Mindset' 자체가 완전히 재편되었습니다.

무엇이 팀장을 흔들고 있는가: 3가지 거대한 지각변동

첫째, 권위의 원천이 이동했습니다. 과거의 권위는 '직급Position'에서 나왔습니다. 부장이니까 따르고, 팀장이니까 듣는 것이었죠. 하지만 지금의 권위는 '설득Persuasion'과 '공감Compassion'에서 나옵니다. 요즘 팀원들은 리더의 직급이 높다고 해서 무조건 따르지 않습니다. 지시가 합리적인지, 목표가 가치 있는지 납득되어야 비로소 움직입니다. "까라면 까"가 통하지 않는 이유는 그들이 버릇이 없어서가 아니라, '납득되지 않는 권위'를 거부하는 합리적인 세대이기 때문입니다.

둘째, 한 지붕 세 가족의 시대가 열렸습니다. 한 사무실 안에 서로 다른 성장 배경을 가진 세 세대가 공존합니다. 개인주의와 성과를 중시하며 조직의 허리가 된 X세대, 일의 의미와 가치를 찾는 M세대, 그리고 공정과 실리를 추구하며 갓 진입한 Z세대까지. 문제는 이들이 사용하는 '일의 언어'가 서로 다르다는 점입니다. 50대 부장님에게 '성실함'은 야근도 불사하는 헌신이지만, 20대 신입사원에게 '성실함'은 업무 시간 내에 효율적으로 끝내는 능력입니다. 같은 한국어를 쓰지만, 서로 다른 사전을 가지고 대화하는 셈입니다.

셋째, 목적이 'What'에서 'Why'로 바뀌었습니다. 과거에는 "먹고살기 위해", "성공하기 위해" 일했습니다. 하지만 저성장 시대와 팬데믹을 겪으며 사람들은 근원적인 질문을 던지기 시작했습니다. "나는 왜 이 일을 하는가?" 맥킨지의 연구에 따르면, 직원의 70%가 일을 통해 자신의 존재 목적Purpose을 확인하고 싶어 한다고 답했습니다. 과거의 팀장은 "매출 10억 달성해"라고 'What'을 던져주면 됐지만, 지금의 팀장은 "이 일이 고객의 삶을 어떻게 바꾸는지"에 대한 'Why'를 이야기해야 합니다.

새로운 리더십의 4가지 기둥: T.E.A.M.

이 거대한 변화의 파도 앞에서, 과거의 '관리자^{Manager}' 옷은 더 이상 맞지 않습니다. 지시하고 통제하는 방식으로는 다양해진 구성원들을 하나로 묶을 수 없기 때문입니다. 이제 우리는 새로운 옷, 새로운 리더십의 정의가 필요합니다.

저는 그 해답을 T.E.A.M.이라는 네 가지 키워드에서 찾았습니다.

- **Trust(신뢰)**: 권위가 이동한 시대, 리더십의 시작은 기술이 아니라 '신뢰'입니다. 완벽함이 아니라 '겸손'과 '취약성'을 드러낼 때, 세대를 뛰어넘는 진짜 신뢰가 싹틉니다.
- **Emotion(감성)**: 이성은 결론을 낳지만, 감성은 행동을 낳습니다. 논리로 설득하려 하지 말고, '공감'으로 마음을 움직여야 합니다. 감성 지능은 이제 필수적인 리더십 역량입니다.
- **Alignment(정렬)**: 서로 다른 언어를 쓰는 세 세대를 한 방향으로 뛰게 하려면, 목표를 강요하는 것이 아니라 '합의'하고 '정렬'해야 합니다.
- **Motivation(동기)**: '까라면 까'는 끝났습니다. 구성원 각자가 원하는 것이 무엇인지 파악하고, 그에 맞는 '개인화된 동기부여' 버튼을 눌러야 합니다.

이어지는 장에서는 이 4가지 요소(T.E.A.M.)를 어떻게 현장에 적용할 수 있는지 구체적으로 살펴볼 것입니다.

새로운 옷을 입어라: 팀장의 3가지 정체성

T.E.A.M. 리더십을 실천하기 위해, 팀장은 구체적으로 어떤 역할을 해야 할까요? 세 가지 새로운 정체성을 가져야 합니다.

1. 대화의 리더Dialogue Leader: 명령을 멈추고 질문하고 경청하라

과거의 리더가 "이렇게 해"라고 명령하는 사람이었다면, 새로운 리더는 "어떻게 하면 좋을까?"라고 묻는 사람입니다. 대화의 핵심은 유려한 말솜씨가 아니라 '경청'입니다. 팀원의 의견을 듣고, 그 안에서 가치를 발견하고, 함께 최선의 답을 찾아가는 과정 자체가 리더십입니다. "좋은 지적이야. 우리가 놓치고 있던 부분을 짚어줬네. 그럼 그 문제를 해결하려면 어떻게 하면 좋을까?" 이 한마디가 팀원들을 수동적인 실행자에서 능동적인 파트너로 변모시킵니다.

2. 통역사Translator: 세대 간의 언어를 통역하라

앞서 말했듯, 세대 간, 가치관 간의 간극은 점점 벌어지고 있습니다. 이때 팀장은 서로 다른 언어를 통역하여 오해를 이해로 바꾸는 역할을 해야 합니다. 통역의 핵심은 '양방향성'입니다. 시니어인 상사에게는 Z세대 팀원의 행동 이면에 숨겨진 합리성을 번역해 주어야 합니다. 반대로 주니어 팀원에게는 선배의 지시 속에 담긴 경험과 노하우를 번역해 주어야 합니다. 서로가 서로에게 배울 것이 있다는 것을 깨닫는 순간, 갈등은 존중으로 바뀝니다.

3. 의미 창조자Meaning Maker: 숫자에 영혼을 불어넣어라

팀장은 회사가 내려보낸 차가운 숫자(목표)를 팀원들의 가슴을 뛰게 하는 뜨거운 의미(목적)로 바꿔주는 사람이어야 합니다. 숫자는 머리를 움직이지만, 의미는 가슴을 움직입니다. "이 프로젝트를 통해 여러분은 업계 최고의 데이터 처리 경험을 갖게 될 것입니다." 팀원이 "내가 여기서 소모되고 있다"고 느끼는 것이 아니라, "의미 있는 일을 하며 성장하고 있다"고 느끼게 만드는 것, 그것이 바로 당신이 해야 할 가장 중요한 일입니다.

변화는 선택이 아니라 생존의 문제입니다

하버드 비즈니스 스쿨의 연구 결과는 냉정합니다. 변화에 성공적으로 적응한 리더들의 공통점은 "과거의 성공 방식을 빠르게 포기한 것"이었습니다. 우리가 그리워하던 그 '일사불란한 시대'는 끝났습니다. 하지만 두려워할 필요는 없습니다. 명령 대신 대화하고, 갈등 대신 통역하며, 숫자 대신 의미를 이야기할 때, 당신의 팀은 과거보다 훨씬 더 강력하고 창의적인 조직으로 다시 태어날 것입니다.

변화는 이미 시작되었습니다. 이제 당신이 답할 차례입니다. 당신은 과거의 관리자로 남으시겠습니까, 아니면 새로운 시대의 리더가 되시겠습니까?

탁월한 리더의 성공 원칙

1. **대화의 리더십:** 탁월한 리더는 지시하고 명령하는 '스피커'가 아니라, 질문하고 경청하며 집단지성을 이끌어내는 '대화의 리더'가 된다.

2. **연결의 리더십:** 탁월한 리더는 세대 간의 다름을 '틀림'으로 보지 않고, 서로 다른 언어와 가치관을 통역하고 조율하여 시너지를 만드는 '조직의 통역사'가 된다.

3. **가치의 리더십:** 탁월한 리더는 건조한 목표 달성을 넘어, 일의 본질적 가치와 개인의 성장을 연결해 줌으로써 팀원을 몰입시키는 '의미 창조자'가 된다.

08

Trust

신뢰가 시작이다

성공한 리더가 빠지는 늪: 휴브리스^{Hubris}

고대 그리스 비극에는 '휴브리스^{Hubris}'라는 개념이 자주 등장합니다. 신의 영역을 침범할 정도로 오만해진 인간이 결국 파멸을 맞이한다는 내용이죠. 그런데 이 고대 그리스의 비극이 현대의 사무실에서도 매일같이 반복되고 있다는 사실을 아십니까?

제가 만난 민석 팀장의 사례가 딱 그랬습니다. 그는 15년차 엔지니어로, 자타가 공인하는 업계 최고의 전문가였습니다. 기술적 난제에 부딪힐 때마다 민석은 "비켜봐, 내가 할게"라며 해결사로 나섰고, 그때마다 성공했습니다. 그 성공 경험들이 쌓여 그를 팀장으로 만들었습니다. 하지만 팀장이 된 후, 그의 성공 공식은 팀을 병들게 하는 독이 되었습니다. 민석의 마음속에 "나는 틀리지 않는다", "내가 너희보다 더 잘 안다"는 오만이 싹텄기 때문입니다. 회의 시간, 팀원이 새로운 아이디어를 내면 민석은 팔짱을 낀 채 이렇게 말하곤 했습니다. "그거 내가 3년 전에 해봤는데 안 됐어. 데이터는 확인해 보고 말하는 거야?" 팀원이 보고서를 가져오면 붉은 펜을 들고 문장 하나하나를 지적했습니다. "이게 최선이야? 내 기준에는 한참 모자란데." 민석은 자신을 '기준이 높은 엄격한 리더'라고 생각했겠지만, 팀원들이 보기에 그는 그저 '오만한 독재자'일 뿐이었습니다. 그는 팀원들을 믿지 않았습니다. 자신의 눈높이에 맞지 않는 팀원들을 보며 "왜 이것밖에 못 할까"라며 답답해했죠. 리더가 보내는 불신의 눈빛을 팀원들이 모를 리 없습니다. 팀원들은 점점 입을 다물었고, 회의실엔 민석의 목소리만 울렸습니다.

"팀장님, 저희는 팀장님의 손발이 된 기분이에요. 머리는 팀장님만 쓰시잖아요." 어느 날 사석에서 들은 후배의 이 한마디가 아니었다면, 민석은 영영 고립된 성 안에서 혼자 왕 노릇을 했을지도 모릅니다.

신뢰의 반대말은 불신이 아니라 '오만'입니다

많은 리더가 착각합니다. 팀원들이 나를 따르지 않는 이유가 '나의 전문성이 부족해서'라고요. 그래서 더 완벽해지려고 노력하고,

더 많이 아는 척을 합니다. 하지만 이것은 번지수를 잘못 찾은 것입니다. 신뢰가 깨진 이유는 당신이 부족해서가 아니라, 오히려 "나만 옳다"는 오만함이 팀원들의 존재 가치를 지워버렸기 때문입니다.

역사학자 아놀드 토인비Arnold Toynbee는 "과거의 성공 요인이 미래의 실패 요인이 된다"며 이를 '우상의 오류'라고 지적했습니다. 리더십에서도 마찬가지입니다. 당신을 팀장으로 만들어준 그 자신감이, 선을 넘는 순간 '오만Hubris'이 되어 팀의 신뢰를 파괴합니다.

그렇다면 이 휴브리스의 늪에서 빠져나와 신뢰를 회복하는 방법은 무엇일까요? 답은 하나입니다. 오만의 반대말, 바로 '겸손Humility'입니다. 여기서 말하는 겸손은 단순히 고개를 숙이거나 자신을 낮추는 예절이 아닙니다. "나도 틀릴 수 있다", "당신에게 배울 것이 있다"는 사실을 진심으로 인정하는 태도, 즉 '지적 겸손Intellectual Humility'을 의미합니다.

심리적 안전감의 토양 위에 신뢰가 자란다

하버드 경영대학원의 에이미 에드먼드슨Amy Edmondson 교수는 그녀의 기념비적인 저서 《두려움 없는 조직》에서 '심리적 안전감Psychological Safety'이라는 개념을 제시했습니다. 심리적 안전감이란 "내가 이 조직에서 무지나 무능, 실수를 드러내더라도 처벌받거나 무시당하지 않을 것이라는 믿음"입니다. 에드먼드슨 교수의 연구 결과는 놀라웠습니다. 실수가 없는 완벽한 팀이 성과가 높을 것 같지만, 실제로는 '실수 보고가 많은 팀'의 성과가 월등히 높았습니다. 왜일까요? 그들은 실수를 숨기지 않고 드러내어 함께 해결책을 찾았기 때문입니다. 반면 오만한 리더가 지배하는 팀에서는 실수를 숨기기에 급급했고, 결국 호미로 막을 것을 가래로도 못 막는 대형 사고로 이어지곤 했습니다.

구글Google이 진행한 '아리스토텔레스 프로젝트' 역시 같은 결론을 내렸습니다. 구글 내 180개 팀을 2년간 추적 조사한 결과, 고성과 팀의 가장 중요한 공통점은 '팀원들의 IQ'나 '학벌'이 아니었습니다. 바로 "이 팀에서는 내 생각을 솔직하게 말해도 안전하다"는 믿음이었습니다.

겸손한 리더가 실천하는 3가지 언어

그렇다면 어떻게 해야 오만함을 내려놓고 겸손을 통해 신뢰를 쌓을 수 있을까요? 거창한 수양이 필요한 게 아닙니다. 리더가 사용하는 '언어'를 바꾸는 것만으로도 시작할 수 있습니다.

첫째, "나도 잘 모른다"고 인정하십시오 (지적 겸손)

과거의 리더는 '모든 답을 아는 사람'이어야 했습니다. 하지만 지금처럼 복잡하고 빠르게 변하는 세상에서 한 사람이 모든 답을 안다는 것은 불가능하며, 그렇게 믿는 것 자체가 오만입니다. 모르는 것을 인정하는 것은 무능이 아니라 용기입니다.

"미안한데, 사실 나도 그 기술은 깊이 알지 못해. 자네가 더 잘 알 것 같은데, 나 좀 가르쳐 줄 수 있나?"

리더가 이렇게 말하는 순간, 팀원은 무시당했다고 느끼는 것이 아니라 '존중 받았다'고 느낍니다. 자신의 전문성을 인정해 주는 리더를 위해 팀원은 기꺼이 지식을 공유하고 헌신하게 됩니다. 리더의 무지가 오히려 소통의 물꼬를 트는 역설이 일어나는 것이죠.

둘째, "내가 실수했다"고 사과하십시오 (도덕적 겸손)

리더도 신이 아닌 이상 실수를 합니다. 최악의 리더는 실수를 숨기거나, "상황이 어쩔 수 없었다"며 환경 탓을 하고, 심지어 부하 직원에게 책임을 전가하는 사람입니다. 반면 존경받는 리더는 자신의 과오를 깨끗하게 인정합니다.

경영 사상가 짐 콜린스Jim Collins는 위대한 리더들의 공통점으로 '창문과 거울The Window and the Mirror'의 법칙을 꼽았습니다. 일이 잘 풀릴 때는 창문을 내다보며 팀원들에게 공을 돌리고, 일이 꼬일 때는 거울을 들여다보며 "내가 책임을 져야 한다"고 말하는 태도입니다. 이것이 바로 도덕적 겸손의 핵심입니다.

"지난번 의사결정은 내 판단 착오였어. 미안해. 내 고집 때문에 팀원들이 고생했네."

리더가 먼저 거울을 보고 사과할 때, 팀원들은 리더를 비난하는 것이 아니라 오히려 깊이 신뢰하게 됩니다. "우리 팀장님은 비겁하게 도망가는 사람이 아니구나. 이 사람과 함께라면 실수를 해도 안전하겠구나"라는 믿음이 생기기 때문입니다. 사과는 리더의 권위를 떨어뜨리는 것이 아니라, 리더의 '그릇'을 증명하는 행위입니다.

셋째, "여러분의 도움이 필요하다"고 요청하십시오 (관계적 겸손)

"나를 따르라"는 말보다 더 강력한 말은 "도와달라"는 말입니다. 오만한 리더는 도움을 청하는 것을 자존심 상하는 일로 여기지만, 현명한 리더는 도움을 청함으로써 팀원의 '주인의식'을 깨웁니다.

제가 코칭했던 한 대기업 임원은 중요한 프로젝트를 앞두고 팀원들에게 이렇게 고백했습니다. "솔직히 말해서, 이번 프로젝트는 내 경험만으로는 성공을 장담하기 어렵네. 나는 과거의 방식에 갇혀 있을 수 있어. 이번엔 정말 자네들의 신선한 관점과 도움이 절실해. 나를 좀 도와줘."

그 진심 어린 요청에 팀원들의 눈빛이 달라졌습니다. '리더가 우리를 필요로 한다'는 효능감이 팀 전체를 움직이는 동력이 되었습니다.

신뢰는 리더가 갑옷을 벗을 때 시작됩니다

많은 팀장이 두려워합니다. 약한 모습을 보이면 권위가 떨어질까 봐, 무시당할까 봐 오만함이라는 두꺼운 갑옷을 입고 출근합니다. 하지만 기억하십시오. 갑옷을 입은 리더에게 팀원들은 다가가지 못합니다. 그저 멀리서 지시를 기다릴 뿐입니다.

진짜 강한 리더는 갑옷을 입고 칼을 휘두르는 사람이 아닙니다. 갑옷을 벗고 팀원들에게 다가가 "함께 가자"고 손을 내미는 사람입니다. 신뢰는 리더의 완벽함이 아니라, 리더의 '인간다움Humility'에서 싹틉니다.

내일 출근하면 오만함의 어깨 힘을 빼고, 팀원들에게 한 번쯤은 이렇게 말해보는 건 어떨까요? "이건 나도 잘 모르겠는데, 자네 생각은 어떤가?" "지난번엔 내가 실수했어. 미안해." "이번 프로젝트는 자네 도움이 꼭 필요해."

이 작고 솔직한 한마디가, 휴브리스로 쌓아 올린 불신의 벽을 허물고 단단한 신뢰의 다리를 놓아줄 것입니다.

탁월한 리더의 성공 원칙

1. 오만의 경계: 탁월한 리더는 자신의 성공 경험이 '유일한 정답'이라는 '휴브리스'에 빠지지 않도록 끊임없이 자기를 성찰하고 경계한다.

2. 겸손의 실천: 탁월한 리더는 모든 답을 아는 척 연기하지 않고, "나는 모른다", "내가 틀렸다"는 것을 인정하는 '지적 겸손'을 통해 팀원들의 심리적 안전감을 확보한다.

3. 진정성 있는 요청: 탁월한 리더는 권위로 지시하는 대신, 자신의 취약성을 드러내며 "도움이 필요하다"고 진정성 있게 요청함으로써 팀원들의 자발적 헌신을 이끌어낸다.

09

Emotion

감성이 몰입을 이끈다

"팀장님 말씀은 다 맞는데, 왜 따르기가 싫을까요?"

현수 팀장은 자타가 공인하는 '분석의 귀재'였습니다. 데이터 하나만 보면 시장 트렌드를 귀신같이 예측해 냈고, 복잡하게 얽힌 문제도 명쾌한 로직으로 풀어내는 능력이 탁월했습니다. 동료들은 그의 논리적 사고력에 혀를 내둘렀고, 팀장 승진은 너무나 당연한 수순처럼 보였습니다.

첫 팀 회의 시간, 현수 팀장은 야심 차게 준비한 분기 목표를 발표했습니다. 완벽한 데이터, 빈틈없는 논리, 화려한 그래프. 흠잡을 데 없는 프레젠테이션이었습니다. 그는 확신에 찬 목소리로 말했습니다. "이 데이터가 보여주듯, 우리 팀의 목표는 명확합니다. 논리적으로 이 방향이 최선입니다."

하지만 회의가 끝난 후, 복도에서 팀원들이 나누는 대화가 우연히 들려왔습니다. "팀장님 말씀은 구구절절 다 맞아. 반박할 수가 없어. 그런데 이상하게 따르기가 싫어. 왜 이렇게 공감이 안 가지?"

그로부터 6개월 후, 아끼던 팀원 한 명이 사직서를 냈습니다. 퇴사 면담에서 그 팀원은 이렇게 말했습니다. "팀장님은 훌륭한 분이에요. 머리도 좋으시고 배울 점도 많죠. 하지만 저를 한 번도 '사람'으로 이해하려 하지 않으셨어요. 제가 힘들 때도, 고민이 있을 때도, 팀장님은 항상 '팩트'만 이야기하셨죠. '감정은 빼고 일 얘기만 하자'고 하셨잖아요. 저는 기계가 아니에요."

현수 팀장은 큰 충격을 받았습니다. 자신은 누구보다 합리적이고 공정하게 팀을 이끌었다고 자부했는데, 팀원들은 그를 '차가운 로봇'으로 느끼고 있었던 것입니다. 그는 깨달았습니다. '옳은 말'이 사람을 움직이는 게 아니라는 것을.

이성은 결론을 낳지만, 감성은 행동을 낳습니다

신경학자 도널드 칼네Donald Calne는 "이성은 결론을 낳지만, 감성은 행동을 낳는다Reason leads to conclusions, emotion leads to action"라는 명언을 남겼습니다. 리더십의 본질이 바로 여기에 있습니다.

많은 리더, 특히 고학력에 분석적인 리더일수록 '감정'을 비즈니스의 방해물로 여깁니다. "일터에서 감정적인 것은 프로답지 못하다"고 생각하죠. 그래서 회의 시간에 감정을 배제하고 논리만 따집니다. 하지만 이것은 인간의 뇌 구조를 모르는 소리입니다. 우리의 뇌는 감정이 움직여야 비로소 행동을 시작하도록 설계되어 있습니다. 아무리 완벽한 전략이라도 팀원의 '마음'을 움직이지 못하면 그것은 그저 종이 조각에 불과합니다. 머리로는 "맞는 말이네"라고 동의할지 몰라도, 가슴이 뛰지 않으면 그들은 결코 전력을 다해 달리지 않습니다.

심리학자 대니얼 골먼^{Daniel Goleman}이 '감성 지능^{Emotional Intelligence, EQ}'이라는 개념을 대중화한 이후, 수십 년간의 연구가 하나의 사실을 증명해 왔습니다. 리더의 성공을 결정짓는 결정적 요인은 IQ(지능 지수)가 아니라 EQ(감성 지능)라는 것입니다. 실제로 최고 성과를 내는 리더의 90%가 높은 감성 지능을 보유하고 있다는 연구 결과는 우리에게 시사하는 바가 큽니다.

공감은 '착한 성품'이 아니라 최고의 '리더십 역량'입니다

오해하지 마십시오. 감성 리더십은 팀원들의 비위를 맞추거나, 무조건 "오냐오냐" 받아주는 '착한 리더'가 되라는 뜻이 아닙니다. 감성 지능의 핵심은 '공감^{Compassion}'입니다. 상대방의 감정 상태를 정확히 인지하고, 그것을 이해한다는 신호를 보내며, 그 감정을 긍정적인 에너지로 전환시키는 능력입니다. 글로벌 리더십 연구 기관인 CCL^{Center for Creative Leadership}이 전 세계 6,000명 이상의 리더를 대상으로 분석한 결과, '공감 능력'은 직무 성과와 가장 강력한 양의 상관관계를 보였습니다. 공감 능력이 뛰어난 리더가 이끄는 팀은 그렇지 않은 팀보다 혁신적 아이디어가 더 많이 나오고, 이직률은 낮으며, 목표 달성률은 월등히 높았습니다.

도대체 왜 그럴까요? 예일대학교 경영대학원의 연구진은 이를 '감정의 파급 효과^{Ripple Effect}'로 설명합니다. 리더의 감정은 마치 호수에 던진 돌멩이가 순식간에 물결을 일으키듯, 팀 전체의 무의식으로 빠르게 퍼져나간다는 것입니다. 인간의 뇌에는 타인의 감정을 거울처럼 모방하는 '거울 뉴런^{Mirror Neuron}'이 있어서, 리더가 팀원의 감정을 무시하고 냉소적인 태도를 보이면 팀원들의 뇌도 똑같이 방어적으로 변하고 조직의 에너지는 급격히 얼어붙게 됩니다. 반대로 리더가 팀원의 감정을 깊이 읽어주고 이해할 때, 팀원들은 리더와 주파수가 일치하는 '정서적 공명^{Emotional Resonance}' 상태를 경험하며 비로소 업무에 200% 몰입하게 됩니다. 결국 공감은 타고난 착한 성품의 문제가 아니라, 조직의 성과를 위해 후천적으로 개발하고 훈련해야 할 가장 중요한 '리더십 역량'입니다.

감성 지능을 높이는 리더의 3단계 대화법

그렇다면 어떻게 해야 차가운 논리 박사에서 따뜻한 감성 리더로 거듭날 수 있을까요? 거창한 심리 상담 기술을 배울 필요는 없습니다. 대화의 패턴을 조금만 바꾸면 됩니다.

1단계. 경청하라Listen: 말이 아니라 '감정'을 들어라

공감의 출발점은 경청입니다. 하지만 리더의 경청은 달라야 합니다. 상대가 '무엇을 말하는가Fact'만 듣지 말고, 그 말 뒤에 숨겨진 '무엇을 느끼는가Feeling'를 들어야 합니다.

"이번 프로젝트 일정이 너무 빡빡합니다." 이 말을 들었을 때 하수 리더는 팩트만 듣고 이렇게 답합니다. "야근해서라도 맞춰야지. 그게 프로야." 하지만 고수 리더는 그 뒤의 감정을 듣습니다. '아, 이 친구가 지금 불안해하고 있구나. 실패할까 봐 두려워하는구나.'

"일정이 빡빡해서 많이 부담스러운가 보네. 혹시 어떤 점이 제일 걱정돼?" 이렇게 감정을 읽어주는 질문 하나가 대화의 차원을 바꿉니다.

2단계. 인정하라Validate: 감정을 '허용'하라

많은 팀장이 팀원의 부정적인 감정 표현을 불편해합니다. "힘들다", "짜증 난다"는 말을 들으면 "뭘 그런 걸 가지고 그래", "긍정적으로 생각하자"라며 덮으려 합니다. 이것은 감정을 부정하는 것입니다.

감정은 억누르면 사라지는 게 아니라, 곪아서 터집니다. 리더가 해야 할 일은 그 감정을 '타당하다Valid'고 인정해 주는 것입니다.

"프로젝트가 엎어져서 많이 속상하지? 나라도 화났을 것 같아. 충분히 그럴 수 있어." 이 한마디면 충분합니다. 자신의 감정이 수용받았다고 느낄 때, 비로소 팀원은 부정적 감정에서 빠져나올 힘을 얻습니다. "네 감정은 틀리지 않았다"는 인정이야말로 최고의 위로입니다.

3단계. 연결하라Connect: 감정을 '동기'와 연결하라

감정을 읽고 인정했다면, 이제는 그것을 일의 동기와 연결할 차례입니다. 사람마다 일하는 동기가 다릅니다. 누군가는 성취감을, 누군가는 인정을, 누군가는 재미를 원합니다. 감성 지능이 높은 리더는 팀원 각자의 '동기 버튼'이 무엇인지 알고 있습니다.

한 광고회사 팀장의 사례입니다. 그는 팀원마다 1:1 면담을 통해 '무엇이 당신을 춤추게 하는지'를 파악했습니다. 그리고 업무를 배정할 때 이렇게 말했습니다. "김 대리, 자네는 새로운 걸 시도할 때 눈이 반짝이잖아. 이번 프로젝트가 딱 그런 도전적인 과제야. 자네의 창의성을 마음껏 발휘해 볼 수 있을 거야."

단순한 업무 지시가 아니라, 팀원의 욕구와 업무를 연결하는 순간, 일은 '노동'이 아니라 '몰입'의 대상이 됩니다.

사람의 마음을 얻는 것이 리더십의 전부입니다

퇴사자가 발생한 후 현수 팀장은 변화를 결심했습니다. 회의 시간, 그는 목표 숫자 대신 먼저 물었습니다. "지난 분기 고생 많으셨죠? 다들 마음은 좀 어떠신가요? 솔직하게 이야기해 주세요." 어색한 침묵 끝에 팀원들이 지침과 뿌듯함 등 속마음을 털어놓자, 현수는 이를 경청하며 세심한 지원을 약속했습니다. 그날 이후 팀원들은 그를 '차가운 상사'가 아닌 '내 편인 리더'로 인식하기 시작했고, 자발적인 몰입 덕분에 성과도 놀랍게 향상되었습니다. 사람의 마음을 얻는 것이야말로 리더십의 핵심임을 증명한 것입니다.

리더십은 결국 사람을 통해 성과를 내는 일입니다. 그리고 사람을 움직이는 스위치는 머리가 아니라 가슴에 있습니다. 논리로 이기려 하지 말고, 감성으로 이끄십시오. 그것이 진짜 이기는 리더십입니다.

탁월한 리더의 성공 원칙

1. 감정의 경청: 탁월한 리더는 팀원의 말 속에 담긴 사실Fact 정보뿐만 아니라, 그 이면에 숨겨진 '감정Feeling'을 민감하게 포착하고 읽어낸다.

2. 공감의 표현: 탁월한 리더는 팀원의 부정적인 감정조차 "그럴 수 있다"고 '인정Validation'해 줌으로써 단단한 신뢰와 유대감을 형성한다.

3. 동기의 연결: 탁월한 리더는 팀원 개개인의 내적 동기(성취, 인정, 성장 등)를 파악하고, 업무를 그 '동기 버튼'과 연결하여 자발적 몰입을 이끌어낸다.

10

Alignment

목표를 합의하고 방향을 정렬하라

열심히 하는데 왜 제자리걸음일까요? : 벡터의 비극

리더들을 만나 코칭하다 보면 가장 많이 듣는, 그리고 가장 안타까운 하소연이 하나 있습니다. "박사님, 우리 팀원들은 정말 착하고 성실합니다. 시키지 않아도 야근하고, 주말에도 고민할 정도로 열정적이에요. 그런데 이상하게 성과가 안 납니다. 1년이 지났는데 팀은 제자리걸음인 것 같아요. 도대체 뭐가 문제일까요?"

팀원들이 게을러서일까요? 능력이 부족해서일까요? 대부분의 경우, 아닙니다. 진짜 문제는 노력의 총량이 아니라 '방향의 불일치', 즉 '정렬^Alignment'의 부재에 있습니다.

물리학 시간에 배웠던 '벡터^Vector' 개념을 떠올려 보십시오. 벡터에는 '크기(힘)'와 '방향'이 있습니다. 팀원 A는 북쪽으로 10의 힘을 쓰고, 팀원 B는 남쪽으로 10의 힘을 쓴다면 어떻게 될까요? 조직 전체가 쓴 힘의 총량은 20이나 되지만, 조직이 실제로 이동한 거리는 '0'이 됩니다. 서로의 힘이 상쇄되어 버렸기 때문입니다.

이것이 바로 '열심히 일하는 비효율적 조직'의 비극입니다. 마케팅팀은 신규 고객 유치를 위해 SNS 캠페인에 올인하는데, 영업팀은 기존 고객 관리에만 집중하고, 제품팀은 엉뚱하게도 소수만 쓰는 프리미엄 기능을 개발하고 있다면? 각자는 최선을 다해 노를 저었지만, 배는 앞으로 나가지 못하고 제자리에서 빙빙 돌기만 할 뿐입니다.

리더의 역할은 팀원들이 더 세게 노를 젓게 독촉하는 것이 아닙니다. 모든 팀원이 '같은 방향'을 보고 노를 젓도록 키Key를 잡는 것입니다. 속도보다 중요한 것은 방향입니다. 이것이 바로 '정렬Alignment'의 본질입니다.

정렬Alignment이란 구체적으로 무엇인가?

그렇다면 '목표 정렬'이란 정확히 무엇일까요? 단순히 "우리 팀 목표는 매출 100억이야"라고 선포하고 다 같이 복창하는 것은 정렬이 아닙니다. 진정한 정렬은 조직 내의 모든 에너지가 한 방향으로 흐르도록 '수직적'으로, 그리고 '수평적'으로 연결하는 과정입니다.

이를 위해서는 두 가지 차원의 정렬이 필수적입니다.

첫째, 위로의 정렬Upward Alignment입니다. 이것은 리더인 당신과 회사의 목표를 일치시키는 과정입니다. "회사가 왜 이 목표를 세웠는가?", "CEO의 의도는 무엇인가?"를 정확히 파악하는 것입니다. 상위 조직의 전략적 방향성을 이해하지 못한 채 팀만 열심히 달리면, 결국 "고생은 했는데 회사가 원하는 건 이게 아니야"라는 허탈한 피드백을 받게 됩니다. 위로의 정렬은 팀의 노력이 헛되지 않게 만드는 '방향타'입니다.

둘째, 아래로의 정렬Downward Alignment입니다. 이것은 회사의 목표를 팀원 개개인의 업무와 연결하는 과정입니다. 거창한 회사의 비전을 팀원이 매일 수행하는 구체적인 과업Task으로 쪼개주고, 그 일이 개인의 성장과 어떤 관련이 있는지 의미를 부여하는 것입니다. 아래로의 정렬은 팀원들이 지치지 않고 달릴 수 있게 만드는 '엔진'입니다.

이 두 가지가 만날 때 비로소 진정한 정렬이 완성됩니다. 위로는 회사의 비전을 바라보고, 아래로는 팀원의 가슴을 뛰게 하는 것. 이 연결고리가 바로 팀장입니다.

정렬이 안 된 조직의 비용 vs 정렬된 조직의 힘

정렬이 되지 않은 조직에서는 어떤 일이 벌어질까요? 가장 큰 문제는 '자원 낭비'와 '내부 갈등'입니다. 제가 현장에서 경험한 사례입니다. 한 기업의 CEO가 "고객 중심 경영"을 올해의 목표로 선포했습니다. 하지만 정렬 과정이 생략되자 실무 현장에서는 혼란이 벌어졌습니다. 영업팀은 '고객 중심'을 "고객이 부르면 언제든 달려가는 것"으로 해석해 출장비를 쏟아부었습니다. 반면 재무팀은 "고객에게 합리적인 가격을 주는 것"으로 해석해 비용 절감을 압박했습니다. 두 팀은 '고객 중심'이라는 같은 깃발 아래서 서로의 발목을 잡으며 싸웠습니다. 이것이 정렬 부재가 낳은 비효율입니다.

반면, 목표가 정렬된 조직은 강력한 '시너지Synergy'를 냅니다. 에드윈 로크Edwin Locke와 게리 레이섬Gary Latham의 '목표 설정 이론Goal-Setting Theory'에 따르면, 구성원들이 목표를 명확히 이해하고 수용Acceptance할 때 성과는 폭발적으로 증가합니다. "내가 하는 이 작은 일이 회사의 목표를 달성하는 데 필수적이다"라는 효능감이 생기기 때문입니다. 불필요한 중복 업무가 사라지고, 의사결정 속도가 빨라지며, 무엇보다 팀원들이 '왜 해야 하는지'를 묻지 않고 '어떻게 할지'를 고민하게 됩니다.

위에서 아래로 흐르게 하라:

구체화^{Concretization}의 기술

그렇다면 어떻게 해야 이 정렬을 만들어낼 수 있을까요? 가장 중요한 것은 리더가 목표와 현장을 잇는 '번역가'이자 '설계자'가 되는 것입니다.

조직 상층부의 목표는 대개 추상적이고 거시적입니다. "매출 20% 성장", "글로벌 시장 점유율 1위". 이런 숫자는 경영진에게는 가슴 뛰는 비전일지 몰라도, 매일 현장에서 전화를 받고, 문서를 작성하는 팀원들에게는 닿지 않는 외계어와 같습니다.

팀장은 이 거시적인 목표를 '아래로 정렬'하기 위해 팀원 개개인의 업무 언어로 '재해석'하고 '구체화'해 주어야 합니다.

"회사의 목표가 매출 20% 성장이야. 이걸 달성하기 위해 우리 팀이 해야 할 일은 '재구매율'을 높이는 거야. 그리고 김 대리, 자네가 맡은 CS 업무에서 '불만 고객 응대 시간'을 24시간에서 12시간으로 줄인다면, 그게 바로 재구매율을 높이는 핵심 열쇠가 될 거야."

이렇게 연결^{Connection}을 보여주어야 합니다. 팀원들이 아침에 출근해서 하는 사소한 업무 하나가 회사의 거대한 목표와 어떻게 맞물려 돌아가는지를 인과관계로 이해할 때, 그들은 비로소 '내 일의 의미'를 찾고 몰입하게 됩니다.

한 번 맞춘 시계도 시간이 지나면 틀어진다 :
조율^{Calibration}의 기술

많은 리더가 연초에 워크숍을 거창하게 하고 목표를 합의했으니 정렬이 끝났다고 생각합니다. 하지만 이것은 큰 착각입니다. 정렬은 명사가 아니라 동사입니다. 한 번 하고 끝나는 이벤트가 아니라, 끊임없이 계속되는 과정입니다.

아무리 비싼 시계도 시간이 지나면 조금씩 오차가 생깁니다. 하물며 수시로 변하는 비즈니스 환경과 사람의 마음은 오죽하겠습니까? 1월에 합의한 목표가 3월이 되면 시장 상황에 맞지 않게 될 수도 있고, 팀원이 업무를 하다가 길을 잃을 수도 있습니다.

그래서 탁월한 리더는 '짧고 잦은 소통'을 통해 미세 조정을 합니다. 거창한 분기 회의보다 매주 월요일 15분의 '위클리 체크인'이 훨씬 강력합니다.

"이번 주 우리의 최우선 순위는 무엇이지?"(방향 확인) "지금 하고 있는 그 일이 우리 목표 달성에 어떤 도움이 되지?"(의미 연결) "회사의 방향이 조금 바뀌었는데, 우리 목표를 이렇게 수정해 볼까?"(재정렬)

이런 질문들을 통해 팀원들의 시선을 끊임없이 목표점^{Target}으로 다시 돌려놓아야 합니다. 항공기가 목적지까지 날아갈 때, 항로를 벗어나지 않고 일직선으로 가는 시간은 거의 없다고 합니다. 바람에 밀려 벗어나면 다시 조정하고, 또 조정하며 지그재그로 날아가 결국 목적지에 닿는 것이죠. 리더십도 마찬가지입니다. 정렬은 '끊임없는 궤도 수정'의 연속입니다.

같은 곳을 바라보는 힘

조정 경기를 보신 적 있나요? 8명의 선수가 타고 있는 에이트^{Eight} 경기에서 가장 중요한 사람은 맨 뒤에 앉아 노를 젓지 않는 '콕스^{Coxswain}'입니다. 그는 선수들이 젖 먹던 힘까지 짜내 노를 저을 때, 유일하게 앞을 보며 방향을 잡고 "지금이야!", "오른쪽!"을 외칩니다. 만약 콕스가 없다면, 선수들의 그 엄청난 근력은 배를 전복시키는 데 쓰일지도 모릅니다.

팀장님, 당신은 우리 팀의 콕스입니다. 당신이 가장 경계해야 할 것은 팀원들이 노를 젓지 않고 노는 것이 아닙니다. 그들이 각자 다른 방향으로, 너무 열심히 노를 젓는 것입니다.

지금 팀원들에게 물어보십시오. "우리 팀의 올해 목표가 무엇입니까? 그리고 당신의 오늘 업무는 그 목표와 어떻게 연결되어 있습니까?"

만약 팀원들이 서로 다른 대답을 하거나 머뭇거린다면, 지금 당장 노 젓기를 멈추게 하십시오. 그리고 지도를 펴고 방향부터 다시 맞춰야 합니다. 속도는 그다음 문제입니다. 모두가 같은 곳을 바라볼 때, 1 더하기 1은 2가 아니라 무한대가 됩니다. 그것이 정렬의 힘입니다.

탁월한 리더의 성공 원칙

1. **입체적 정렬:** 탁월한 리더는 회사의 비전을 이해하는 '위로의 정렬'과, 이를 팀원의 구체적 행동으로 연결하는 '아래로의 정렬'을 동시에 수행한다.

2. **목표의 구체화:** 탁월한 리더는 거시적인 목표를 앵무새처럼 전달하지 않고, 팀원 개개인의 업무와 연결된 '구체적인 행동의 언어'로 재해석하여 이해시킨다.

3. **지속적 조율:** 탁월한 리더는 정렬을 일회성 이벤트가 아니라 지속적인 과정으로 인식하며, 짧고 잦은 소통을 통해 팀의 방향을 끊임없이 '영점 조절Calibration'한다.

(**11**)

Motivation

성과는 동기에서 나온다

같은 보너스, 다른 반응: 당근과 채찍의 배신

제가 컨설팅했던 한 스타트업의 수진 팀장은 큰 혼란에 빠져 있었습니다. 중요한 프로젝트를 앞두고 두 명의 핵심 팀원, 승호와 민지에게 똑같은 조건으로 업무를 맡겼습니다. "이번 프로젝트를 성공적으로 마치면 연말 보너스를 20% 인상해 줄게. 그리고 승진 심사에도 적극 반영할 거야." 누가 들어도 솔깃한 제안이었습니다. 그런데 2주 후, 두 사람의 반응은 극과 극으로 갈렸습니다. 민지는 눈에 불을 켜고 달려들었습니다. 주말에도 아이디어를 보내고, 시키지 않은 추가 분석까지 해왔죠. 반면 승호는 눈에 띄게 의욕이 떨어졌습니다. 최소한의 일만 처리했고, 회의 때마다 "팀장님, 이거 꼭 이런 방식으로 해야 하나요?"라며 시큰둥하게 반응했습니다.

수진 팀장은 답답함을 토로했습니다. "박사님, 승호가 원래 게으른 친구가 아닙니다. 지난번 다른 프로젝트 때는 밤을 새우면서까지 열정적이었거든요. 똑같은 보상을 약속했는데 왜 이번엔 저럴까요? 돈이 부족했나요?" 저는 수진 팀장에게 되물었습니다. "팀장님, 혹시 승호에게 돈 말고 다른 것이 필요했던 건 아닐까요?"

우리는 오랫동안 '당근과 채찍'이라는 단순한 공식에 갇혀 있었습니다. 보상(돈, 승진)을 주면 열심히 하고, 처벌(질책, 감봉)하면 말을 듣는다는 믿음이죠. 하지만 현대 경영학은 이 믿음이 틀렸다고 단언합니다. 특히 창의성과 문제 해결 능력이 필요한 지식 노동의 영역에서는 더욱 그렇습니다.

다니엘 핑크Daniel Pink는 그의 저서 《드라이브Drive》에서 40년간의 과학적 연구를 바탕으로 충격적인 사실을 밝혔습니다. "단순하고 기계적인 작업에는 금전적 보상이 효과가 있지만, 인지적 사고가 필요한 일에서는 오히려 성과를 떨어뜨린다."

왜일까요? 돈이라는 외재적 보상에 집중하는 순간, 뇌는 시야를 좁히고 창의적 사고 회로를 차단하기 때문입니다. 승호가 의욕을 잃은 건 보상이 부족해서가 아니라, 보상이 그의 '진짜 동기'를 끄집어내지 못했기 때문입니다.

사람을 움직이는 진짜 엔진: 자율, 숙련, 목적

그렇다면 돈이 아니라면 무엇이 사람을 움직일까요? 에드워드 데시Edward Deci와 리처드 라이언Richard Ryan 교수의 '자기결정성 이론Self-Determination Theory'은 인간의 내면 깊숙한 곳에 숨겨진 세 가지 욕구를 조명합니다. 이 세 가지 욕구가 충족될 때, 사람은 누가 시키지 않아도 스스로 움직이고 몰입합니다. 다니엘 핑크는 이를 비즈니스 언어로 재해석하여 자율성Autonomy, 숙련Mastery, 목적Purpose이라고 불렀습니다.

첫째, 자율성Autonomy: "내 방식대로 하고 싶다"

자율성은 자신의 행동을 스스로 통제하고 싶어 하는 욕구입니다. 이것은 '방임'이나 '고립'과는 다릅니다. 목표는 공유하되, 그곳에 도달하는 '방법How'을 스스로 선택할 수 있는 권리입니다.

수진 팀장의 사례로 돌아가 볼까요? 승호가 의욕을 잃은 진짜 이유는 보상이 아니라 '통제감 상실' 때문이었습니다. 수진 팀장은 프로젝트를 맡기면서 세부적인 실행 방법까지 꼼꼼하게 지시했습니다. "이 툴을 쓰고, 보고서는 이런 양식으로 하고, 일정은 이렇게 짜." 승호에게 이 일은 '내 프로젝트'가 아니라 '팀장님의 숙제'가 되어버린 것입니다.

구글Google의 유명한 '20% 타임' 정책이 성공한 이유가 바로 여기에 있습니다. 엔지니어들에게 업무 시간의 20%를 '자신이 원하는 프로젝트'에 쓰게 하자, 지메일Gmail이나 구글 뉴스 같은 혁신적인 제품들이 쏟아져 나왔습니다. 인간은 스스로 선택한 일에 영혼을 갈아 넣습니다.

둘째, 숙련Mastery: "더 잘하고 싶다"

숙련은 자신이 중요하게 생각하는 일에서 점점 더 나아지고 성장하고 싶어 하는 욕구입니다. 사람들은 단순히 일을 처리하는 것Doing이 아니라, 일을 통해 자신이 유능해지는 것Becoming을 원합니다.

게임에 중독된 아이들을 보십시오. 아무런 금전적 보상이 없는데도 밤을 새워가며 레벨을 올립니다. 왜일까요? 어제 못 깼던 스테이지를 오늘 깼을 때 느끼는 짜릿한 '성장감' 때문입니다. 직장에서도 마찬가지입니다. 이 일이 나를 성장시키고 있다는 확신이 들면, 야근은 고통이 아니라 투자가 됩니다.

한 광고회사의 팀장은 팀원들과 1:1 면담을 할 때 항상 '성장 노트'를 펴놓고 이렇게 묻습니다. "이번 달 프로젝트를 하면서 네가 새롭게 배운 기술은 뭐야? 다음 달엔 어떤 역량을 더 키우고 싶어?" 그리고 그 성장에 맞는 업무를 배정합니다. 프레젠테이션 스킬을 키우고 싶어 하는 주니어에게는 내부 발표 기회를 주고, 데이터 분석을 배우고 싶어 하는 팀원에게는 리서치 업무를 맡깁니다. 팀원들은 일하는 기계가 아니라 '성장하는 전문가'로 대우받는다고 느낄 때 몰입합니다.

셋째, 목적Purpose: "의미 있는 일을 하고 싶다"

목적은 나의 일이 나보다 더 큰 무언가에 기여하고 있다는 느낌입니다. 인간은 본능적으로 의미를 찾는 존재입니다. 매일 반복되는 루틴한 업무라도, 그것이 누군가의 삶을 돕고 있다는 것을 알게 되면 태도가 달라집니다.

한 병원의 청소 담당자들을 대상으로 한 연구가 있습니다. 단순히 "병원을 청소하는 일"이라고 생각하는 그룹과, "환자들의 쾌유를 위해 위생적인 환경을 만드는 일"이라고 생각하는 그룹의 직무 만족도와 성과는 천지 차이였습니다. 후자는 자신을 청소부가 아니라 '치유의 파트너'로 정의했기 때문입니다.

리더는 팀원들에게 끊임없이 '일의 의미'를 이야기해야 합니다. "매출 10% 달성해"가 아니라, "우리가 만드는 이 서비스가 고객들의 불편한 아침을 어떻게 상쾌하게 바꾸는지"를 이야기하십시오. 의미가 부여된 고생은 견딜 수 있습니다. 하지만 무의미한 고생은 지옥입니다.

동기부여의 핵심은 '개인화^{Personalization}'입니다

여기서 중요한 통찰이 하나 더 있습니다. 자율성, 숙련, 목적. 이 세 가지는 모두에게 필요하지만, 사람마다 '우선순위'가 다릅니다. 누구는 "내 맘대로 하는 것(자율)"에 목숨을 걸고, 누구는 "실력이 느는 것(숙련)"에 희열을 느끼며, 누구는 "남을 돕는 것(목적)"에 가슴이 뜁니다.

수진 팀장은 다시 승호와 민지를 따로 불렀습니다. 그리고 물었습니다. "승호야, 지난번 프로젝트 때 네가 가장 답답했던 게 뭐였어?" "솔직히 팀장님이 방법을 다 정해주시니까 제가 할 수 있는 게 없었어요. 저는 제 방식대로 새로운 시도를 해보고 싶었거든요."(자율성 욕구) 민지에게도 물었습니다. "민지야, 넌 언제가 제일 신나?" "저는 우리 서비스가 실제로 고객들에게 도움이 됐다는 후기를 볼 때요. 제가 만든 게 누군가에게 쓰인다는 게 너무 좋아요."(목적 욕구)

답이 나왔습니다. 승호에게 필요한 건 '간섭하지 않는 신뢰'였고, 민지에게 필요한 건 '고객의 피드백'이었습니다.

맞춤형 스위치를 켜라

다음 프로젝트부터 수진 팀장은 접근 방식을 완전히 바꿨습니다.

승호에게는 이렇게 말했습니다. "이번 프로젝트의 목표는 이거야. 하지만 도달하는 방법은 네가 전적으로 정해봐. 네가 하고 싶은 새로운 방식을 써도 좋아. 결과만 확실하다면 과정은 터치하지 않을게." 승호의 눈빛이 달라졌습니다. "정말요? 그럼 제가 평소에 생각했던 A안으로 해봐도 될까요?"

민지에게는 이렇게 말했습니다. "이번 프로젝트가 성공하면 5,000명의 사용자가 혜택을 받게 돼. 특히 네가 맡은 파트는 고객들의 불편함을 직접적으로 해결해 주는 핵심 기능이야. 출시 후에 고객 인터뷰를 네가 직접 참관해 보면 좋겠어." 민지는 감동했습니다. "제가 만든 기능이 사람들을 돕는다니, 빨리 만들어보고 싶어요."

3개월 후, 두 사람 모두 최고의 성과를 냈습니다. 연봉 인상이나 승진 약속보다 더 강력한 것이, 바로 각자의 가슴 속에 있는 '진짜 스위치'를 켜주는 것이었습니다.

팀장님, 당신의 팀원들은 무엇에 움직이는 사람들입니까? 돈입니까? 인정입니까? 자유입니까? 아니면 성장입니까? 짐작하지 말고 물어보십시오. 그리고 그에 맞는 스위치를 켜주십시오. 리더는 팀원의 가슴에 불을 지피는 '점화자Igniter'입니다.

<h2 style="text-align:center;">탁월한 리더의 성공 원칙</h2>

1. 내재적 동기 자극: 탁월한 리더는 돈이나 승진 같은 외재적 보상에만 의존하지 않고, 자율성, 숙련, 목적이라는 '내재적 동기'를 자극하여 자발적 몰입을 이끌어낸다.

2. 개인화된 접근: 탁월한 리더는 팀원마다 동기부여 포인트가 다름을 이해하고, 획일적인 보상이 아니라 각자에게 맞는 '맞춤형 동기부여' 전략을 구사한다.

3. 통제권의 이양: 탁월한 리더는 결과에 대한 책임은 지되, 실행하는 과정에 대한 '통제권(자율성)'을 과감히 팀원에게 위임함으로써 주인의식을 고취시킨다.

제3장

성과는 쪼는 게 아니라 몰입하게 만드는 것이다

"이번 달 목표 달성했어?" 그 질문이 팀을 죽인다

월요일 아침을 얼어붙게 만드는 질문

월요일 오전 9시, 주간 회의가 시작됩니다. 팀장은 자리에 앉자마자 엑셀 화면을 띄우고 차가운 목소리로 묻습니다. "지난주 목표 달성률은?" 팀원들이 돌아가며 숫자를 보고합니다. "85%입니다." "92%입니다." "78%입니다." 숫자가 나올 때마다 팀장의 미간은 찌푸려지고, 회의실 공기는 무겁게 가라앉습니다. 팀장은 한숨을 쉬며 말합니다. "이번 주는 무조건 채워야 합니다. 방법 찾아서 보고하세요."

이 장면, 너무나 익숙하지 않습니까? 많은 팀장이 성과 관리를 '숫자 확인'과 '독촉'으로 오해합니다. 목표를 계속 상기시키고, 압박하고, 쪼아대면^{Micromanage} 팀원들이 경각심을 갖고 더 열심히 일할 것이라 믿기 때문입니다. 논리적으로는 그럴듯해 보입니다. 긴장감이 있어야 사람이 움직인다고 생각하니까요.

하지만 현실은 정반대입니다. 6개월간 매주 쪼았더니 목표는 달성했을지 모릅니다. 하지만 그 직후, 핵심 인재들이 줄줄이 사표를 냅니다. 퇴사 사유를 물으면 그들은 이렇게 답합니다. "일이 재미없어요. 매일 숙제 검사받는 기분이라 숨이 막힙니다."

숫자는 맞췄지만, 사람은 잃었습니다. 그리고 사람이 떠난 조직은 다음 분기 목표를 달성할 동력을 상실합니다. 이것이 바로 '성과 압박의 역설Paradox of Pressure'입니다.

왜 압박할수록 성과는 떨어지는가?

심리학적으로 볼 때, 지나친 압박은 뇌의 기능을 마비시킵니다. 우리의 뇌는 위협을 느끼면 생존 본능이 발동하여 시야를 좁히고 방어적으로 변합니다. 이를 '인지적 터널링Cognitive Tunneling'이라고 합니다. 창의적인 아이디어를 내거나 문제를 해결하는 대신, "어떻게 하면 팀장한테 안 깨질까?"라는 생각에만 몰두하게 되는 것이죠.

그렇다면 진정한 고성과는 어디서 나올까요? 긍정 심리학의 대가인 미하이 칙센트미하이Mihaly Csikszentmihalyi 교수는 40년간의 연구 끝에 그 답을 찾아냈습니다. 바로 '몰입Flow'입니다. 그는 예술가, 외과의사, 체스 마스터, 암벽 등반가 등 탁월한 성과를 내는 사람들을 연구했습니다. 그리고 놀라운 사실을 발견했습니다. 그들이 최고의 성과를 낼 때는 보상이나 압박이 있을 때가 아니었습니다. "물아일체物我一體"의 경지, 즉 행위 그 자체에 완전히 빠져들어 시간 가는 줄도 모르고 배고픔도 잊는 '몰입의 상태'일 때였습니다.

더 흥미로운 점은, 사람들이 휴식을 취할 때보다 일할 때 몰입을 더 자주 경험한다는 것입니다. 일은 본질적으로 목표와 규칙이 있기 때문입니다.

그런데 왜 우리 팀원들은 일터에서 몰입하지 못하고 지옥을 경험할까요? 그것은 리더가 몰입의 조건을 파괴하고 있기 때문입니다. 칙센트미하이 교수는 안타깝게 지적했습니다. "대부분의 관리자는 직원에게서 최선을 이끌어내는Inspire 것이 아니라, 최대한을 뽑아내는Extract 데만 관심이 있다." 당신은 지금 팀원들을 몰입시키고 있습니까, 아니면 소진시키고 있습니까?

몰입을 방해하는 리더의 3가지 나쁜 습관

팀원들이 일에 몰입하지 못한다면, 그것은 팀원들의 정신력 문제가 아니라 리더가 만든 '환경'의 문제일 가능성이 큽니다. 몰입 이론에 비추어 볼 때, 리더들이 가장 자주 저지르는 실수는 다음 세 가지입니다.

첫째, 모호한 목표를 던집니다("더 열심히 해")

몰입의 첫 번째 조건은 '명확한 목표'입니다. 우리가 비디오 게임에 그토록 쉽게 몰입하는 이유는 목표가 단순명료하기 때문입니다. '저 몬스터를 잡는다', '이 미션을 깬다'.

하지만 많은 팀장이 이렇게 지시합니다. "이번 주는 더 열심히 합시다", "분발해서 목표 달성합시다". 도대체 무엇이 '열심히'입니까? 무엇을 해야 '분발'입니까? 구체적인 행동 지침 없이 그저 "잘해라"라고 말하는 것은 목표가 아니라 잔소리입니다. 모호함은 몰입을 죽이는 가장 큰 독입니다.

둘째, 피드백을 지연시킵니다("평가는 연말에")

몰입의 두 번째 조건은 '즉각적인 피드백'입니다. 게임에서는 버튼을 누르는 즉시 캐릭터가 점프하고, 적을 맞히면 점수가 올라갑니다. 내가 잘하고 있는지 못하고 있는지를 0.1초 만에 알 수 있습니다. 그래서 몰입합니다.

그런데 회사는 어떻습니까? 오늘 열심히 일한 결과에 대한 피드백을 6개월 뒤 고과 면담 때 듣습니다. 심지어 1년 뒤에 듣기도 합니다. 행동과 보상 사이의 간격이 너무 넓으면 뇌는 흥미를 잃습니다. "지난주 보고서, 논리가 아주 좋았어"라는 말을 일주일 뒤 회의 때 하지 말고, 보고서를 받은 즉시 해주어야 합니다.

셋째, 난이도 조절에 실패합니다(골디락스의 법칙)

몰입의 가장 중요한 조건은 '도전과 능력의 균형'입니다. 과제가 너무 쉬우면 지루해하고[Boredom], 너무 어려우면 불안해합니다[Anxiety]. 자신의 능력보다 아주 조금 더 어려운 과제, 즉 발뒤꿈치를 살짝 들어야 닿을 수 있는 수준일 때 인간은 최고의 몰입을 경험합니다. 이를 '골디락스 법칙[The Goldilocks Rule]'이라고도 합니다.

하지만 리더들은 종종 이 균형을 깹니다. 에이스 팀원에게는 감당 못 할 수준의 업무 폭탄을 던져 번아웃을 만들고, 신입 팀원에게는 단순 반복 업무만 시켜 의욕을 꺾습니다. 팀원 개개인의 역량 수준을 파악하지 않고 기계적으로 업무를 배분하는 것은 몰입을 막는 바리케이드입니다.

"언제까지 돼요?" 대신
"어디서 막혔어요?"라고 물으십시오

성과를 내고 싶다면 리더의 역할을 바꿔야 합니다. 당신은 숙제 검사하는 '채점관'이 아닙니다. 팀원이 달리는 도로 위의 장애물을 치워주는 '제설차[Snowplow]'가 되어야 합니다.

지금 당장 팀원에게 던지는 질문부터 바꾸십시오. "이번 달 목표 달성했어?"라는 질문은 결과만 확인하겠다는 채점관의 언어입니다. 이 말을 듣는 순간 팀원은 변명거리를 찾습니다.

대신 이렇게 물어보십시오. "지금 일하면서 어디서 막혔어? 내가 뭘 해결해 주면 될까?" 이것은 과정을 돕겠다는 조력자의 언어입니다. 이 말을 듣는 순간 팀원은 몰입을 방해하는 장애물을 이야기하고, 다시 달릴 준비를 합니다.

제가 만난 한 제조업 팀장의 사례입니다. 그는 매주 월요일마다 생산량을 체크하며 닦달하던 리더였습니다. 하지만 코칭 후 질문을 바꿨습니다. "작업하다가 불편한 게 뭡니까?" 그러자 팀원들이 쏟아냈습니다. 자재 공급이 늦다, 기계 소음이 심하다, 도면이 복잡하다. 팀장은 그 문제들을 하나씩 해결해 주었습니다. 그러자 놀랍게도 생산량이 20%나 증가했습니다. 팀장이 쪼아서가 아니라, 팀원들이 일에 집중할 수 있는 환경을 만들었기 때문입니다.

성과는 쥐어짜는 것이 아니라, 몰입하게 하는 것

몰입Flow이라는 단어의 뜻이 무엇입니까? 물 흐르듯 자연스럽게 빠져든다는 뜻입니다. 성과는 억지로 쥐어짠다고 나오는 것이 아닙니다. 댐의 수문을 열면 물이 쏟아져 나오듯, 팀원들의 잠재력이 터져 나올 수 있는 환경을 만들어주면 성과는 자연스럽게 따라옵니다.

당신은 지금 팀원들의 목을 조르고 있습니까, 아니면 그들의 손발을 묶고 있는 밧줄을 풀어주고 있습니까?

리더십의 목표는 '숫자를 만드는 것'이 아닙니다. '숫자를 만드는 사람들이 신나게 일할 수 있는 무대를 만드는 것'입니다. 내일 아침 회의실에 들어설 때, 엑셀 파일 대신 팀원들의 얼굴을 먼저 보십시오. 그리고 그들이 몰입의 강물에 뛰어들 수 있도록, 가장 큰 장애물인 당신의 '조급증'부터 내려놓으시길 바랍니다.

탁월한 리더의 성공 원칙

1. **몰입의 설계:** 탁월한 리더는 팀원을 압박하여 억지 성과를 만들어내는 것이 아니라, 명확한 목표와 즉각적인 피드백을 통해 팀원이 일에 '몰입Flow'할 수 있는 환경을 설계한다.

2. **질문의 전환:** 탁월한 리더는 "목표 달성했어?"라는 감시형 질문 대신, "어디서 막혔어?", "무엇을 도와줄까?"라는 지원형 질문을 통해 실질적인 문제 해결을 돕는다.

3. **균형의 조율:** 탁월한 리더는 팀원 개개인의 역량을 정확히 파악하여, 지루하지도 않고 불안하지도 않은 '최적의 난이도(골디락스 존)'의 과제를 부여함으로써 성장의 재미를 느끼게 한다.

성과를 끌어올리는 3가지 흐름 설계

완벽한 계획이 실패하는 이유 : 박제된 성공

연초나 분기 초가 되면 모든 팀장이 '계획 수립'에 목숨을 겁니다. 며칠 밤을 새워가며 시장을 분석하고, 경쟁사를 벤치마킹하고, 화려한 그래프와 숫자로 채워진 50페이지짜리 사업계획서를 만듭니다. 임원 보고 날, 팀장은 자신감에 차서 발표합니다. "이번 분기 우리 목표는 매출 20% 성장입니다. 이를 위한 세부 실행 계획은 이렇습니다. 완벽합니다."

임원들은 고개를 끄덕이며 흡족해합니다. 팀장은 안도의 한숨을 쉬며 생각합니다. '휴, 이제 큰 산 넘었네. 계획대로만 되면 대박이다.'

그런데 3개월 후, 분기 말 성적표를 받아든 팀장은 당황합니다.

계획대로 된 게 하나도 없습니다. 예상치 못한 경쟁사의 신제품 출시, 핵심 인력의 갑작스러운 퇴사, 환율 변동 등 수많은 변수가 터져 나왔습니다. 팀원들을 불러 "왜 계획대로 안 했어?"라고 다그치지만 돌아오는 대답은 허탈합니다. "팀장님, 그 계획은 현장 상황이랑 안 맞아서 바뀐 지 오래예요. 보고드렸는데 기억 안 나세요?"

계획은 완벽했는데, 왜 성과는 나오지 않았을까요? 그 이유는 역설적이게도 '계획이 너무 완벽했기 때문'입니다. 팀장은 계획을 수립하는 데 모든 에너지를 쏟아부은 나머지, 그것을 실행하고 수정하는 과정, 즉 '흐름^{Flow}'을 놓쳤습니다. 계획서에 도장을 찍는 순간, 그 계획은 생명력을 잃고 책상 서랍 속에 '박제'되어 버린 것입니다.

성과는 '이벤트'가 아니라 '순환'에서 나옵니다

많은 리더가 "좋은 계획이 곧 좋은 성과"라고 착각합니다. 하지만 현실 비즈니스에서 계획은 출발선일 뿐입니다. 진짜 성과는 계획이 현장의 먼지와 땀을 만나 수정되고 진화하는 과정에서 만들어집니다. 경영학의 구루이자 품질 경영의 아버지라 불리는 에드워즈 데밍^{W. Edwards Deming} 박사는 이를 'PDCA 사이클'로 정리했습니다. Plan(계획) – Do(실행) – Check(점검) – Act(조치)가 끊임없이 순환할 때 품질과 성과가 혁신적으로 개선된다는 이론입니다. 저는 이것을 팀장의 언어로 조금 더 쉽게 풀어서 'PLAN-DO-SEE'의 3가지 흐름이라고 부르고 싶습니다.

핵심은 이 세 가지가 한 번의 이벤트로 끝나는 것이 아니라, 마치 심장이 뛰듯 쿵-쾅-쿵-쾅 계속해서 순환해야 한다는 점입니다. 계획하고PLAN, 실행해 보고DO, 결과를 확인한 뒤SEE, 다시 새로운 계획을 세우는 무한 루프. 이 흐름Flow이 멈추지 않고 흐르는 팀만이 변화무쌍한 비즈니스 환경에서 살아남을 수 있습니다.

제가 HR 현장에서 만난 고성과 팀장들은 하나같이 이 흐름Flow의 마에스트로였습니다. 그들은 연초에 거창한 계획을 세워놓고 방치하지 않았습니다. 대신 매주, 매월 계획을 뜯어고치며 살아있는 목표를 만들어갔습니다. "박사님, 저희 팀 목표는 살아있는 생물 같아요. 지난주에 세운 계획도 이번 주 상황에 안 맞으면 과감히 버립니다. 중요한 건 계획 준수가 아니라 목표 달성이니까요."

그렇다면 구체적으로 어떻게 이 흐름을 설계해야 할까요?

Flow 1. PLAN(방향 설정): 가설을 세우고 작게 시작하라

첫 번째 흐름은 '방향PLAN'을 잡는 것입니다. 하지만 여기서 말하는 계획은 "무조건 달성해" 식의 확정된 명령서가 아닙니다. 불확실한 미래에 대한 '가설Hypothesis'이어야 합니다. 대부분의 팀장이 범하는 오류는 계획을 '정답'이라고 믿는 것입니다. 그래서 계획이 틀어지면 팀원을 탓하거나 상황을 탓합니다. 하지만 탁월한 팀장은 계획을 '가설'로 봅니다. "우리가 A라는 액션을 하면 B라는 결과가 나올 것이다"라고 가정하는 것이죠. 가설이기 때문에 틀릴 수 있음을 전제합니다.

그리고 이 가설을 검증하기 위해 '작게 시작Start Small'합니다. 거창하게 전체 시스템을 다 뜯어고치는 것이 아니라, 가장 작고 빠른 단위로 실험을 설계합니다. 일본의 도요타 자동차가 세계 최고의 생산성을 달성한 비결인 '카이젠Kaizen(개선)'도 바로 이 원리입니다. 거대한 혁신이 아니라, 매일 매일 현장에서 일어나는 작은 개선들이 모여 위대한 성과를 만드는 것입니다.

"이번 분기 매출 20% 성장"이라는 거대한 목표 대신, "이번 주에 고객 응대 스크립트를 이렇게 바꿔서 반응을 보자"라는 구체적이고 작은 가설을 세우십시오. 이것이 살아있는 PLAN입니다.

Flow 2. DO(실행 리듬): 한 방이 아니라 잽Jab을 날려라

두 번째 흐름은 '실행DO'입니다. 여기서 핵심은 '리듬'입니다. 한 번에 크게Big Bang 실행하는 것이 아니라, 작게 자주 반복하는 리듬을 만드는 것입니다.

권투 선수가 링 위에서 무거운 펀치 한 방만 노리다가는 상대의 빠른 잽에 무너집니다. 비즈니스도 마찬가지입니다. 완벽한 타이밍을 기다리며 웅크리고 있다가는 기회를 놓칩니다.

애자일Agile 조직에서 사용하는 '스프린트Sprint' 방식이 좋은 예입니다. 2주 혹은 4주 단위로 짧게 끊어서 실행하고 결과를 냅니다. "일단 이번 주에 A안을 시도해 보자. 안 되면 다음 주에 바로 B안으로 갈아탄다."

이렇게 실행의 주기를 짧게 가져가면 실패에 대한 부담이 줄어듭니다. 3개월짜리 프로젝트가 실패하면 재앙이지만, 1주일짜리 실험이 실패하면 그건 '배움'이 됩니다. 팀장은 팀원들이 실패를 두려워하지 않고 가볍게 잽을 날릴 수 있도록 실행의 리듬을 만들어주어야 합니다. "일단 해보자Just Do It"가 가능한 환경을 만드는 것, 그것이 DO의 핵심입니다.

Flow 3. SEE(성찰과 조정): 평가가 아니라 학습이다

세 번째이자 가장 중요한 흐름은 '성찰SEE'입니다. 실행한 결과를 보고See, 배우고Study, 다음 행동을 조정Act하는 과정입니다.

안타깝게도 많은 조직에서 이 과정은 '평가'와 '질책'으로 변질되어 있습니다. "결과가 왜 이래? 누가 담당자야?" 이런 분위기에서는 누구도 솔직하게 데이터를 내놓지 않습니다. 실수를 감추고 성과를 부풀리기에 급급하죠. 그러면 올바른 조정이 불가능해집니다.

데밍 박사는 'Check(점검)' 대신 'Study(학습)'라는 단어를 더 좋아했다고 합니다. 단순히 계획 대비 실적을 확인하는 게 아니라, "우리의 가설이 맞았나?", "왜 이런 결과가 나왔나?", "여기서 무엇을 배웠나?"를 치열하게 토론하고 배우는 과정이어야 한다는 뜻입니다.

제가 코칭했던 한 영업팀장은 매주 금요일 오후를 '실패 파티' 시간으로 정했습니다. 한 주 동안 시도했다가 실패한 사례를 공유하고, 거기서 얻은 인사이트를 나누는 시간이었습니다. 처음엔 쭈뼛거리던 팀원들이 나중에는 "제가 이번에 기가 막히게 실패했습니다"라며 앞다투어 사례를 발표했습니다. 그 실패 데이터들이 모여 영업팀의 가장 강력한 성공 매뉴얼이 되었습니다.

SEE는 팀원들을 줄 세우는 시간이 아닙니다. 다음 주 PLAN을 더 정교하게 만들기 위한 '영점 조절'의 시간입니다.

멈추지 않는 수레바퀴를 돌려라

성과는 어느 날 갑자기 하늘에서 떨어지는 것이 아닙니다. PLAN-DO-SEE라는 세 가지 바퀴가 톱니바퀴처럼 맞물려 끊임없이 돌아갈 때, 그 회전력으로 만들어지는 것입니다.

당신은 지금 완벽한 계획서를 만드는 데 시간을 다 쓰고 있지 않습니까? 책상 위에서 멈춰버린 계획은 죽은 문서입니다. 지금 당장 그 계획을 들고 현장으로 나가십시오. 작게 시도하고, 빨리 실패하고, 거기서 배워 다시 계획을 수정하십시오.

이 지루하고도 치열한 순환의 과정을 끈기 있게 리딩하는 것, 그 것이 바로 팀장이 해야 할 진짜 '성과 관리'입니다.

탁월한 리더의 성공 원칙

1. 가설적 사고: 탁월한 리더는 계획을 불변의 정답이 아니라 검증해야 할 '가설'로 바라보고, 거창한 계획보다 현장에서의 '작은 실험'을 장려한다.

2. 실행의 리듬: 탁월한 리더는 한 번의 큰 실행보다 작고 빠른 '반복 실행 Iteration'의 리듬을 만들어, 팀이 실패의 부담 없이 도전하고 빠르게 수정할 수 있게 한다.

3. 학습 중심 회고: 탁월한 리더는 결과를 놓고 잘잘못을 따지는 평가자가 아니라, "무엇을 배웠는가"를 묻고 다음 계획에 반영하는 '학습의 촉진자'가 된다.

14

Flow 1. PLAN

"왜 하는지" 모르면 숫자는 의미 없다

목표는 명확한데, 왜 마음은 움직이지 않을까?

분기 초, 회의실 풍경을 상상해 보십시오. 생산 2팀의 김 팀장이 비장한 표정으로 빔프로젝터 앞에 섭니다. 화면에는 굵은 고딕체로 이번 분기 목표가 띄워져 있습니다. "전 분기 대비 생산량 15% 증대" 김 팀장은 힘주어 말합니다. "숫자는 명확합니다. 15%입니다. 다들 아시겠죠? 이번 분기, 한번 죽기 살기로 해봅시다!" 팀원들은 고개를 끄덕입니다. 숫자는 이해했습니다. 하지만 회의실을 나서는 그들의 표정은 어떨까요? 열정에 불타오를까요, 아니면 무거운 짐을 진 당나귀처럼 처져 있을까요? 안타깝게도 대부분 후자일 것입니다.

한 팀원이 복도에서 동료에게 속삭입니다. "15% 늘리면 우리한테 뭐가 좋은데? 월급이 오르나? 그냥 일만 더 늘어나는 거 아니야?"

이것이 바로 수많은 조직에서 반복되는 '숫자 목표의 비극'입니다. 팀장은 숫자를 던져주면 팀원들이 알아서 뛸 거라 기대하지만, 팀원들에게 그 숫자는 그저 '영혼 없는 할당량Quota'일 뿐입니다. 김 팀장은 목표의 '무엇What'은 전달했지만, 가장 중요한 '왜Why'를 빠뜨렸기 때문입니다.

목표 설정 이론의 핵심:
숫자가 아니라 '수용Acceptance'이다

경영학의 대가 에드윈 로크Edwin Locke와 게리 레이섬Gary Latham의 '목표 설정 이론Goal-Setting Theory'은 지난 수십 년간 성과 관리의 바이블로 통했습니다. 그들의 연구 결과는 명확합니다. "구체적이고 도전적인 목표가 성과를 높인다."

하지만 많은 리더가 이 이론에서 가장 중요한 전제 조건을 간과합니다. 바로 '목표 수용Goal Acceptance'입니다. 아무리 구체적이고 도전적인 목표라 해도, 구성원이 그것을 "나의 목표"로 받아들이지 않으면 성과는커녕 저항만 생깁니다.

하버드 비즈니스 리뷰의 연구에 따르면, 자신의 일에서 '의미'를 발견한 직원은 그렇지 않은 직원보다 직무 만족도가 1.7배 높고, 조직에 머물 확률이 3배 이상 높다고 합니다. 반대로 목표의 의미를 이해하지 못한 팀원은 '시키는 일'만 하는 수동적인 기계가 됩니다. 15%든 20%든, 그들에게 그것은 달성해야 할 비전이 아니라 처리해야 할 고역일 뿐입니다.

제가 만난 한 IT 기업 개발팀장의 고백입니다. "처음에는 '이번 달까지 신규 기능 5개 개발'이라고만 지시했습니다. 팀원들은 야근하며 개발했지만 표정은 어두웠죠. 그러다 제가 설명을 바꿨습니다. '이 기능 5개가 추가되면, 시각 장애인들이 우리 앱을 음성으로 편하게 쓸 수 있게 됩니다.' 그러자 팀원들의 눈빛이 변하더군요. 밤을 새우면서도 웃더라고요. 자신이 누군가의 삶을 돕고 있다는 걸 알게 되었으니까요."

목표를 '살아있는 것'으로 만드는 3가지 원칙

그렇다면 어떻게 해야 차가운 숫자에 따뜻한 피가 돌게 만들 수 있을까요? PLAN(계획) 단계에서 반드시 지켜야 할 세 가지 정렬 원칙이 있습니다.

첫째, 팀 목표를 조직의 '존재 이유'와 연결하십시오

팀원들이 "우리 일이 회사 전체에 어떤 기여를 하는가"를 이해할 때, 목표는 단순한 할당량Quota에서 의미 있는 '미션Mission'으로 승격됩니다.

한 유통업체 물류팀장의 사례를 볼까요? 그는 "배송 지연율 5% 감소"라는 목표를 던지는 대신, 이렇게 설명했습니다. "우리가 배송 지연율을 5% 줄이면, 고객들이 택배를 기다리며 맘 졸이는 시간을 연간 10만 시간이나 줄여줄 수 있습니다. 우리가 파는 건 물건이 아니라 고객의 '설레는 기다림'을 지켜주는 신뢰입니다."

이 설명을 들은 팀원들에게 박스는 더 이상 무거운 짐이 아니었습니다. 고객에게 전하는 약속이었습니다. 숫자 뒤에 숨은 '고객의 얼굴'을 보여주는 것, 이것이 의미 부여의 시작입니다.

둘째, 팀원의 '성장 욕구'와 연결하십시오

조직의 목표만 강조하면 팀원들은 "회사는 좋겠지만 나는요?"라고 반문하게 됩니다. 팀장은 회사의 목표 달성이 팀원 개인의 성장과 어떻게 연결되는지 보여주는 '커리어 코치'가 되어야 합니다.

"이번 마케팅 프로젝트 목표가 매출 10억 달성인데, 나는 자네가 이 과정을 통해 '데이터 분석 역량'을 확실히 키웠으면 좋겠어. 이번에 도입하는 분석 툴을 마스터하면, 자네는 업계에서 대체 불가능한 마케터가 될 거야."

성장 욕구와 팀 성과는 상충하는 것이 아닙니다. 오히려 가장 강력한 '윈-윈Win-Win' 연결고리입니다. 이 일이 나의 이력서에 빛나는 한 줄이 될 것이라고 확신할 때, 팀원은 자발적으로 몰입합니다.

셋째, '왜Why'를 지겨울 정도로 반복하십시오

사이먼 시넥Simon Sinek이 말했듯, 사람들은 '무엇'을 하는지가 아니라 '왜' 하는지에 움직입니다. 하지만 많은 리더가 연초에 한 번 멋지게 설명하고는 끝났다고 생각합니다.

비전은 휘발성이 강합니다. 바쁜 업무에 치이다 보면 금세 잊힙니다. 그래서 팀장은 '비전 전도사Vision Evangelist'가 되어야 합니다. 주간 회의에서, 1:1 면담에서, 프로젝트가 난관에 부딪힐 때마다 끊임없이 "우리가 왜 이 일을 하는지"를 상기시켜야 합니다.

팀원이 직접 목표를 그리게 하십시오

의미를 부여했다면, 이제 구체적인 실행 계획PLAN을 짤 차례입니다. 이때 가장 중요한 것은 '참여'입니다. 로크와 레이섬의 연구에 따르면, 목표 설정 과정에 참여한 사람은 할당받은 사람보다 목표 달성률이 월등히 높았습니다.

"자, 의미는 공유했으니 목표 숫자는 내가 정해줄게." 이렇게 하면 다 된 밥에 재 뿌리는 격입니다. 대신 이렇게 물어보십시오.

"우리의 미션이 고객의 기다림을 지켜주는 것이라면, 이번 분기에 우리가 도전해 볼 만한 구체적인 목표는 무엇일까? 배송 지연율을 얼마나 줄일 수 있을까?"

팀원들이 직접 "5%는 줄여보겠습니다", "그러려면 검수 프로세스를 바꿔야 합니다"라고 말하게 하십시오. 남이 시킨 목표는 '해야 할 일Duty'이지만, 내가 말한 목표는 '하고 싶은 일Desire'이 됩니다. 스스로 설정한 목표에 대해서는 책임감이 생깁니다. 이것이 '주인의식Ownership'의 정체입니다.

합의는 끝이 아니라 시작입니다

목표를 정하고 합의했다고 끝난 게 아닙니다. PLAN 단계의 마지막 퍼즐은 '지원 약속'입니다. 목표는 의지만으로 달성되지 않습니다. 자원Resource이 필요합니다.

"좋아, 자네들이 정한 그 목표, 아주 마음에 들어. 그렇다면 그걸 달성하기 위해 내가 무엇을 도와주면 될까? 예산? 인력? 타 부서 협조?"

팀장이 필요한 자원을 묻고 지원을 약속할 때, 합의는 '신뢰의 계약'이 됩니다. "아, 팀장님이 말로만 시키는 게 아니라 진짜 우리가 성공할 수 있게 밀어주는구나"라는 믿음이 생깁니다.

의미 없는 숫자는 폭력입니다

숫자는 죄가 없습니다. 하지만 의미가 제거된 숫자는 팀원들에게 폭력이 될 수 있습니다. 15%라는 숫자가 누군가에게는 숨 막히는 압박이 되지만, 누군가에게는 가슴 뛰는 도전이 될 수 있습니다. 그 차이를 만드는 것은 바로 리더인 당신의 '해석'과 '연결' 능력입니다.

내일 아침 회의실에 들어갈 때, 엑셀 파일만 들고 가지 마십시오. 그 숫자 뒤에 숨겨진 이야기, 우리 팀이 세상에 기여하는 가치, 그리고 팀원들이 성장할 미래의 모습을 함께 들고 가십시오.

"우리가 이 일을 왜 하는가?" 이 질문에 팀원 모두가 같은 눈빛으로 대답할 수 있다면, 이미 당신의 팀은 목표의 절반을 달성한 셈입니다.

<u>탁월한 리더의 성공 원칙</u>

1. 의미 부여: 탁월한 리더는 단순히 목표 숫자만 던지는 것이 아니라, 그 목표가 조직의 비전과 고객의 가치에 어떻게 기여하는지 '왜[why]'를 설명하여 일의 의미를 부여한다.

2. 성장 연결: 탁월한 리더는 조직의 목표 달성 과정을 팀원 개인의 '커리어 성장'과 연결해 줌으로써, 업무를 단순 노동이 아닌 자기 계발의 기회로 인식하게 한다.

3. 참여 유도: 탁월한 리더는 목표를 일방적으로 하달하지 않고, 팀원이 목표 설정 과정에 직접 '참여'하게 함으로써 강력한 주인의식과 실행 동기를 이끌어낸다.

15

Flow 2. DO

재촉하지 말고 리듬을 만들어라

"언제까지 됩니까?": 매주 반복되는 도돌이표

월요일 아침 9시, 건설 현장 소장실. 15년 차 베테랑 박성민 소장은 팀원들을 모아놓고 '진척 회의'를 시작합니다. 하지만 회의실 분위기는 마치 취조실 같습니다.

"김 대리, 3동 철근 작업은 언제 마무리돼요?" "아… 아마 이번 주까지는 될 것 같습니다." "아마라니? 확실하게 말해요. 언제까지?" "금요일까지… 노력해 보겠습니다."

박 소장은 답답함에 한숨을 내쉽니다. 지난주에도 똑같이 물었고, 똑같은 대답을 들었기 때문입니다. "노력하겠다"는 말은 "사실잘 모르겠다"는 말의 다른 표현임을 그도 알고 있습니다. 하지만 박소장이 할 수 있는 건 더 세게 쪼는 것뿐입니다. "이번엔 진짜 맞춰야 합니다. 안 되면 주말에라도 나오세요.”

회의실을 나가는 팀원들의 어깨는 축 처져 있습니다. 박 소장은 생각합니다. ‘다들 의지가 너무 약해. 내가 일일이 챙기지 않으면 굴러가질 않아.’

과연 그럴까요? 문제는 팀원들의 ‘의지’가 아니라, 팀장이 만든 ‘구조’에 있을지도 모릅니다. 매주 “언제까지 됩니까?”라고 묻는 것은 리더가 불안하다는 신호일 뿐, 일을 되게 만드는 동력은 아니기 때문입니다. 박 소장의 회의는 ‘진척’을 확인하는 자리가 아니라, 서로의 ‘불안’을 확인하는 자리가 되어버렸습니다.

실행력은 ‘의지’가 아니라 ‘구조’에서 나옵니다

많은 리더가 실행력을 ‘정신력’의 문제로 착각합니다. “주인의식을 가져라”, “더 몰입해라”라고 주문을 외우면 성과가 나올 거라 믿죠. 하지만 스탠퍼드 대학의 행동 과학자 B. J. 포그B. J. Fogg 교수는 행동 변화의 핵심 요소로 동기Motivation, 능력Ability과 함께 ‘촉발 요인Trigger’을 꼽았습니다.

아무리 동기가 높고 능력이 있어도, 행동을 유발하는 명확한 ‘신호’가 없으면 실행은 미루어집니다. 다이어트를 결심한 사람이 매번 실패하는 이유는 의지가 약해서가 아니라, “매일 저녁 8시, 알람이 울리면 운동화를 신는다"와 같은 구체적인 촉발 요인(구조)을 만들지 않았기 때문입니다.

조직도 마찬가지입니다. 탁월한 실행력은 리더의 호통이 아니라, 예측 가능한 '업무의 리듬'에서 나옵니다. 소프트웨어 개발 방법론인 '애자일Agile'에서는 이를 '케이던스Cadence'라고 부릅니다. 음악에서 박자가 연주를 이끌어가듯, 업무에서도 일정한 주기와 형식이 팀원들의 행동을 자동으로 이끌어내야 한다는 것입니다.

예측 가능성이 만드는 실행력

리듬이 중요한 이유는 '예측 가능성Predictability' 때문입니다. "매주 수요일 오전 10시에는 반드시 진척 점검을 한다." 이런 명확한 리듬이 있으면 팀원은 불안해하지 않습니다. '팀장님이 언제 불시에 검사할지 몰라'라며 눈치 보는 대신, 수요일 10시를 기준으로 자신의 업무 스케줄을 주도적으로 짭니다. 리더가 시키지 않아도 화요일 저녁이 되면 스스로 업무를 정리하게 되는 것이죠.

제가 만난 한 IT 스타트업의 프로젝트 매니저는 이런 고백을 했습니다. "처음에는 팀원들이 각자 편한 시간에 불쑥불쑥 보고를 했어요. 저도 수시로 불러서 물어봤고요. 그러다 보니 서로 일에 집중을 못 하더라고요. 그래서 '매일 오전 11시, 15분 스탠드업 미팅'을 도입했습니다. 그 외 시간엔 서로 터치하지 않기로 했죠. 놀랍게도 업무 집중도가 2배는 올라갔습니다. '예측 가능한 간섭'은 더 이상 간섭이 아니더라고요."

실행을 돕는 리듬^{Cadence} 설계의 3원칙

그렇다면 어떻게 해야 우리 팀에 건강한 실행 리듬을 만들 수 있을까요?

첫째, 고정된 '체크포인트^{Check-point}'를 박으십시오

가장 먼저 해야 할 일은 '언제 만날지'를 고정하는 것입니다. "시간 날 때 보자"는 최악입니다. "매주 화요일 오후 2시"처럼 요일과 시간을 못 박아야 합니다. 이때 중요한 것은 '일관성'입니다. 리더가 바쁘다고 취소하거나, 기분 내키는 대로 시간을 바꾸면 리듬은 깨집니다. 비가 오나 눈이 오나 그 시간에는 반드시 모인다는 신뢰가 쌓여야 팀원들의 몸에 '실행 근육'이 붙습니다.

둘째, '점검 항목'을 표준화하십시오

매번 리더의 기분에 따라 질문이 달라지면 팀원은 방어적이 됩니다. "오늘은 또 뭘 트집 잡을까?"라고 걱정하게 되죠. 체크포인트에서는 항상 똑같은 3가지만 물어보십시오.

1. 지난주 계획 대비 무엇을 완료했는가? (Progress)

2. 이번 주에 반드시 끝낼 일은 무엇인가? (Plan)

3. 지금 당신을 가로막고 있는 장애물은 무엇인가? (Blocker)

이 질문이 표준화되면 팀원은 회의 준비를 위해 고민할 필요가 없습니다. 팩트만 들고 들어오면 되기 때문에 회의 시간도 획기적으로 줄어듭니다.

셋째, '완료의 기준^{Definition of Done}'을 합의하십시오

"거의 다 됐습니다", "90% 했습니다"라는 말은 믿지 마십시오. 리더와 팀원의 90%는 다릅니다. 리더는 '고객에게 나갈 수 있는 상태'를 생각하지만, 팀원은 '초안 작성 완료'를 생각할 수 있습니다. 애매함을 없애려면 완료의 기준을 명확히 해야 합니다. "코딩 완료"가 아니라 "테스트 통과 후 서버 배포 완료"가 기준이 되어야 합니다. PMBOK^{Project Management Body Of Knowledge}(프로젝트 관리 지식 체계)에서도 각 단계의 출구 기준^{Exit Criteria}을 명확히 하는 것을 프로젝트 성공의 핵심으로 꼽습니다. 기준이 명확해야 실행도 명확해집니다.

"언제까지 됩니까?" 대신 "어디서 막혔습니까?"

리듬Cadence을 만들었다면, 이제 리더의 역할을 바꿀 차례입니다. 체크포인트는 숙제 검사하는 시간이 아니라, 장애물을 치워주는 시간이어야 합니다.

하버드 경영대학원의 테레사 아마빌Teresa Amabile 교수는 수백 명의 직장인을 대상으로 한 연구를 통해 '진척의 원칙The Progress Principle'을 발견했습니다. 직장인들이 가장 큰 동기부여를 느끼는 순간은 보너스를 받을 때가 아니라, "의미 있는 일에서 작은 진척Small Win을 느낄 때"였습니다.

리더가 해야 할 일은 팀원이 이 '진척'을 느끼도록 돕는 것입니다. 그러려면 질문을 바꿔야 합니다. "언제까지 돼요?"라는 질문은 압박입니다. 팀원은 방어적인 태도로 "노력하겠습니다"라고 답할 수밖에 없습니다. 대신 "지금 어디서 막혔습니까Blocker?"라고 물어보십시오. 이것은 지원입니다.

박 소장의 사례로 돌아가 볼까요? 그가 질문을 바꿨다면 상황은 달라졌을 겁니다. "김 대리, 철근 작업이 늦어지는 진짜 이유가 뭐예요? 자재가 안 들어와서? 아니면 인력이 부족해서?" "사실… 협력업체가 자재 납품을 자꾸 미룹니다. 제가 전화해도 안 받아요." "그럼 그건 내가 직접 사장한테 전화할게요. 김 대리는 현장 작업 반장님만 챙겨요."

이 대화가 오가는 순간, 박 소장은 감시자가 아니라 '해결사'가 됩니다. 팀원은 리더가 내 뒤를 봐주고 있다는 든든함을 느끼며 일에 몰입할 수 있습니다. 이것이 바로 리더가 만들어야 할 실행의 리듬입니다.

쪼지 말고, 뚫어주십시오

실행력은 리더의 목소리 크기에 비례하지 않습니다. 오히려 리더가 만든 시스템의 정교함에 비례합니다. 당신은 지금 팀원들을 벼랑 끝으로 몰아세우고 있습니까, 아니면 그들이 달릴 수 있도록 트랙의 돌부리를 치워주고 있습니까?

재촉하지 마십시오. 대신 규칙적인 리듬Cadence을 만드십시오. 그리고 그 리듬 속에서 팀원들이 겪는 어려움을 묻고 해결해 주십시오. 꽉 막힌 고속도로를 뚫어주는 것, 그것이 리더가 해야 할 유일한 '통제'입니다. 물길만 터주면 물은 알아서 흐릅니다. 성과도 마찬가지입니다.

탁월한 리더의 성공 원칙

1. 리듬의 설계: 탁월한 리더는 감시를 위한 불시 점검을 하지 않고, 팀원이 예측하고 준비할 수 있는 '규칙적인 업무 리듬Cadence'을 설계하여 자율성을 높인다.

2. 질문의 전환: 탁월한 리더는 마감을 독촉하는 "언제까지?" 대신, 문제 해결을 돕는 "어디서 막혔는가?"를 질문하여 팀의 실행력을 가로막는 장애물을 제거한다.

3. 기준의 명확화: 탁월한 리더는 "열심히", "최대한 빨리" 같은 모호한 지시를 내리지 않고, '완료의 기준Definition of Done'을 명확히 합의하여 불필요한 오해와 재작업을 방지한다.

16

Flow 3. SEE

평가표가 아니라 성장 지도를 그려라

"평가합시다"라는 말에 뇌는 '도망쳐'라고 외친다

프로젝트가 끝나는 날, 사무실의 풍경은 묘하게 갈립니다. "드디어 끝났다!"라고 홀가분하게 외치며 회식 장소로 달려가는 '망각형'과, 팀장의 호출을 받고 "이번 프로젝트 평가 좀 하자"며 회의실로 끌려가는 '청문회형'이 있습니다.

팀원들에게 '평가'나 '회고'는 공포 그 자체입니다. 학창 시절 받아본 빨간 줄 그어진 성적표의 트라우마 때문일까요? 그들에게 평가는 '내가 무엇을 잘못했는지 지적받는 시간', '내 등급이 매겨지는 심판의 시간'으로 인식됩니다. 뇌과학적으로 보면, 비판적인 평가를 앞둔 사람의 뇌에서는 편도체가 활성화되어 '투쟁 도피 반응^{Fight or Flight}'이 일어난다고 합니다. 마치 맹수를 만났을 때처럼, 뇌는 리더의 피드백을 생존에 대한 위협으로 간주하고 방어 태세를 갖추는 것이죠.

그래서 회고 미팅에 들어오는 팀원들의 표정은 굳어 있습니다. "제 탓이 아닙니다"라는 핑계를 준비하거나, 입을 꾹 다물고 이 폭풍이 빨리 지나가기만을 기다립니다. 이런 상태에서는 그 어떤 좋은 조언도 귀에 들어가지 않습니다.

광고 기획사의 이수진 팀장도 비슷한 고민에 빠져 있었습니다. 그녀는 꼼꼼하고 열정적인 리더였습니다. 프로젝트가 끝나면 팀원들의 성장을 위해 빼곡하게 적은 평가표를 들고 면담을 했습니다. "박 대리, 이번 기획안은 논리적 연결이 좀 부족했어. 타겟 분석도 약했고. B⁺야." "김 과장, 일정 관리가 아쉬웠어. 클라이언트 응대도 좀 더 적극적이어야 해. A⁻."

나름대로 객관적이고 구체적인 피드백을 주려고 노력했지만, 결과는 참담했습니다. 팀원들은 고개를 끄덕이면서도 표정은 차가웠습니다. 그들은 성장하지 않았고, 다음 프로젝트에서도 똑같은 실수를 반복했습니다. 오히려 "팀장님은 칭찬에 인색해", "지적만 하고 대안은 없어"라며 관계만 멀어졌습니다.

이수진 팀장은 억울했습니다. "아니, 잘못된 걸 알려줘야 고칠 거 아니야? 내가 뭘 잘못한 거지?" 그녀의 실수는 단 하나였습니다. 운전할 때 '백미러Back mirror'만 보고 가려 했다는 것입니다.

백미러 대신 앞유리창을 보라: 피드포워드^{Feedforward}

우리가 운전할 때 백미러를 보는 시간은 얼마나 될까요? 전체 운전 시간의 5%도 안 될 겁니다. 백미러는 지나온 길을 확인하는 용도일 뿐, 운전의 대부분은 넓은 앞유리창을 통해 '미래(앞으로 갈 길)'를 보며 이루어집니다. 백미러만 보고 운전하면 사고가 납니다.

리더십 코칭의 대가 마셜 골드스미스^{Marshall Goldsmith}는 기존의 '피드백^{Feedback}'이 가진 한계를 지적하며 '피드포워드^{Feedforward}'라는 개념을 제시했습니다. 이 두 가지는 시제가 다릅니다. 피드백은 철저히 '과거^{Back}'에 초점을 맞춥니다. "지난주에 왜 지각했어?" "보고서가 왜 이 모양이야?" "왜 그때 그런 실수를 했어?" 이미 벌어진 일, 바꿀 수 없는 과거를 파헤칩니다. 심리학적으로 우리는 바꿀 수 없는 일에 대해 비난받을 때 무력감과 분노를 느낍니다. 그래서 듣는 사람은 본능적으로 방어기제를 작동시키고 변명거리를 찾습니다. 소중한 에너지가 '개선'이 아닌 '방어'에 낭비되는 것입니다.

반면 피드포워드는 철저히 '미래^{Forward}'에 초점을 맞춥니다. "다음번에는 10분 일찍 출발해 보는 건 어때?" "다음 보고서에는 핵심 요약 장표를 맨 앞에 넣어보면 훨씬 설득력이 있을 것 같아." "다음에 비슷한 상황이 오면, 그때는 이메일 대신 전화를 먼저 해보면 어떨까?" 앞으로 벌어질 일, 바꿀 수 있는 미래를 제안합니다. 듣는 사람은 변명할 필요가 없습니다. 대신 "아, 그렇게 하면 되겠구나"라며 구체적인 행동을 시뮬레이션합니다. 에너지가 '개선'과 '성장'에 쓰이는 것입니다.

제가 코칭했던 한 컨설팅 팀장은 이 원리를 깨닫고 회의 방식을 완전히 바꿨습니다. "예전에는 '무엇이 문제였나?'를 놓고 30분 동안 범인을 색출했어요. 분위기가 살벌했죠. 지금은 질문을 바꿨습니다. '다음에 똑같은 상황이 오면, 우리는 무엇을 다르게 할 것인가?' 이 질문 하나로 분위기가 반전됐습니다. 과거의 잘못을 추궁하는 게 아니라 미래의 솔루션을 찾는 거니까요. 팀원들이 신이 나서 아이디어를 냅니다."

회고 Retrospective 는 반성문이 아니라 '공략집'이다

PLAN-DO-SEE의 마지막 단계인 'SEE(성찰)'는 성적표를 받는 시간이 아닙니다. 다음 레벨로 넘어가기 위한 '공략집'을 함께 만드는 시간입니다. 애자일 Agile 조직에서는 프로젝트가 끝날 때마다 '회고 Retrospective'를 합니다. 이때 가장 중요한 대원칙은 노먼 커스 Norman Kerth 가 제창한 '비난 금지 No Blame'입니다. "누구 때문에 실패했어?"가 아니라, "우리의 시스템 중 무엇이 우리를 실패하게 만들었어?"를 묻습니다. 사람을 공격하는 것이 아니라, 문제를 테이블 위에 올려놓고 함께 해부하는 것입니다.

회고를 잘하는 팀은 다음 3가지 질문(KPT 회고)을 던집니다.

1. Keep: 이번 프로젝트에서 좋았던 점, 다음에도 계속 유지해야 할 점은
   무엇인가? (성공 요인 분석)
2. Problem: 아쉬웠던 점, 문제가 되었던 점은 무엇인가? (장애물 확인)
3. Try: 다음 프로젝트에서 새롭게 시도해 볼 구체적인 행동은 무엇인가?
   (행동 계획)

여기서 핵심은 'Try'입니다. 반성만 하고 끝나는 회고는 시간 낭비입니다. "다음엔 더 열심히 하자", "소통을 잘하자" 같은 막연한 다짐은 아무런 힘이 없습니다. "다음엔 고객 인터뷰를 3명 더 추가하자", "주간 회의 시간을 30분 단축하고 서면 보고로 대체하자"처럼 당장 실행할 수 있는 작고 구체적인 행동 하나를 결정하는 것, 그것이 진짜 회고입니다.

평가표 대신 '성장 지도'를 그려주십시오

리더는 팀원을 평가하여 등급을 매기는 '채점관'이 아닙니다. 팀원이 더 멀리 갈 수 있도록 돕는 '페이스메이커'가 되어야 합니다. 연말에 툭 던지듯 "너는 B등급이야"라고 통보하는 것은 리더십의

직무 유기입니다.

스탠퍼드 대학의 캐롤 드웩Carol Dweck 교수가 말한 '성장 마인드셋Growth Mindset'을 기억하십시오. 팀원의 현재 능력은 고정된Fixed 것이 아니라, 노력과 전략, 그리고 리더의 가이드에 따라 얼마든지 발전할 수 있다는 믿음입니다.

팀장님, 이제 차가운 평가표 대신 A4 용지를 꺼내 팀원과 함께 '성장 지도'를 그려보십시오. "김 대리, 기획력과 창의성은 정말 탁월했어(강점 확인). 다만 발표 때 논리가 조금 흔들리더군(약점의 객관화). 못해서가 아니라 아직 익숙하지 않아서야. 다음 분기에 이 부분을 집중 훈련해 보자. 스피치 교육을 추천해 줄 테니, 다음 달 회의 때 5분 스피치를 해보는 건 어때? 리허설은 내가 봐줄게(구체적 성장 계획)."

이렇게 접근하면 약점 지적은 비난이 아닌 '성장의 재료'가 됩니다. 팀원은 리더가 자신을 심판하는 게 아니라 돕고 있다는 신뢰를 느끼며, 마음을 열고 피드백을 온전히 받아들이게 될 것입니다.

아직Not Yet의 힘을 믿으십시오

캐롤 드웩 교수는 시카고의 한 고등학교 사례를 소개합니다. 그 학교는 졸업 요건을 충족하지 못한 학생들에게 '낙제Fail'라는 절망적인 성적 대신 '아직 아님Not Yet'이라는 성적을 줍니다. "너는 실패한 게 아니야. 단지 '아직' 통과하지 못한 것뿐이야. 그러니까 조금만 더 하면 돼."

이 작은 단어의 차이가 기적을 만들었습니다. '낙제'를 받은 학생들은 포기했지만, '아직 아님'을 받은 학생들은 다시 도전했고, 졸업률은 비약적으로 상승했습니다.

리더인 당신에게도 이 '아직Not Yet'의 시선이 필요합니다. 팀원이 실수했을 때, 성과가 부족할 때, 그를 '무능한 사람'으로 낙인찍지 마십시오. "아직 배우는 중인 사람"으로 바라보십시오. 그리고 피드포워드를 통해 그가 나아갈 다음 이정표를 제시해 주십시오.

과거를 묻지 않고 미래를 묻는 리더, 점수를 매기기보다 지도를 그려주는 리더. 그런 리더와 함께라면 팀원들은 두려움 없이 성장할 것입니다. 성과는 그 성장의 발자국을 따라 자연스럽게 피어날 것입니다.

탁월한 리더의 성공 원칙

1. **미래 지향적 피드백:** 탁월한 리더는 바꿀 수 없는 과거의 잘못을 들추는 '피드백'에 머물지 않고, 개선 가능한 미래의 행동을 구체적으로 제안하는 '피드포워드Feedforward'를 실천한다.

2. **학습 중심의 회고:** 탁월한 리더는 프로젝트 종료 후 범인을 찾는 '청문회'를 열지 않고, 비난 없이 문제를 분석하여 "무엇을 배웠고, 다음엔 무엇을 다르게 할 것인가"를 도출하는 '학습의 장'을 만든다.

3. **성장 마인드셋:** 탁월한 리더는 팀원의 현재 역량을 고정된 것으로 보지 않고, 적절한 지원과 전략이 있다면 얼마든지 발전할 수 있다는 믿음으로 구체적인 '성장 지도'를 함께 그린다.

제4장

일일이 시키지 않아도 움직이는 팀의 비밀

17

일 떠안기 증후군 탈출하기

모든 일을 떠안는 팀장에서 벗어나는 법

새벽 3시, 꺼지지 않는 팀장실의 불빛

유통회사의 MD 팀장인 정 팀장은 사내에서 '워커홀릭'으로 통합니다. 하지만 그는 그 별명이 달갑지 않습니다. 일을 좋아서 하는 게 아니라, 어쩔 수 없이 하고 있기 때문입니다.

어느 날 새벽 3시, 정 팀장은 텅 빈 사무실에서 홀로 노트북을 두드리고 있었습니다. 다음 날 있을 임원 보고 자료를 수정하기 위해서였죠. 사실 이 자료는 일주일 전에 팀원에게 맡긴 것이었습니다. 하지만 마감 하루 전 받아본 초안은 정 팀장의 기준에 턱없이 모자랐습니다. 논리는 빈약했고, 오탈자도 눈에 띄었습니다.

"하아… 이걸 어떻게 보고해. 차라리 내가 하는 게 낫지."

정 팀장은 팀원을 불러 피드백하는 대신, 직접 수정하는 길을 택

했습니다. 그게 더 빠르고 확실하다고 믿었으니까요. 다음 날 오전 9시 회의, 보고는 완벽했습니다. 임원들의 칭찬도 받았습니다. 하지만 정 팀장의 눈 밑에는 짙은 다크서클이 내려앉아 있었습니다.

점심시간, 동료 팀장이 걱정스럽게 물었습니다. "정 팀장, 요즘 너무 힘들어 보여. 팀원들은 뭐 하고 혼자 다 해?" 정 팀장은 쓸쓸하게 웃으며 답했습니다. "내가 하는 게 마음 편해. 개네한테 맡기면 불안해서 잠이 안 오거든."

이 장면, 혹시 낯설지 않으신가요? 많은 팀장이 '일 떠안기 증후군'에 시달립니다. 팀원들은 정시 퇴근하는데 팀장만 남아서 야근하고, 주말에도 일거리를 싸 들고 집에 갑니다. 몸은 부서질 것 같지만 일을 손에서 놓지 못합니다. 왜일까요? 단순히 책임감이 강해서일까요?

임파워먼트^{Empowerment}를 가로막는 3가지 심리적 장벽

경영학에서는 리더가 구성원에게 권한을 위임하는 '임파워먼트^{Empowerment}'를 실천하지 못하는 원인을 크게 세 가지 심리적 장벽으로 분석합니다.

첫째, 완벽주의^{Perfectionism}의 함정입니다. 많은 리더가 실무자 시절 '디테일의 신'이었습니다. 자신의 손을 거치지 않은 결과물은 믿지 못합니다. 스탠퍼드 대학의 연구에 따르면, 최근 수십 년간 사회적으로 부과된 완벽주의 성향이 급증했다고 합니다. 문제는 이 완벽주의가 리더가 되는 순간 '병목현상'을 만든다는 것입니다. 팀원이 해온 80점짜리 결과물을 견디지 못하고 "비켜봐"라며 100점으로 만들려다 보니, 모든 업무가 팀장의 책상 위에서 멈춰버립니다.

둘째, 통제 욕구Need for Control의 함정입니다. "내가 모르는 사이 무슨 일이 터지면 어떡하지?"라는 불안입니다. 영국 켄트 대학의 연구에 따르면, 통제 욕구가 높은 관리자는 권한 위임을 '위험Risk'으로 인식합니다. 그래서 사소한 이메일 참조부터 회의 참석까지 모든 과정에 개입하려 합니다. 이것은 임파워먼트가 아니라 '간섭Micromanaging'입니다.

셋째, 속도에 대한 강박Speed Obsession입니다. "이거 설명하는 시간에 내가 하는 게 빠르겠다." 틀린 말은 아닙니다. 숙련된 팀장이 하는 게 초보 팀원에게 가르쳐서 시키는 것보다 당장은 빠릅니다. 하지만 이것은 '근시안적 계산'입니다. 경제학의 비교우위론을 굳이 들지 않더라도, 장기적으로 보면 팀장이 실무를 붙잡고 있는 시간만큼 팀의 전체 생산성은 떨어지게 됩니다.

일을 떠안는 것은 '희생'이 아니라 '직무 유기'입니다

많은 팀장이 자신이 일을 떠안는 것을 '팀을 위한 희생'이라고 착각합니다. 하지만 냉정하게 말해서 그것은 리더로서의 '직무 유기'입니다.

임파워먼트Empowerment는 단순히 '귀찮은 내 일을 남에게 넘기는 것Toss'이 아니라, '팀원에게 권한Power을 이양하여 그를 성장시키는 것Invest'이기 때문입니다.

경영학에서는 이를 '성장형 위임Developmental Delegation'이라고 부릅니다. 리더가 어려운 과제를 믿고 맡겼을 때, 팀원은 시행착오를 겪으며 업무 근육을 키웁니다. 반대로 팀장이 "넌 아직 안 돼, 불안해"라며 일을 뺏어오면, 팀원은 영원히 리더의 손발 노릇만 하는 '보조자' 수준에 머물게 됩니다.

결국 팀장이 일을 떠안으면 세 가지 비극이 일어납니다.

1. 팀장은 과로로 번아웃됩니다.
2. 팀원은 성장할 기회를 박탈당해 무기력해집니다.
3. 조직은 팀장 한 사람에게 의존하는 취약한 구조가 됩니다.

리더십의 본질은 '나를 따르라'가 아니라 '너를 믿는다'입니다. 믿고 맡기는 순간, 성장은 시작됩니다.

70% 룰: 완벽을 포기하면 성장이 시작된다

그렇다면 어떻게 해야 이 늪에서 빠져나올 수 있을까요? 가장 먼저 해야 할 일은 '기대치'를 조정하는 것입니다. 저는 이것을 '70% 룰'이라고 부릅니다.

"팀원이 가져온 결과물이 내 기준의 70% 정도라면, 일단 통과시켜라."

물론 성에 차지 않을 겁니다. 고치고 싶어 손이 근질거릴 겁니다. 하지만 참아야 합니다. 나머지 30%를 채우는 것은 당신의 손이 아니라 '피드백'이어야 합니다.

"전체적인 방향은 아주 좋아(70% 인정). 다만 이 데이터 부분은 좀 더 보강하면 완벽할 것 같아. 김 대리 생각은 어때?(나머지 30% 코칭)"

이렇게 접근하면 팀원은 "팀장님이 나를 믿어주는구나"라는 효능감을 느끼며 스스로 30%를 채우려 노력합니다.

안전한 임파워먼트를 위한 '가드레일' 설치하기

임파워먼트는 '방임'이 아닙니다. 권한을 주고 "알아서 해"라고 한 뒤 나 몰라라 하는 것은 무책임입니다. 안전하게 권한을 이양하려면 도로의 가드레일처럼 '최소한의 안전장치'를 마련해야 합니다.

성공적인 권한위임을 위한 5가지 핵심 요소를 실무적으로 적용하면 다음과 같습니다.

1. **결과 정의**What: "보고서 써와"가 아니라 "이번 프로젝트의 핵심 지표 3가지가 드러나는 한 장짜리 요약본이 필요해"라고 결과물의 이미지를 명확히 그려줍니다.

2. **방법의 자유**How: "이 폰트 쓰고, 이 양식 써"라고 간섭하지 말고, "형식은 자네가 편한 대로 해봐"라고 자율성을 줍니다.

3. **권한 부여**Authority: "100만 원 이하의 비용은 자네가 전결하게"처럼 책임을 수행할 수 있는 권한을 함께 줍니다.

4. **체크인 시점**When: "수시로 보고해"가 아니라 "매주 수요일 오후 2시에 15분간 진행 상황만 공유하자"라고 개입 시점을 약속합니다.

5. **피드백**Feedback: 결과물이 나왔을 때 비난이 아닌 성장을 위한 피드백을 줍니다.

당신의 빈자리가 팀의 성장판입니다

팀장님, 이제 그만 노트북을 덮고 퇴근하십시오. 당신이 새벽 3시까지 깨어있는 것은 팀에 대한 사랑이 아니라, 팀원에 대한 불신의 증거일 수 있습니다.

처음에는 불안할 겁니다. 팀원이 실수할 수도 있습니다. 하지만 어린아이가 걸음마를 배울 때 넘어지는 것을 지켜봐 주듯, 팀원의 시행착오를 견뎌주십시오. 당신이 권한을 놓아야 팀원이 힘을 갖습니다. 당신이 비워둔 그 자리가 바로 팀원들이 자라날 공간입니다.

떠안지 마십시오. 힘을 실어주십시오. 그것이 당신도 살고, 팀도 살고, 회사도 사는 유일한 길입니다.

탁월한 리더의 성공 원칙

1. 인식의 전환: 탁월한 리더는 업무 배분을 귀찮은 일 떠넘기기가 아니라, 팀원에게 힘과 권한을 실어주는 '임파워먼트Empowerment'이자 최고의 성장 투자로 정의한다.

2. 70%의 용기: 탁월한 리더는 팀원의 결과물이 자신의 기준에 미치지 못하더라도, '70%의 완성도'라면 수용하고 나머지 30%는 코칭과 피드백을 통해 스스로 채우게 한다.

3. 안전장치 설계: 탁월한 리더는 무책임하게 방임하지 않고, 명확한 목표와 정기적인 체크인이라는 '가드레일'을 설치하여 권한 위임의 리스크를 관리한다.

18

권한을 나누면 자율이 따라온다

위임을 통한 신뢰 기반 조직 만들기

"팀장님, 결재해 주세요"의 늪

교육 콘텐츠 기업의 기획팀장 민수 씨의 하루는 '결재'로 시작해서 '결재'로 끝납니다. 아침에 출근하면 책상 위에 결재판이 수북이 쌓여 있습니다. 메신저 창에는 결재 요청 알람이 쉴 새 없이 울립니다. "팀장님, 이 광고비 집행 결재 부탁드립니다." "팀장님, 협력사 계약서 검토 부탁드립니다." "팀장님, 행사 장소 선정 승인 필요합니다." 모든 업무가 민수 씨의 책상을 통과해야만 다음 단계로 넘어갈 수 있습니다. 팀원들은 민수 씨의 승인이 떨어질 때까지 멍하니 기다리거나 다른 일을 하며 시간을 때웁니다. 민수 씨는 하루 종일 결재 서류를 검토하느라 정작 중요한 전략 기획 업무는 손도 대지 못하고 퇴근 시간이 됩니다.

어느 날, 회식 자리에서 친한 후배 팀장이 뼈 있는 농담을 던졌습니다. "형, 형네 팀원들은 왜 스스로 결정을 못 해? 다들 형만 쳐다보고 있던데. 형이 다 짊어지고 가려니까 힘들지."

민수 씨는 쓸쓸하게 답했습니다. "내가 책임져야 하니까 그렇지. 걔네한테 맡겼다가 사고라도 나면 수습은 누가 하냐?"

그날 저녁, 집으로 돌아오는 길에 민수 씨는 문득 깨달았습니다. 자신이 팀을 지키고 있는 것이 아니라, 팀의 '병목Bottleneck'이 되고 있다는 사실을요. 자신이 쥔 권한이 팀원들을 무능하게 만들고 있다는 서늘한 진실을 마주하게 된 것입니다.

권한 독점은 '안전'이 아니라 '위험'입니다

많은 팀장이 권한을 나누지 못하는 이유는 명확합니다. "내가 결정해야 안전하다"는 믿음 때문입니다. 하지만 경영학적 관점에서 볼 때, 이것은 안전이 아니라 가장 큰 '위험Risk'입니다.

MIT 슬론 경영대학원의 토마스 말론Thomas Malone 교수는 그의 저서 《일의 미래》에서 "중앙 집중형 의사결정은 복잡하고 빠르게 변화하는 현대 비즈니스 환경에서 치명적인 병목현상을 초래한다"고 경고했습니다. 리더 한 명이 모든 결정을 내리려면 정보가 위로 올라갔다가 다시 내려오는 시간이 필요한데, 그 사이에 시장 상황은 이미 변해버리기 때문입니다.

생각해 보십시오. 현장에서 고객을 만나는 건 팀원입니다. 시장의 변화를 가장 먼저 감지하는 것도 팀원입니다. 그런데 모든 결정을 사무실에 앉아 있는 팀장이 내린다면? 그 결정은 늦을 수밖에 없고, 현장의 맥락을 놓칠 확률이 높습니다.

권한 독점은 단기적으로는 팀장에게 '통제감'을 줄지 모릅니다. 하지만 장기적으로는 팀의 역량을 퇴화시킵니다. 팀원은 생각하기를 멈추고 시키는 일만 하는 '손발'이 되고, 팀장은 과부하에 시달리다 쓰러집니다. 결국 조직 전체의 성장이 멈추게 됩니다.

권한 위임의 3가지 원칙 : 자율성이 싹틉니다

그렇다면 어떻게 해야 권한을 안전하게 나누고, 팀원들에게 자율성을 불어넣을 수 있을까요?

첫째, '결정 권한'과 '책임'을 세트로 주십시오

많은 팀장이 이렇게 말하며 위임합니다. "이 일은 네가 해. 실무는 네가 맡아. 하지만 최종 결정은 내가 할게." 이것은 위임이 아닙니다. '지시Instruction'입니다. 스탠퍼드 대학의 제프리 페퍼Jeffrey Pfeffer 교수는 "권한 없는 책임은 조직에서 가장 큰 스트레스 요인"이라고 지적했습니다. 무언가를 성취해야 하는 책임은 있는데, 그것을 수행할 결정권이 없다면 팀원은 무력감만 느끼게 됩니다. 진정한 위임은 "이 예산 범위 내에서는 자네가 결정하게. 결과에 대한 책임도 자네가 지는 거야"라고 말하는 것입니다. 자신이 결정할 수 있을 때, 팀원은 비로소 그 일을 '내 일'로 받아들이고 몰입합니다.

둘째, '운동장'의 경계를 명확히 그려주십시오

권한 위임은 '방임'이 아닙니다. "알아서 해"라고 던져두는 것은 무책임입니다. 듀크 대학의 연구는 "구조 안의 자율성Autonomy within Structure"이 가장 효과적이라고 밝혔습니다. 완전한 자유는 오히려 불안을 만듭니다. 대신 명확한 경계Boundary를 설정해 주어야 합니다. "300만 원 이하의 예산 집행은 자네가 전결하게.""프로젝트의 목표는 매출 10% 증대야. 이 목표만 달성한다면 실행 방법은 자네가 자유롭게 정해도 좋아."

이렇게 명확한 울타리 안에서 자율성이 주어질 때, 팀원은 불안해하지 않고 그 안에서 마음껏 창의성을 발휘합니다.

셋째, '실패'를 허용하고 학습의 기회로 삼으십시오

권한을 위임했다면, 필연적으로 따라오는 실수를 용인해야 합니다. 팀원이 잘못된 결정을 내렸을 때 "거봐, 내가 뭐랬어!"라고 비난한다면, 그 팀원은 다시는 스스로 결정하려 하지 않을 것입니다. 딜로이트의 연구에 따르면, 실패를 처벌하는 조직에서는 혁신 시도가 70%나 감소했습니다. 반대로 실패를 학습 기회로 여기는 조직에서는 새로운 아이디어 제안이 3배나 증가했습니다.

팀원이 실수했을 때 리더가 해야 할 말은 비난이 아닙니다. "괜찮아. 이번 결정에서 우리가 놓친 게 뭘까? 다음엔 어떻게 하면 더 잘할 수 있을까?" 이 질문이 팀원을 성장시키고, 더 단단한 신뢰를 만듭니다.

자율성이 만드는 놀라운 변화

권한을 나누면 조직은 어떻게 변할까요?

첫째, 속도가 빨라집니다. 모든 결정이 한 사람(팀장)을 거치지 않기 때문에 병목 현상이 사라집니다. 한 패션 리테일 팀장은 카테고리별 MD에게 500만 원까지 전결권을 준 후, "시장 반응이 즉각 반영되어 매출이 30%나 올랐다"고 고백했습니다.

둘째, 주인의식이 생깁니다. 하버드 경영대학원의 테레사 아마빌 교수는 '자율성'이 내재적 동기의 핵심이라고 밝혔습니다. 권한을 받은 팀원은 더 이상 회사의 부속품이 아니라, 자기 업무의 'CEO'라는 마인드로 일하게 됩니다.

셋째, 팀원의 역량이 성장합니다. 노스웨스턴 대학의 장기 추적 연구에 따르면, 초기 경력에서 자율적 의사결정 경험이 많았던 직원들이 5년 후 관리자 역량 평가에서 훨씬 높은 점수를 받았습니다. 정보를 수집하고, 선택지를 평가하고, 리스크를 감수하며 결정을 내리는 과정 자체가 최고의 리더십 훈련이기 때문입니다.

신뢰는 '믿고 맡기는 것'에서 시작됩니다

권한 위임의 본질은 기술이 아니라 '신뢰^{Trust}'입니다. "당신이 잘할 수 있다"는 믿음, "당신의 판단을 존중한다"는 메시지를 행동으로 보여주는 것입니다.

물론 처음에는 불안할 겁니다. 팀원이 서툴러 보일 수도 있습니다. 하지만 어린아이가 자전거를 배울 때 뒤에서 잡아주다가 어느 순간 손을 놓아야 혼자 탈 수 있듯이, 리더도 어느 순간 권한이라는 손잡이를 놓아주어야 합니다.

내일 출근하면 책상 위에 쌓인 결재판을 보며 스스로에게 물어보십시오. "이 결정들 중, 내가 아니면 안 되는 것은 무엇인가? 그리고 팀원이 결정해도 되는 것은 무엇인가?"

작은 것부터 나누십시오. 50만 원짜리 소모품 구매 결정부터, 주간 회의 안건 선정부터 맡겨보십시오. 그 작은 믿음이 쌓여, 당신의 팀을 스스로 움직이는 '자율 주행 조직'으로 만들 것입니다.

탁월한 리더의 성공 원칙

1. 권한의 분산: 탁월한 리더는 자신이 모든 것을 결정하려는 '통제 욕구'를 내려놓고, 팀원에게 '결정권'을 위임함으로써 조직의 병목 현상을 해결하고 속도를 높인다.

2. 경계의 설정: 탁월한 리더는 무조건적인 방임이 아니라, 예산, 목표, 기한 등 명확한 '경계Boundary'를 설정해 줌으로써 팀원이 안전하게 자율성을 발휘하도록 돕는다.

3. 실패의 수용: 탁월한 리더는 위임된 권한 내에서 발생한 실패를 비난하지 않고, '학습의 기회'로 삼아 팀원의 심리적 안전감과 도전 의식을 고취시킨다.

19

위임은 통제가 아니라 창조다

자율 속에서 피어나는 창의성과 몰입

지시서대로만 움직이는 팀의 비극

소프트웨어 개발 회사의 UX 디자인 팀장 수진 씨는 완벽주의자였습니다. 그녀는 팀원들에게 업무를 지시할 때, 오차 없는 '설계도'를 그려주는 것이 리더의 의무라고 믿었습니다.

"이번 화면 배치는 A안으로 갑니다. 색상은 이 코드를 쓰고, 버튼 크기는 픽셀 단위까지 맞춰주세요."

팀원들은 수진 씨의 지시서를 보고 그대로 작업했습니다. 실수는 없었습니다. 리더가 시킨 대로 했으니 결과물은 리더의 예상 범위 안에 완벽하게 들어왔습니다. 하지만 문제는 거기서 시작되었습니다. 결과물에 '놀라움^{Wow point}'이 없었습니다.

어느 날, 갓 입사한 신입 디자이너가 조심스럽게 물었습니다. "팀

장님, 제가 생각한 다른 아이디어가 있는데 시도해봐도 될까요?" 수
진 씨는 단호하게 고개를 저었습니다. "지금 일정이 촉박해요. 모험
하지 말고 지시서대로만 해주세요. 그게 가장 안전하고 빠릅니다."

프로젝트는 예정대로 끝났습니다. 하지만 고객사의 반응은 미지
근했습니다. "나쁘지는 않은데… 솔직히 특별한 건 없네요. 기대했
던 혁신적인 느낌이 부족합니다."

그날 저녁, 텅 빈 회의실에 앉아 수진 씨는 깊은 자괴감에 빠졌습
니다. 자신이 그토록 통제하려 했던 것은 '품질'이 아니라, 자신의
'불안'이었다는 것을 깨달았기 때문입니다. 그리고 그 철저한 통제
가 팀원들의 손발을 묶고, 팀의 창의성을 질식시키고 있었다는 사
실을 아프게 인정해야 했습니다.

통제는 '안전'을 주지만, 자율은 '혁신'을 줍니다

많은 리더가 통제하면 품질이 올라간다고 믿습니다. "내가 하나
하나 챙겨야 사고가 안 나지." 틀린 말은 아닙니다. 통제는 실수를
줄여줍니다. 하지만 동시에 가능성도 줄여버립니다. 하버드 경영대
학원의 테레사 아마빌Teresa Amabile 교수는 그녀의 유명한 '창의성 이
론Componential Theory of Creativity'에서 이렇게 단언합니다. "창의성을 죽이
는 가장 확실한 방법은 바로 통제하는 것이다." 그녀의 연구에 따르

면, 사람들은 외적인 보상이나 압박보다 일 그 자체에서 오는 즐거움과 도전 의식이 충만할 때 가장 창의적이 됩니다. 그런데 리더의 지나친 간섭과 통제는 이 불꽃을 순식간에 꺼트려 버립니다.

스탠퍼드 대학의 뇌과학 연구는 이 주장에 생물학적 근거를 더해 줍니다. 연구진이 "이 방법으로만 하라"는 지시를 내렸을 때, 실험 참가자들의 뇌에서는 창의성 센터가 활동을 멈추고 단순한 '실행 모드'로만 작동했습니다. 반면 "자유롭게 방법을 찾아보라"는 요청을 받았을 때는 뇌가 다양한 신경망을 연결하며 활발한 '탐색 모드'로 전환되었습니다.

결국 리더가 통제할수록 팀은 '시키는 일만 하는 기계'가 되고, 자율을 줄수록 '스스로 답을 찾는 개척자'가 됩니다. 위임은 단순히 일을 넘기는 행위가 아니라, 팀원들의 뇌를 깨우는 '창조의 스위치'입니다.

창의성을 깨우는 위임의 기술: What은 주고 How는 열어라

그렇다면 어떻게 해야 통제가 아닌 창조를 위한 위임을 할 수 있을까요? 핵심은 '목표[What]'는 명확히 하되 '방법[How]'은 열어두는 것입니다.

1. "무엇을^{What}"은 뾰족하게, "어떻게^{How}"는 넓게

"이번 달까지 신규 고객 100명을 확보해^{Goal}"는 리더가 정해야 할 목표입니다. 하지만 "전화 돌려서 확보해^{Method}"라고 방법까지 강요하면 안 됩니다. 목표를 던져주고, 그 목표에 도달하는 경로는 팀원들이 찾게 해야 합니다.

넷플릭스^{Netflix}가 추구하는 '통제 아닌 맥락^{Context, not Control}' 경영 철학이 대표적입니다. 리드 헤이스팅스 CEO는 직원들에게 휴가 규정이나 출장비 한도 같은 시시콜콜한 규칙을 강요하지 않았습니다. 대신 "넷플릭스의 최선의 이익을 위해 행동하라"는 명확한 북극성 What만 제시했습니다. 방법^{How}을 열어두자, 직원들은 복잡한 결재 라인을 거치지 않고 스스로 판단하여 창의적인 마케팅과 콘텐츠 전략을 쏟아내기 시작했습니다. 만약 경영진이 "A급 배우만 섭외하고, 예산은 이만큼만 써"라고 통제했다면, 전 세계를 강타한 〈오징어 게임〉 같은 파격적인 콘텐츠는 탄생하지 못했을 것입니다.

제가 코칭했던 한 제약회사 연구소장의 사례도 이와 같습니다. "예전에는 제가 연구 주제뿐만 아니라 실험 방법, 사용하는 시약까지 일일이 정해줬습니다. 제 방식이 가장 효율적이라고 믿었으니까요. 그러다 보니 연구원들이 제 눈치만 보며 수동적으로 변하더군요. 그래서 방식을 바꿨습니다. '이번 신약의 목표 효능은 이겁니다. 하지만 도달하는 경로는 여러분이 설계해 보세요.'"

결과는 어땠을까요? 6개월 후, 한 연구원이 소장님은 전혀 생각지도 못한 획기적인 접근법을 찾아냈고, 그것이 특허로 이어지는 쾌거를 이뤘습니다. 소장님이 꽉 쥐고 있던 통제의 손을 펴자, 그 빈 손바닥 위로 '혁신'이라는 보석이 들어온 것입니다.

2. '안전한 실험실'을 만들어 주십시오

창의성은 필연적으로 실패를 동반합니다. 새로운 시도가 모두 성공할 수는 없으니까요. 리더는 팀원들이 마음껏 실험하고 실패할 수 있는 '혁신의 샌드박스Sandbox'를 만들어 주어야 합니다.

링크드인LinkedIn의 창업자 리드 호프만Reid Hoffman은 "만약 당신의 제품 첫 버전이 부끄럽지 않다면, 당신은 너무 늦게 출시한 것이다"라고 말했습니다. 완벽을 강요하지 마십시오. 빠르게 시도하고, 실패하고, 배우는 과정을 장려하십시오.

업무 시간의 15%를 자유로운 연구에 쓰게 하는 3M의 '15% 룰'이나, 직원들이 24시간 동안 평소 업무와 무관하게 자신이 원하는 프로젝트를 자유롭게 진행하는 아틀라시안Atlassian의 '십잇 데이ShipIt Days' 같은 제도는 직원들에게 "실패해도 괜찮으니 마음껏 저질러보라"는 공식적인 허가증을 준 것입니다. 그 허가증이 포스트잇 같은 세기의 발명품을 만들고, 아틀라시안의 수많은 혁신 기능을 탄생시켰습니다.

3. 다양성을 존중하십시오: 획일화는 창의성의 무덤

통제적인 리더는 자신과 비슷한 생각, 비슷한 방식을 가진 사람을 선호합니다. 그게 편하고 빠르니까요. 하지만 창의성은 '비슷함'이 아닌 '다름'에서 나옵니다.

맥킨지McKinsey가 발표한 2020년 다양성 보고서는 이 사실을 숫자로 증명합니다. 연구에 따르면, 임원진의 성별 다양성이 상위 25%인 기업은 하위 기업보다 수익성이 25% 높았고, 인종 및 문화적 다양성이 높은 기업은 무려 36%나 더 높은 성과를 냈습니다.

나와 다른 의견, 낯선 배경, 엉뚱해 보이는 제안을 불편해하지 마십시오. 그 불편한 '다름'들이 부딪힐 때 비로소 혁신의 불꽃이 튀어오릅니다. 획일화된 조직은 평화로워 보이지만 서서히 죽어가고, 다양한 조직은 시끄럽지만 끝내 살아남습니다.

질문하는 팀이 창조한다

통제적인 팀에는 '침묵'이 흐르지만, 자율적인 팀에는 '질문'이 넘쳐납니다. "왜 꼭 이 방식이어야 하죠?" "다른 방법은 없을까요?" "이렇게 해보면 어떨까요?"

이 질문들이 귀찮게 느껴진다면 당신은 관리자입니다. 하지만 이 질문들이 반갑다면 당신은 혁신가입니다. 세계적인 디자인 기업 아이디오IDEO는 모든 프로젝트를 "우리가 해결하려는 진짜 문제는 무엇인가?"라는 질문에서 시작합니다. 답을 빨리 내라고 재촉하는 대신, 올바른 질문을 찾도록 독려하는 것이 리더의 역할입니다.

사이먼 시넥Simon Sinek의 '골든 서클Golden Circle'을 기억하십시오. '무엇을What' 하라고 지시하면 손발이 움직이지만, '왜Why' 해야 하는지를 공유하면 가슴과 머리가 움직입니다.

통제를 내려놓을 때 비로소 시작되는 것들

팀장님, 당신이 모든 것을 결정하고 통제하려는 욕구는 사실 '불안'에서 비롯된 것일지도 모릅니다. "내가 안 챙기면 잘못될 거야"라는 불신 말입니다.

하지만 기억하십시오. 당신이 통제의 끈을 팽팽하게 당길수록, 팀원들의 창의성은 질식합니다. 과감하게 그 끈을 놓아보십시오. 처음에는 불안하겠지만, 팀원들은 그 자유의 공간에서 춤을 추듯 아이디어를 쏟아낼 것입니다.

위임은 리더의 편의를 위한 것이 아닙니다. 팀원들의 잠재력을 폭발시키기 위한 가장 전략적인 '투자'입니다. 당신의 통제가 멈추는 곳에서, 팀의 창조가 시작됩니다.

탁월한 리더의 성공 원칙

1. 자율성의 부여: 탁월한 리더는 세세한 실행 방법[How]까지 통제하지 않고, 명확한 목표[What]만 제시한 뒤 실행의 자율권을 팀원에게 위임하여 '내재적 동기'를 자극한다.

2. 실험의 장려: 탁월한 리더는 실패를 두려워하여 안전한 길만 강요하지 않고, 팀원들이 새로운 시도를 할 수 있는 '혁신의 샌드박스[Sandbox]'를 제공하여 혁신을 이끌어낸다.

3. 다양성의 수용: 탁월한 리더는 자신과 다른 방식이나 낯선 의견을 배척하지 않고, '다름'을 창의성의 원천으로 존중하며 적극적으로 수용한다.

20

구성원을 주인공으로 만드는 위임의 기술

자율적 실행 주체로 성장시키는 위임의 원리

나는 감독인가, 주연 배우인가?

전자상거래 회사의 운영팀장 현우 씨는 매주 월요일 아침이면 무대에 오르는 주연 배우가 됩니다. 회의실 화이트보드 앞에 서서 화려한 손짓과 카리스마 있는 목소리로 팀원들을 지휘합니다.

"이번 주 우리 팀의 핵심 목표는 이겁니다. A팀은 데이터 분석을 끝내고, B팀은 프로모션 페이지를 오픈하세요. C팀은 고객 응대 매뉴얼을 업데이트하시고요. 금요일까지 보고 바랍니다. 이상."

팀원들은 고개를 끄덕이며 열심히 받아 적습니다. 하지만 회의실에는 침묵만이 흐릅니다. 질문도 없고, 의견도 없습니다. 그저 "알겠습니다"라는 짧은 대답뿐입니다. 현우 씨는 내심 뿌듯해합니다. '역시 내 리더십이 통했어. 일사불란하게 움직이는군.'

그러던 어느 날, 점심 식사를 마치고 동료 팀장과 커피를 마시던 중 뼈 있는 한마디를 들었습니다. "현우 팀장, 아까 회의실 지나가다 봤는데 분위기가 너무 무겁더라. 팀원들은 받아 적기만 하고 아무 말도 안 하던데? 현우 팀장 혼자 북 치고 장구 치고 너무 애쓰는 거 아니야?" 현우 씨는 발끈해서 대답했습니다. "무슨 소리야. 그게 리더십이지. 내가 방향을 딱 잡아주니까 애들이 헷갈리지 않고 일하는 거라고. 리더가 앞에서 확실하게 끌고 가야 성과가 나오는 법이야."

하지만 자리로 돌아오는 길, 동료의 말이 가시처럼 마음에 박혔습니다. 곰곰이 생각해 보니, 지난 1년간 팀원들 입에서 "팀장님, 제 생각은 좀 다릅니다"라거나 "이렇게 해보면 어떨까요?"라는 말을 들어본 기억이 없었습니다. 그들은 현우 씨의 무대를 지켜보는 '관객'이었을 뿐, 자신의 업무를 주도하는 '주인공'은 아니었던 것입니다.

조연은 시키는 일만 하지만, 주연은 스스로 일을 만듭니다

많은 팀장이 착각합니다. "내가 잘 이끌면^{Lead} 팀이 성과를 낸다"라고요. 하지만 진정한 고성과 팀은 리더가 앞에서 끌고 가는 팀이 아니라, 팀원 각자가 '자기 일의 CEO'가 되어 스스로 달리는 팀입니다.

경영학자 존 피어스^{Jon Pierce}는 이를 '심리적 주인의식^{Psychological}

Ownership' 이론으로 명쾌하게 설명합니다. 법적인 소유권이 없더라도 마음속으로 "이것은 내 것이다"라고 느끼는 상태가 되면, 인간은 그 대상을 마치 '나의 분신'처럼 여기게 되며, 자발적으로 아끼고 키우려 한다는 것입니다.

우리가 빌린 차는 험하게 몰아도 내 차는 문콕 하나에도 가슴 아파하며 닦고 조이는 것과 같은 이치입니다. 심리적 주인이 된 사람은 시키지 않아도 고민하고, 보이지 않는 곳에서도 최선을 다합니다. 그것이 '남의 일'이 아니라 '나의 일'이기 때문입니다.

반면 조연은 감독의 큐 사인이 떨어져야만 움직입니다. 그리고 컷 소리가 나면 바로 손을 놓습니다. 아무리 열심히 해도 그것은 결국 '감독의 작품'일 뿐, 내 것이 아니라고 생각하기 때문입니다.

팀장이 모든 것을 계획하고 지시하는 '마이크로 매니징'은 단기적으로는 효율적으로 보일지 모릅니다. 하지만 그것은 팀원들의 생각하는 근육을 퇴화시키고, 결국 리더 없이는 아무것도 결정하지 못하는 '식물 팀'을 만들 뿐입니다.

제가 코칭했던 한 보험회사의 영업팀장은 이렇게 고백했습니다. "예전에는 제가 모든 전략을 다 짰습니다. 팀원들은 실행만 하면 됐죠. 그런데 실적이 안 나오면 팀원들은 제 탓을 하더군요. '팀장님 전략대로 했는데 안 됐잖아요.' 충격을 받았죠. 그래서 방식을 바꿨습니다. '이번 달 전략은 각자 짜오세요. 제가 지원해 드리겠습니다.' 놀랍게도 팀원들이 가져온 목표치가 제가 생각했던 것보다 훨씬 높

있습니다. 그리고 본인이 뱉은 말이라 그런지 어떻게든 달성하려고
악착같이 뛰더군요."

팀원을 주인공으로 데뷔시키는 3가지 연출법

그렇다면 어떻게 해야 수동적인 관객들을 무대 위의 주인공으로
데뷔시킬 수 있을까요? 여기에는 정교한 연출이 필요합니다.

첫째, 대본(목표)을 함께 쓰십시오

많은 리더가 목표를 '하달'합니다. "올해 자네 목표는 매출 10억
이야." 하지만 남이 써준 대본을 읽는 배우에게서 영혼을 기대하기
는 어렵습니다. 목표 설정 단계에서부터 팀원을 참여시켜야 합니
다. 스스로 정한 목표는 '내 것'이 되기 때문입니다.

하지만 무작정 "목표 정해봐"라고 던지는 것은 방임입니다. 리더
는 큰 그림Big Picture을 보여줘야 합니다. "회사의 올해 방향은 '고객
경험 혁신'이야. 이 큰 흐름 속에서 자네는 어떤 성과를 만들어보고
싶나? 자네의 커리어에 도움이 되는 목표는 무엇일까?"

이렇게 질문하면 팀원은 회사의 목표와 자신의 성장을 연결하며
스스로 대본을 쓰기 시작합니다. 이때 만들어진 목표는 단순한 숫
자가 아니라, 달성하고 싶은 '욕망'이 됩니다.

둘째, 무대(권한)를 통째로 넘겨주십시오

대본을 썼다면 이제 무대에 오를 차례입니다. 이때 리더가 해야 할 일은 무대 위로 난입하지 않는 것입니다. 조명, 음향, 소품 등 모든 권한을 배우에게 넘겨줘야 합니다. 중요한 것은 '어디까지' 결정할 수 있는지 명확히 해주는 것입니다. "이 프로젝트의 예산 500만 원 안에서는 자네가 전결하게. 협력업체 선정도 자네가 주도해. 나는 최종 계약서에 도장만 찍겠네." 이렇게 명확한 권한이 주어질 때, 팀원은 "아, 팀장님이 나를 믿고 맡기셨구나"라는 효능감을 느끼며 책임감을 갖게 됩니다.

셋째, 커튼콜(성공)의 박수를 양보하십시오

프로젝트가 성공했을 때, 무대 중앙에서 스포트라이트를 받는 사람은 누구여야 할까요? 많은 팀장이 이 유혹을 이기지 못하고 "제가 지휘했습니다"라며 공을 가로챕니다. 하지만 탁월한 팀장은 팀원을 무대 중앙에 세우고 자신은 객석에서 박수를 칩니다.

임원 보고 자리에서 "이 프로젝트는 김 대리의 아이디어에서 시작되었고, 박 과장의 실행력 덕분에 성공했습니다"라고 팀원의 이름을 구체적으로 언급하십시오.

공을 팀원에게 돌리는 리더는 바보가 아닙니다. 오히려 "저 팀장은 훌륭한 인재를 키워내는 능력이 있구나"라는 더 큰 인정을 받게 됩니다. 당신이 빛나는 것보다, 당신의 팀원이 빛나는 것이 리더로서 더 큰 성과입니다.

질문하는 팀원이 주인공입니다

당신의 팀원들이 주인공인지 조연인지 구별하는 가장 쉬운 방법이 있습니다. 바로 '질문'입니다. 조연은 답을 기다립니다. "어떻게 할까요?", "이거 해도 되나요?"라고 묻습니다. 반면 주인공은 질문을 던집니다. "왜 이렇게 해야 하죠?", "다른 방법은 없을까요?", "이 부분은 제가 이렇게 바꿔봐도 될까요?"

팀원들의 입에서 "팀장님이 시킨 일"이 아니라 "제가 만든 프로젝트"라는 말이 나올 때, 비로소 그들은 주인공이 된 것입니다.

감독의 자리로 물러나십시오

현우 팀장은 이제 월요일 회의 시간을 자신의 독무대로 만들지 않습니다. 대신 팀원들이 돌아가며 사회를 보고, 각자의 프로젝트를 발표하게 했습니다.

처음에는 어색해하던 팀원들도 이제는 서로의 발표에 질문을 던지고, 치열하게 토론합니다. 현우 팀장은 팔짱을 끼고 흐뭇하게 지켜보다가, 회의가 막힐 때쯤 슬쩍 질문 하나를 던질 뿐입니다. "좋은 의견들이네. 그럼 우리가 놓친 리스크는 없을까?"

팀원들을 무대 위에 세우고, 당신은 연출가가 되어 무대 뒤로 물러나십시오. 처음에는 불안해서 손이 떨릴지도 모릅니다. 하지만 당신이 비워준 그 공간에서, 팀원들은 당신이 상상하지 못한 창의성과 열정을 폭발시킬 것입니다.

팀원을 주연으로 만드십시오. 그러면 당신은 '명감독'으로 기억될 것입니다.

탁월한 리더의 성공 원칙

1. **참여 유도:** 탁월한 리더는 업무를 일방적으로 지시하지 않고, 목표 설정 단계부터 팀원을 '참여'시켜 스스로 대본을 쓰게 함으로써 강력한 주인의식을 심어준다.

2. **권한 위임:** 탁월한 리더는 간섭하고 통제하려는 욕구를 내려놓고, 의사결정 권한이라는 '무대'를 과감히 넘겨줌으로써 팀원이 책임감을 갖고 일하게 한다.

3. **공파의 양보:** 탁월한 리더는 성공의 스포트라이트를 독차지하지 않고, 팀원의 이름을 빛내주는 '커튼콜'을 연출함으로써 팀원의 자존감과 성장 의지를 고취시킨다.

제5장

다름을 조율하는 팀장의 기술

21

갈등은 피하지 말고 직면하라

건강한 긴장을 만드는 리더의 태도

조용한 회의실의 역설

광고 제작사의 재민 팀장은 '평화주의자'입니다. 그는 팀 내에서 큰 소리가 나는 것을 싫어합니다. 회의 때마다 "좋은 게 좋은 거지"라며 웃으며 마무리하는 것이 그의 리더십 스타일이었죠. 어느 날, 신규 캠페인 회의에서 의견 충돌이 일어났습니다. "이번 콘셉트는 감성을 건드려야 해요. 타겟 층이 그걸 원해요."(A 팀원) "아니야, 요즘 트렌드는 유머야. 숏폼 콘텐츠를 봐. 재미없으면 안 봐."(B 팀원)

분위기가 험악해지려 하자 재민 팀장은 황급히 끼어들었습니다. "자자, 그만합시다. 둘 다 일리 있는 말이네. 싸우지 말고, 그냥 두 가지 방향 다 준비해 보는 걸로 하지. 다음 안건으로 넘어갈까?"

회의는 조용히 끝났습니다. 재민 팀장은 '오늘도 잘 넘겼다'고 안

도했습니다. 하지만 다음 날부터 이상한 기류가 감지되었습니다. A 팀원은 "팀장님은 제 의견을 무시해요"라며 불만을 토로했고, B 팀원은 "저 사람은 맨날 딴지 걸더라"라며 A 팀원과 말도 섞지 않았습니다. 겉으로는 평화로워 보였던 회의실 아래에서, 사실은 '갈등의 마그마'가 부글거리고 있었던 것입니다.

재민 팀장은 깨달았습니다. 자신이 갈등을 '해결'한 게 아니라, '봉합'해버렸다는 것을요. 그리고 그 봉합된 상처가 안에서 곪아 터지고 있다는 것을 말입니다.

갈등을 피하는 조직은 죽어가는 조직이다

많은 리더가 "갈등 없는 팀이 좋은 팀"이라고 믿습니다. 하지만 경영학적 관점에서 볼 때, 갈등이 전혀 없는 팀은 '죽어가는 팀'일 가능성이 높습니다.

스탠퍼드 경영대학원의 캐슬린 아이젠하트^{Kathleen Eisenhardt} 교수는 수많은 경영진을 추적 연구한 끝에 놀라운 사실을 발견했습니다. 탁월한 성과를 내는 고성과 팀은 저성과 팀보다 오히려 갈등이 더 빈번했다는 것입니다. 단, 그들의 갈등은 사람을 공격하는 '감정 싸움'이 아니라, 더 나은 대안을 찾기 위한 치열한 '건설적 갈등^{Constructive Conflict}'이었습니다.

반대로 갈등을 회피하는 팀은 겉으로는 평화로워 보이지만, 내면에는 '인위적 조화Artificial Harmony'가 자리 잡고 있었습니다. 서로 무관심하거나 리더가 두려워 입을 다물고 있는 상태죠. 이런 조직에서는 혁신의 불꽃이 튈 수 없습니다. '건강한 긴장감'은 혁신의 필수 조건입니다.

제가 코칭했던 한 제약회사 연구소장은 뒤늦게 이렇게 고백했습니다. "예전엔 의견이 부딪히면 제가 중재자 노릇을 하느라 바빴습니다. '우리 사이좋게 지내자'면서요. 그런데 나중에 보니 그게 '적당히 타협하자'는 신호였더라고요. 최고의 결과물이 아니라, 누구도 기분 나쁘지 않을 만한 평균적인 결과물만 나왔습니다. 지금은 충돌하게 둡니다. '끝까지 가보자'고요. 그러니까 진짜 답이 나오더군요."

나쁜 갈등 vs 좋은 갈등: 무엇이 다른가?

물론 모든 갈등이 좋은 것은 아닙니다. 리더는 '나쁜 갈등'과 '좋은 갈등'을 구별할 줄 알아야 합니다. 하버드 경영대학원의 연구는 이를 '관계 갈등Relationship Conflict'과 '과업 갈등Task Conflict'으로 명쾌하게 구분합니다.

관계 갈등은 "나는 네가 싫어", "너는 항상 그런 식이지"라며 '사람'을 공격하는 것입니다. 이것은 조직을 파괴합니다. 반면 과업 갈등은 "나는 그 아이디어에 반대해", "이 데이터는 해석이 잘못된 것 같아"라며 '문제'를 공격하는 것입니다. 이것은 조직을 성장시킵니다.

탁월한 리더는 갈등이 생겼을 때 도망치는 것이 아니라, 과업 갈등이 관계 갈등으로 변질되지 않도록 '심판'을 보는 사람입니다.

"잠깐, 지금 우리는 김 대리의 태도를 이야기하는 게 아닙니다. 김 대리가 제안한 '기획안'의 타당성을 논의하는 겁니다. 인신공격은 멈추고, 데이터로만 이야기합시다."

이렇게 리더가 개입하여 갈등의 방향을 '사람'에서 '일'로 돌려놓을 때, 싸움은 토론이 되고 비난은 비판이 됩니다.

갈등을 에너지로 바꾸는 리더의 3가지 기술

그렇다면 어떻게 해야 두려운 갈등을 건강한 에너지로 바꿀 수 있을까요?

첫째, 갈등을 수면 위로 끌어올리십시오(직면)

가장 위험한 갈등은 '침묵하는 갈등'입니다. 인텔^{Intel}의 전설적인 CEO 앤디 그로브^{Andy Grove}는 "건설적 대립^{Constructive Confrontation}을 장

려하라"고 말했습니다.

회의 시간에 누군가 미간을 찌푸리거나 팔짱을 끼고 있다면, 모른 척 넘어가지 마십시오. 오히려 그 신호를 포착해야 합니다. "김 과장, 지금 표정이 뭔가 동의하지 않는 것 같은데? 솔직한 의견이 궁금해. 반대 의견도 환영이야."

숨겨진 불만을 테이블 위로 꺼내놓는 것만으로도 갈등의 절반은 해결됩니다. 어둠 속에 있던 괴물은 불을 켜면 사라지는 법이니까요.

둘째, '입장Position'이 아니라 '욕구Interest'를 보십시오

협상론의 핵심 원리입니다. 겉으로 드러난 '주장' 뒤에는 반드시 숨겨진 '욕구'가 있습니다. 마케팅팀은 "할인 행사를 하자"고 주장하고, 재무팀은 "예산 삭감"을 주장하며 싸웁니다. 겉보기에 이 갈등은 해결 불가능해 보입니다. 하지만 리더가 깊이 들여다보면, 마케팅팀의 욕구는 '매출 증대'이고, 재무팀의 욕구는 '이익률 보존'임을 알게 됩니다.

그때 리더는 이렇게 조율할 수 있습니다. "자, 우리 둘 다 회사의 이익을 위해 싸우는 거잖아. 그럼 무조건적인 할인이 아니라, 이익률을 해치지 않으면서 매출을 늘릴 수 있는 '번들 판매'는 어때?"

양쪽의 욕구를 모두 만족시키는 제3의 대안을 찾는 것, 이것이 리더가 해야 할 '통합적 사고'입니다.

셋째, '심리적 안전감'이라는 링을 만드십시오

치열하게 싸워도 뒤끝이 없으려면, "이곳에서는 안전하다"는 믿음이 있어야 합니다.

"우리 팀에서는 어떤 의견이든 말할 수 있어. 비판받는 건 내 아이디어지, 내 인격이 아니야." 이런 문화를 만들기 위해 리더는 회의 시작 전, 그라운드 룰을 선포해야 합니다. "우리는 최선의 답을 찾기 위해 모였습니다. 치열하게 논쟁합시다. 단, 공격의 대상은 '상대방'이 아니라 '문제'여야 합니다."

아마존의 원칙 : 반대하되 헌신하라

아마존의 리더십 원칙 중 하나인 "반대하고 헌신하라^{Disagree and Commit}"는 갈등 관리의 정수를 보여줍니다.

결정이 내려지기 전까지는 계급장 떼고 치열하게 반대하고 논쟁합니다. 하지만 일단 리더가 결정을 내리면, 설령 내가 반대했던 안이라 할지라도 100% 동의한 것처럼 전력을 다해 실행합니다. 이것이 프로 팀의 자세입니다.

갈등은 피해야 할 대상이 아닙니다. 더 좋은 결론을 얻기 위해 반드시 건너야 할 '징검다리'입니다. 갈등이 두려워 징검다리를 피하면, 영원히 강 건너편의 '혁신'에는 도달할 수 없습니다.

팀장님, 오늘 회의실이 너무 조용하다면 그것은 평화가 아니라 침체일 수 있습니다. 돌을 던져서라도 파문을 일으키십시오. 그리고 그 파도 속에서 팀원들과 함께 노를 저으십시오. 건강한 긴장감이 팀을 살아 숨 쉬게 할 것입니다.

탁월한 리더의 성공 원칙

1. **갈등의 직면:** 탁월한 리더는 갈등을 '나쁜 것'으로 치부해 덮어두지 않고, 수면 위로 끌어올려 '공론화'함으로써 문제 해결의 실마리를 찾는다.

2. **구분의 기술:** 탁월한 리더는 사람을 공격하는 '관계 갈등'은 철저히 차단하되, 문제와 아이디어를 두고 싸우는 '과업 갈등'은 적극적으로 장려한다.

3. **욕구의 발견:** 탁월한 리더는 표면적인 주장(입장) 뒤에 숨겨진 양측의 '진짜 욕구Interest'를 파악하여, 모두가 만족할 수 있는 창의적인 제3의 대안을 도출한다.

22

갈등을 대하는 5가지 스타일

회피부터 협력까지, 리더의 갈등 유형 이해

왜 나는 갈등 앞에서 늘 같은 반응을 보일까?

호텔 체인의 운영팀장 수연 씨는 얼마 전 두 부서장의 충돌을 목격했습니다. 객실팀장과 식음료팀장이 내년도 예산 배분을 놓고 팽팽하게 맞선 것입니다. "손님들이 호텔을 고를 때 제일 먼저 보는 건 객실입니다. 노후화된 객실 리모델링이 시급해요."(객실팀장) "무슨 소리입니까? 요즘 호캉스의 핵심은 F&B(식음료)예요. 조식 퀄리티가 재방문율을 좌우한다고요."(식음료팀장)

두 사람의 목소리가 높아지자 수연 씨는 당황했습니다. 머릿속이 복잡해졌습니다. '어떻게 해야 하지? 일단 떼어놓을까? 아니면 객실팀 말이 맞으니까 편을 들어줄까? 아니면 예산을 반반씩 나누라고 할까?'

수연 씨는 결국 "일단 진정하고 나중에 다시 얘기합시다"라며 자리를 피했습니다. 그런데 문득 깨달았습니다. 지난번 마케팅팀과 영업팀이 싸울 때도 자신은 "나중에 얘기하자"며 피했다는 것을요. 갈등 상황만 되면 자신도 모르게 '일시 정지' 버튼을 누르고 있었던 것입니다.

많은 리더가 갈등 상황에서 특정한 반응 패턴을 보입니다. 누군가는 무조건 피하고, 누군가는 무조건 싸워서 이기려 하고, 누군가는 무조건 양보합니다. 이것은 옳고 그름의 문제가 아니라 '선호하는 스타일'의 문제입니다. 하지만 문제는 모든 상황에 똑같은 스타일을 적용할 때 발생합니다. 망치가 필요한 곳에 드라이버를 들이대면 일이 꼬이는 것처럼 말이죠.

갈등 대응의 5가지 무기: TKI 모델의 이해

경영학에서는 갈등을 대하는 방식을 아주 체계적으로 분류한 도구가 있습니다. 바로 TKI^{Thomas-Kilmann Conflict Mode Instrument} 모델입니다. 이 모델은 갈등 상황에서 사람의 행동을 두 가지 축으로 설명합니다.

1. **자기주장성**Assertiveness: 내 욕구를 얼마나 충족시키려 하는가?
2. **협력성**Cooperativeness: 상대방의 욕구를 얼마나 충족시켜 주려 하는가?

이 두 축을 조합하면 5가지 갈등 대응 스타일이 나옵니다. 리더는 이 5가지 카드를 손에 쥐고 상황에 따라 적절한 카드를 꺼내 쓸 줄 알아야 합니다.

1. 회피Avoiding: "나중에 이야기하자" (자기주장 낮음/협력 낮음)

갈등 자체를 피하거나 결정을 미루는 방식입니다. 많은 리더가 회피를 비겁하다고 생각하지만, 전략적으로 사용하면 훌륭한 무기가 됩니다.

- **언제 써야 할까?**: 사소한 문제일 때, 감정이 너무 격해져서 대화가 불가능할 때, 정보를 더 수집해야 할 때.
- **주의점**: 습관적으로 회피하면 팀 내에 '해결되지 않은 갈등'이 쌓여 결국 곪아 터집니다. 회피형 리더의 팀은 숨겨진 갈등 수준이 높을 수 있습니다.

2. 수용Accommodating: "네 말이 맞아" (자기주장 낮음/협력 높음)

자신의 욕구를 희생하고 상대방의 요구를 들어주는 방식입니다.

- **언제 써야 할까?**: 내가 틀렸다는 것을 알았을 때, 관계 유지가 결과보다 훨씬 중요할 때, 나중에 더 큰 것을 얻기 위해 양보라는 '신용'을 쌓아야 할 때.
- **주의점**: 무조건적인 수용은 호의가 아니라 권리처럼 받아들여질 수 있습니다. 과도하게 수용적인 리더는 오히려 팀원들로부터 존중을 덜 받게 됩니다.

3. 경쟁Competing: "내 방식대로 해" (자기주장 높음/협력 낮음)

자신의 입장을 관철시키기 위해 권력을 사용하는 방식입니다.

- **언제 써야 할까?**: 위기 상황이라 신속한 결정이 필요할 때, 안전이나 윤리 같은 원칙의 문제일 때, 상대방이 부당하게 나올 때.
- **주의점**: 잦은 경쟁 모드는 팀원들의 입을 닫게 만듭니다. 경쟁 스타일을 주로 쓰는 리더의 팀은 심리적 안전감이 낮을 수 있습니다.

4. 타협Compromising: "반반씩 양보하자" (자기주장 중간/협력 중간)

양쪽이 조금씩 양보하여 부분적인 만족을 얻는 방식입니다.

- **언제 써야 할까?**: 목표가 상호 배타적일 때, 시간이 없을 때, 복잡한 문제의 임시방편이 필요할 때.
- **주의점**: 타협은 빠르지만, 누구도 100% 만족하지 못하는 미봉책일 경우가 많습니다. "반반 나누자"는 창의적인 해결책을 고민하지 않는 게으른 선택일 수도 있습니다.

5. 협력Collaborating: "제3의 대안을 찾자" (자기주장 높음/협력 높음)

양쪽의 욕구를 모두 충족시키는 통합적인 해결책을 찾는 방식입니다.

- **언제 써야 할까?**: 양쪽의 관점이 모두 중요해서 타협할 수 없을 때, 합의와 헌신이 필요할 때, 관계를 증진시키고 싶을 때.
- **주의점**: 가장 이상적이지만 시간과 에너지가 많이 듭니다. 모든 사소한 문제에 협력을 시도하면 팀은 지쳐버립니다.

탁월한 리더는 '상황'에 따라 가면을 바꿔 쓴다

스탠퍼드 경영대학원의 유명한 리더십 수업인 '권력의 작용Acting with Power'에서는 5년간 수백 명의 리더를 추적 관찰한 흥미로운 결과를 가르칩니다. 연구진은 리더들을 크게 두 그룹으로 나누었습니다.

- **A 그룹**: 자신의 성향대로 한두 가지 갈등 해결 방식만 고집하는 '일관형 리더'
- **B 그룹**: 문제의 성격에 따라 5가지 방식을 자유자재로 바꾸는 '적응형 리더'

결과는 어땠을까요? 많은 사람이 '일관성 있는 리더'가 신뢰를 얻을 것이라 예상했지만, 실제 성과 지표는 정반대였습니다. 상황에 맞춰 스타일을 유연하게 바꾼 B 그룹이 A 그룹보다 팀 성과는 물론, 리더십 만족도에서도 압도적으로 높은 평가를 받았습니다.

연구진은 이를 '골프 클럽의 원리'로 설명합니다. 골프를 잘 치는 선수는 드라이버 하나만 쓰지 않습니다. 장타를 날려야 할 때는 드라이버를, 벙커에 빠졌을 때는 샌드 웨지를, 홀컵 앞에서는 퍼터를 씁니다. 상황(잔디 상태, 거리, 바람)에 따라 도구를 바꾸는 것이 실력입니다.

그런데 많은 리더가 '망치' 하나만 들고 모든 문제를 해결하려 합니다. 망치를 든 사람 눈에는 모든 문제가 '못'으로 보이기 때문입니다. "나는 원래 강하게 밀어붙이는 스타일이야"라며 모든 갈등을 '경쟁'으로 풀려는 리더는, 섬세한 조율이 필요한 '관계 갈등'에서 팀을 부셔버리고 맙니다. 반대로 "나는 평화주의자야"라며 모든 갈등을 '회피'하는 리더는, 신속한 결단이 필요한 위기 상황에서 골든 타임을 놓치고 맙니다.

탁월한 리더는 자신의 '성격'대로 일하지 않습니다. 상황이 요구하는 '배역'을 연기합니다. 그것은 가식이나 위선이 아닙니다. 문제를 해결하기 위해 기꺼이 다른 가면을 쓸 줄 아는 '전략적 유연성'입니다. 때로는 독재자처럼 경쟁하고, 때로는 현자처럼 회피하고, 때로는 친구처럼 수용하는 '상황 적합성Situational Fit'을 발휘하는 것입니다.

그렇다면 어떤 기준으로 스타일을 골라야 할까요? 저는 4가지 판단 기준을 제안합니다.

1. **중요도**: 이슈가 얼마나 중요한가? (중요하면 경쟁/협력, 사소하면 회피/수용)

2. **긴급성**: 얼마나 급한가? (급하면 경쟁/타협, 여유 있으면 협력)

3. **관계**: 상대방과의 관계가 얼마나 중요한가? (중요하면 수용/협력)

4. **전문성**: 누가 더 잘 아는가? (내가 잘 알면 경쟁, 상대가 잘 알면 수용)

당신의 '디폴트^{Default} 값'을 점검하십시오

오하이오 주립대의 연구에 따르면, 사람은 스트레스를 받으면 무의식적으로 자신이 가장 편안해하는 '디폴트 스타일'로 회귀한다고 합니다. 당신의 디폴트는 무엇입니까? 갈등이 생기면 일단 피하고 보나요, 아니면 목소리부터 커지나요?

자신의 본능적인 스타일을 아는 것이 변화의 시작입니다. "아, 나는 갈등을 피하려는 경향이 있구나. 이번엔 의도적으로 한번 부딪쳐 보자." "나는 내 주장만 하는 경향이 있구나. 이번엔 상대방 말을 먼저 들어보자."

이렇게 의식적으로 반대 스타일을 선택하는 훈련을 해야 합니다. 리더십은 타고난 성향대로 하는 것이 아니라, 상황이 요구하는 연기를 해내는 것이기 때문입니다.

갈등 앞에서 당황하지 마십시오. 당신의 주머니 속에는 이미 5가지의 강력한 무기가 들어 있습니다. 상황을 읽고, 가장 적절한 무기를 꺼내 드십시오. 그것이 바로 갈등을 요리하는 리더의 기술입니다.

탁월한 리더의 성공 원칙

1. 유연한 대응: 탁월한 리더는 자신의 성향에 갇히지 않고, 문제의 중요도와 긴급성에 따라 회피, 수용, 경쟁, 타협, 협력의 5가지 스타일을 '전략적으로 선택'한다.

2. 맥락의 파악: 탁월한 리더는 무조건적인 협력이 정답이 아님을 알고, 위기 시에는 단호하게 결정(경쟁)하고 사소한 일에는 한 발 물러서는 (회피/수용) '상황 판단력'을 발휘한다.

3. 자기 인식: 탁월한 리더는 스트레스 상황에서 자신이 무의식적으로 사용하는 '디폴트 스타일'을 인지하고, 의도적으로 다른 스타일을 시도하며 대응의 폭을 넓힌다.

23

팀 안에서 벌어지는 실전 갈등 해결법

세대, 성과, 역할 갈등의 구체적 대처법

팀장실의 문은 3번 두드려진다

증권사 리서치팀장 민준 씨의 팀장실 문은 하루도 조용할 날이 없습니다. 마치 약속이라도 한 듯, 하루에 세 번씩 문을 두드립니다.

오전 10시, 50대 시니어 애널리스트가 들어옵니다. "팀장님, 요즘 애들은 왜 이렇게 주인의식이 없습니까? 재택근무하겠다고 난리인데, 팀워크는 사무실에서 얼굴 보고 비벼야 생기는 거 아닙니까?"

오후 2시, 성과 상위 20%인 에이스 팀원이 들어옵니다. "팀장님, 솔직히 말씀드릴게요. 왜 제가 김 대리 일까지 떠맡아야 합니까? 성과급은 N분의 1로 나누면서 일은 저한테만 몰리는 것 같아 억울합니다."

오후 5시, 영업지원팀과 리서치팀 막내들이 함께 들어옵니다. "팀장님, 이 데이터 입력 업무 말인데요. 저희는 리서치 지원이지 단순 타이핑 부서가 아니거든요. 이건 영업지원팀에서 해야 하는 거 아닙니까?"

민준 씨는 머리가 지끈거립니다. 중재자 노릇을 하느라 진이 빠지지만, 돌아서면 또 싸웁니다. "좋은 게 좋은 거지"라며 덮으려 했지만, 갈등은 잡초처럼 다시 자라났습니다. 민준 씨는 깨달았습니다. 모든 갈등을 '성격 차이'로 치부할 수 없다는 것을요. 각각의 갈등은 전혀 다른 뿌리를 가지고 있으며, 그에 맞는 처방전도 달라야 한다는 사실을 말입니다.

갈등 1.
세대 갈등: "틀린 게 아니라 다른 것입니다"

첫 번째 갈등은 '세대 차이'에서 옵니다. 이것은 옳고 그름의 문제가 아니라, 살아온 시대와 경험이 만든 '가치관의 충돌'입니다.

베이비부머와 X세대는 '조직을 위한 헌신'이 곧 미덕인 시대를 살았습니다. 야근은 성실함의 증거였고, 사무실은 전우애를 다지는 공간이었습니다. 반면, 밀레니얼과 Z세대는 '효율과 공정'이 최우선인 시대를 살고 있습니다. 그들에게 야근은 무능함의 증거이며, 사무실은 일하는 장소 중 하나일 뿐입니다.

딜로이트의 밀레니얼 조사에 따르면, MZ세대의 62%가 유연 근무를 직장 선택의 최우선 조건으로 꼽았습니다. 반면 기성세대는 여전히 대면 근무를 선호합니다. 둘 다 틀리지 않습니다. 각자의 경험 속에서는 둘 다 합리적인 주장입니다.

그렇다면 이 복잡한 세대 갈등을 어떻게 풀어야 할까요? 사회심리학자 무자퍼 셰리프Muzafer Sherif의 유명한 연구는 우리에게 중요한 단서를 제공합니다. 그는 서로 앙숙이던 두 집단이라도, '어느 한쪽 혼자서는 달성할 수 없는 절박한 공동의 목표Superordinate Goals'가 주어지면 갈등을 멈추고 협력한다는 사실을 밝혀냈습니다.

세대 갈등도 마찬가지입니다. 서로 "네 방식이 틀렸다"며 싸우는 이유는 시선이 '서로'를 향해 있기 때문입니다. 리더는 이 시선을 '외부', 즉 '공동의 목적'으로 돌려놓아야 합니다. 서로를 비난하던 에너지가 공통의 문제를 해결하는 에너지로 전환될 때, '꼰대'와 '요즘 애들'이라는 꼬리표는 사라지고 '같은 배를 탄 동료'의 정체성이 생겨납니다.

목표가 정렬되었다면, 이제 서로의 '다름'을 배울 차례입니다. 이를 위한 가장 효과적인 도구는 '역멘토링Reverse Mentoring'입니다. 통상적으로 선배가 후배를 가르치는 멘토링과 달리, 주니어 사원이 멘토가 되어 경영진이나 선배에게 최신 트렌드와 디지털 기술, MZ세대의 문화를 코칭하는 제도입니다.

이것은 단순한 기술 전수가 아닙니다. '상호 존중'의 훈련입니다.

시니어는 주니어에게서 '메타버스'와 '숏폼'을 배우며 젊은 감각을 수혈받고, 주니어는 시니어에게서 '업계의 맥락'과 '인적 네트워크'를 배우며 시야를 넓힙니다. 서로가 서로에게 배울 점이 있는 '선생님'이라는 사실을 인정하는 순간, 수직적인 위계는 무너지고 수평적인 파트너십이 시작됩니다.

갈등 2.
성과 갈등: "공정함이 훼손될 때 분노합니다"

두 번째 갈등은 '평가와 보상'에서 옵니다. 고성과자는 "왜 나만 일합니까?"라며 '역차별'을 호소하고, 저성과자는 "나도 나름 노력했는데…"라며 '무시'당했다고 느낍니다.

많은 팀장이 팀원이 화를 내는 이유가 낮은 고과(점수) 때문이라고 생각합니다. 하지만 수많은 조직 행동론 연구들이 가리키는 진짜 원인은 점수 자체가 아니라 '공정성의 훼손'에 있습니다. 경영학에서는 이를 '조직 공정성의 3요소'로 설명합니다.

1. **결과의 공정성(분배):** "내가 일한 만큼 받았는가?"

2. **과정의 공정성(절차):** "평가 기준과 과정은 투명했는가?"

3. **태도의 공정성(상호작용):** "결과를 전달받을 때 존중받았는가?"

팀이 무너지는 건 점수가 낮아서가 아닙니다. "기준도 없이 기분 대로 점수를 줬어(과정)"라거나, "내 노력을 폄하하는 말투에 상처받았어(태도)"라는 생각이 들 때입니다.

이 갈등을 해결하려면 3가지 공정성을 모두 만족시키는 정교한 접근이 필요합니다.

1. '감정'이 아닌 '데이터'로 납득시키십시오(분배 공정성)

"나도 열심히 했다"는 항변은 주관적입니다. 평가의 기준을 '투입한 땀(노력)'이 아닌 '산출된 가치^{Impact}'로 명확히 하고, 구체적인 데이터를 근거로 제시해야 승복할 수 있습니다.

2. 평가 기준을 '사전'에 투명하게 합의하십시오(절차 공정성)

성적표를 줄 때 기준을 말하면 '변명'이 되지만, 학기 초에 말하면 '약속'이 됩니다. 평가 시즌 전에 "어떤 결과물이 A등급인지" 기준을 명확히 공유하여, 결과가 '충격'이 되지 않게 하십시오.

3. 결과 통보는 '납득'과 '존중'의 언어로 하십시오(상호작용 공정성)

팀원은 점수가 낮아서 화를 내는 게 아니라, 무시당했다고 느낄 때 분노합니다. 비록 결과가 나쁘더라도 리더가 나를 존중하고 있음을 느끼게 하십시오.

갈등 3.

역할 갈등: "그건 제 일이 아닌데요"

세 번째 갈등은 '책임의 모호함'에서 옵니다. 업무의 경계선^{Gray Zone}에 있는 일을 서로 미루거나, 반대로 서로 자기 일이라며 영역 다툼을 벌이는 경우입니다.

이 갈등을 해결하는 가장 확실한 도구는 'RACI^{Responsible, Accountable, Consulted, Informed} 매트릭스'입니다. 업무별로 R(실행 담당자), A(최종 책임자), C(자문 대상), I(정보 공유 대상)를 명확히 정하는 것입니다.

한 IT 개발사의 프로젝트 매니저는 킥오프 미팅 때 딱 30분을 투자해 RACI 차트를 그립니다. "이건 개발팀이 리드하고(R), 기획팀이 최종 승인하며(A), 디자인팀은 의견을 줍니다(C)." 이 한 장의 표가 3개월간의 불필요한 핑퐁 게임을 예방합니다.

또한, 매월 '그레이 존^{Gray Zone} 미팅'을 갖는 것도 좋습니다. 한 달 동안 애매했던 업무들을 테이블 위에 올려놓고, "이건 앞으로 누가 맡는 게 효율적일까?"를 함께 논의하여 교통정리를 하는 것입니다.

갈등의 유형에 따라 리더의 언어가 달라져야 합니다

유능한 의사는 환자의 증상에 따라 다른 처방을 내립니다. 리더도 마찬가지입니다. 갈등의 유형을 정확히 진단하고, 그에 맞는 언어를 써야 합니다.

1. **세대 갈등**: '이해'의 언어를 쓰십시오. "네 관점에서는 그렇게 보일 수 있겠구나. 왜 그렇게 생각했는지 더 들어보고 싶어."
2. **성과 갈등**: '명확함'의 언어를 쓰십시오. "우리 팀의 평가 기준은 이 세 가지야. 데이터로 보면 너의 현재 위치는 여기야."
3. **역할 갈등**: '정의Definition'의 언어를 쓰십시오. "이 일의 실행 책임자는 김 대리야. 하지만 혼자 하라는 게 아니라, 박 과장이 데이터를 지원해 줄 거야."

갈등은 예방이 최선입니다

불이 난 뒤에 끄는 것보다, 불이 나지 않게 하는 것이 진짜 고수입니다. 글로벌 리서치 기업 갤럽Gallup의 연구에 따르면, 리더와 팀원이 정기적으로 대화하는 '체크인Check-in' 시간을 갖는 것만으로도 팀원의 업무 몰입도는 3배 가까이 높아지고, 부정적인 감정이 쌓여 폭발하는 것을 사전에 방지할 수 있다고 합니다.

매주 금요일 15분, "이번 주에 일하면서 불편했던 점이나 애매했던 점 있었어?"라고 물어보십시오. 팀원들이 "사실 아까 김 대리님 말씀이 좀 서운했어요"라고 가볍게 털어놓을 수 있는 자리를 만드십시오. 작은 불씨일 때 끄면 아무것도 아니지만, 묵혀두면 산불이 됩니다.

팀장님, 갈등을 두려워하지 마십시오. 갈등이 있다는 것은 팀원들이 일에 대한 열정이 있다는 증거이기도 합니다. 다만 그 에너지가 서로를 찌르는 칼이 되지 않도록, 정확한 진단과 처방으로 방향을 잡아주는 것이 당신의 역할입니다.

탁월한 리더의 성공 원칙

1. **유형별 진단:** 탁월한 리더는 모든 갈등을 '성격 차이'로 치부하지 않고, 세대(가치관), 성과(공정성), 역할(책임) 등 갈등의 '근본 원인'을 정확히 파악하여 맞춤형으로 대처한다.

2. **명확한 기준:** 탁월한 리더는 성과 평가의 기준과 업무의 역할 분담[R&R]을 투명하게 공개하고 합의함으로써, 불필요한 오해와 '불공정 시비'를 사전에 차단한다.

3. **예방적 소통:** 탁월한 리더는 갈등이 터진 후에 수습하기보다, 정기적인 체크인과 소통을 통해 작은 불씨를 미리 발견하고 해결하는 '선제적 관리'를 실천한다.

24

감정 뒤에 숨어 있는 이해관계를 읽는 법

표면 갈등 너머의 본질 파악하기

갑자기 화내는 팀원, 도대체 왜 저러는 걸까?

식품 유통업체 영업팀의 지우 팀장은 오늘 회의에서 식은땀을 흘렸습니다. 평소 성실하고 묵묵히 일하던 베테랑 영업 과장이 내년도 목표 매출액 발표 순간, "이건 현장을 전혀 모르는 터무니없는 숫자"라며 갑자기 폭발했기 때문입니다.

"도대체 누가 이런 숫자를 정했습니까?" 김 과장의 얼굴은 붉게 상기되어 있었고 목소리는 떨렸습니다. 지우 팀장은 작년 성과를 언급하며 어떻게든 진정시키려 했지만, 김 과장은 "작년과는 상황이 완전히 다르다"며 말을 끊었고, 회의실 분위기는 순식간에 얼어붙고 말았습니다.

그날 저녁, 지우 팀장은 혼란스러운 마음으로 곰곰이 생각했습니다. '목표가 조금 높긴 하지만, 이렇게까지 화를 낼 일인가?' 그는 김 과장의 분노가 단순히 '목표 숫자' 때문이 아니라는 직감을 했습니다. 수면 위로 드러난 것은 숫자에 대한 거부였지만, 그 아래에는 더 크고 깊은 무언가가 숨겨져 있는 것 같았습니다.

많은 리더가 팀원의 감정적인 반응을 마주하면 당황합니다. "이성적으로 얘기해"라며 감정을 억누르려 하거나, "성격이 예민하네"라며 개인의 문제로 치부해 버립니다. 하지만 경영학적 관점에서 볼 때, 팀원의 격한 감정은 소음Noise이 아닙니다. "내 마음속에 아주 중요한 무언가가 위협받고 있다"는 강력한 신호Signal입니다.

입장Position과 욕구Interest를 구분하라

하버드 협상 프로젝트Harvard Negotiation Project의 창시자 로저 피셔Roger Fisher와 윌리엄 유리William Ury는 갈등 해결의 핵심으로 '입장Position'과 '욕구Interest(이해관계)'의 구분을 제시했습니다.

- **입장Position**: 겉으로 드러난 요구사항. "목표를 낮춰주세요", "가격을 깎아주세요."

- **욕구Interest**: 그 요구 뒤에 숨겨진 진짜 이유이자 동기. "실패할까 봐 두려워요", "예산이 부족해서 다른 프로젝트를 못 할까 봐 걱정돼요."

지우 팀장의 사례를 볼까요? 김 과장의 입장은 "목표를 낮춰 달라"였습니다. 하지만 그의 진짜 욕구는 무엇이었을까요? 나중에 알게 된 사실이지만, 김 과장은 최근 가정사로 인해 경제적 압박을 받고 있었고, 성과급을 받지 못할까 봐 극도의 불안을 느끼고 있었습니다. 그의 진짜 욕구는 '낮은 목표'가 아니라 '안정적인 성과 달성과 보상'이었던 것입니다.

입장만 보면 타협점은 '목표 수정'밖에 없습니다. 하지만 욕구를 보면 '인센티브 구조 변경', '지원 인력 배치' 등 다양한 해결책이 보입니다. 리더는 팀원의 입과 싸우지 말고, 그 마음속 욕구를 읽어야 합니다.

이해관계를 파악하는 3가지 신호

팀원의 진짜 속마음(욕구)은 말로 잘 표현되지 않습니다. 대신 행동과 감정으로 힌트를 줍니다. 리더는 탐정이 되어 이 신호들을 포착해야 합니다.

신호 1. 반복되는 저항: "왜 자꾸 딴지를 걸까?"

합리적인 제안인데도 팀원이 계속 반대한다면, 그건 논리의 문제가 아니라 '정체성[Identity]'의 문제일 가능성이 큽니다.

제가 코칭했던 한 IT 기업의 개발 팀장은 새로운 기술 도입을 두고 시니어 개발자와 갈등을 빚었습니다. 효율적인 기술인데도 시니어 개발자는 "안정성이 검증되지 않았다"며 끝까지 반대했죠. 알고 보니 진짜 이유는 '나의 기술이 낡은 것이 되어 도태될까 봐 두렵다'는 '역량 유지의 욕구'였습니다. 이를 간파한 팀장이 "이 기술 도입의 리드는 부장님이 맡아주세요"라고 제안하자 반대는 눈 녹듯 사라졌습니다.

신호 2. 과도한 감정: "왜 이렇게 예민하게 굴까?"

상황에 비해 감정의 폭발력이 크다면, 그것은 과거의 상처나 핵심 가치관이 건드려졌다는 뜻입니다. 과도한 감정 반응의 대다수는 현재의 이슈가 아니라 '과거의 경험'이나 '깊은 가치관'과 연결되어 있었습니다. "팀장님은 저를 무시하세요!"라고 화를 내는 팀원은, 사실 이번 프로젝트 배제가 아니라 지난 1년간 쌓여온 '인정받지 못함'에 대한 서러움이 터진 것일 수 있습니다.

신호 3. 비논리적 주장: "말이 안 통하네"

논리적으로 앞뒤가 안 맞는 주장을 고집한다면, 말할 수 없는 다른 욕구가 있다는 뜻입니다. "지금 너무 바빠서 못 해요"라고 하지만 실제로는 업무량이 많지 않다면? 진짜 이유는 '그 일이 하기 싫거나(동기 부족)', '자신이 없거나(효능감 부족)', '누구와 함께 일하기 싫은 것(관계 갈등)'일 수 있습니다.

빙산의 아래를 읽는 '심층 질문법'

그렇다면 어떻게 해야 수면 아래의 욕구를 끄집어낼 수 있을까요? 좋은 질문이 답을 줍니다.

질문 1. "왜Why?"를 다섯 번 물어라(5 Whys)

토요타의 문제 해결 기법인 '5 Whys'는 사람의 마음을 읽는 데도 유용합니다. 단, 취조하듯 묻지 말고 호기심을 갖고 물어보십시오.

"김 과장, 목표가 높다고 생각하는구나.(공감) 구체적으로 어떤 부분이 가장 우려돼?(Why 1)" "시장 상황이 안 좋습니다." "시장이 안 좋으면 어떤 어려움이 예상되는데?(Why 2)" "경쟁사들이 가격을 낮추고 있어서 우리도 낮추지 않으면 고객을 뺏깁니다." "가격을 낮추면 어떤 문제가 생기지?(Why 3)" "이익률이 떨어져서 제 성과 평가가 나빠질 겁니다."

결국 진짜 문제는 '시장 상황'이 아니라 '나의 성과 평가'였습니다.

질문 2. "만약What if?"을 활용하라

팀원이 방어적일 때는 가정if을 통해 안전한 공간을 만들어 주십시오.

"김 과장, 만약 예산 걱정이 없다면 이 프로젝트를 하고 싶어?"
"아니요." "왜?" "사실 방향 자체가 틀렸다고 생각해요."

진짜 이슈는 예산이 아니라 '전략에 대한 불신'이었습니다.

질문 3. "가장 우려되는 것^{Worry?}"을 물어라

사람들은 '원하는 것'보다 '걱정되는 것'을 물을 때 자신의 숨겨진 니즈를 훨씬 더 솔직하게 드러낸다고 합니다. 인간은 본능적으로 얻는 기쁨보다 잃는 고통을 더 크게 느끼기 때문입니다.

"이번 조직 개편에서 김 대리가 가장 걱정하는 게 뭐야?" "우리 팀 고유의 색깔이 사라질까 봐 겁나요." 진짜 욕구는 '소속감과 정체성'이었습니다.

리더는 감정을 다루는 '감정 노동자'가 되어야 합니다

많은 리더가 "일하기도 바쁜데 팀원 기분까지 맞춰줘야 하나?"라고 불평합니다. 하지만 기억하십시오. 사람의 마음을 얻지 못하면, 일은 진행되지 않습니다.

협상의 대가들은 말합니다. "사람과 문제를 분리하라." 팀원의 감정(사람)은 부드럽게 수용하고, 갈등의 원인(문제)은 냉철하게 분석하십시오. 감정에 휘말려 같이 화를 내거나, 감정을 무시하고 논리만 들이대는 것은 하수의 리더십입니다.

감정이 격해질 때는 잠시 '일시 정지Pause' 버튼을 누르십시오. "잠깐, 김 과장이 이렇게 화를 내는 건 그만큼 이 일을 중요하게 생각한다는 뜻이겠지. 내가 놓치고 있는 게 뭔지 차근차근 들어보고 싶어."

이 한마디가 상대방의 흥분한 뇌(편도체)를 진정시키고, 이성적인 뇌(전두엽)를 다시 작동하게 만듭니다.

표면을 보지 말고, 심연을 보십시오

갈등은 빙산과 같습니다. 눈에 보이는 '주장'은 빙산의 일각일 뿐입니다. 그 아래에는 거대한 '욕구'와 '두려움'의 덩어리가 잠겨 있습니다.

리더인 당신이 해야 할 일은 배를 몰고 빙산에 부딪히는 것이 아니라, 잠수함을 타고 그 아래로 내려가 보는 것입니다. 그곳에 진짜 문제와 진짜 해결책이 있습니다.

탁월한 리더의 성공 원칙

1. 본질의 파악: 탁월한 리더는 갈등 상황에서 겉으로 드러난 '입장^{Position}'에 매몰되지 않고, 그 이면에 숨겨진 진짜 '욕구^{Interest}'를 파악하여 근본적인 해결책을 모색한다.

2. 신호의 해석: 탁월한 리더는 팀원의 과도한 감정이나 반복적인 저항을 단순한 불평으로 치부하지 않고, 그들의 가치관이나 정체성이 위협받고 있다는 '중요한 신호'로 해석한다.

3. 질문의 기술: 탁월한 리더는 자신의 논리로 설득하려 들기보다, "왜?", "만약에?", "무엇이 걱정되는가?"와 같은 '탐색적 질문'을 통해 팀원이 스스로 속마음을 꺼내놓게 만든다.

25

갈등을 넘어서 더 강한 팀을 만드는 법

신뢰 회복과 팀워크 재정비 전략

폭풍이 지나간 자리는 더 황폐하다

디지털 마케팅 에이전시의 전략기획팀장인 현아 씨는 요즘 퇴근 길 발걸음이 천근만근입니다. 지난 3개월간 팀을 뒤흔들었던 두 시니어 플래너의 격렬한 갈등이 드디어 끝났기 때문입니다.

전략 방향을 두고 사사건건 충돌했던 두 사람. 회의실에서는 고성이 오갔고, 다른 팀원들은 두 사람의 눈치를 보느라 숨조차 제대로 쉬지 못했습니다. 결국 갈등의 당사자 중 한 명이 다른 팀으로 이동하면서 상황은 일단락되었습니다.

회의실은 다시 조용해졌습니다. 하지만 현아 씨를 괴롭히는 것은 그 '고요함'의 정체였습니다. 평화가 찾아온 것이 아니라, 팀이 무너져버린 것 같은 적막감이었습니다. 팀원들은 서로 말을 아꼈고, 회의 시간에는 아무도 의견을 내지 않았습니다. "어차피 말해봤자 또 싸울 텐데요, 뭐." "그냥 팀장님이 정해주세요."

현아 씨는 깨달았습니다. 갈등을 끝내는 것^{Stop}보다 더 어려운 것은, 갈등으로 인해 무너진 신뢰와 관계를 다시 세우는 것^{Rebuild}이라는 사실을 말입니다. 전쟁은 끝났지만, 폐허가 된 마을을 재건해야 하는 막막함이 그녀를 짓눌렀습니다.

갈등은 팀을 약하게도, 강하게도 만든다

많은 리더가 갈등이 끝나면 "자, 이제 덮고 다시 일하자"라며 서둘러 봉합하려 합니다. 하지만 이것은 곪은 상처에 밴드만 붙이는 것과 같습니다.

텍사스 대학교 댈러스$^{UT\ Dallas}$의 연구진이 발표한 '갈등 후 행동 $^{Post\text{-}conflict\ behaviors}$' 연구는 우리에게 중요한 통찰을 줍니다. 연구에 따르면, 갈등 자체가 관계를 망치는 것이 아니었습니다. 진짜 원인은 갈등 직후의 태도에 있었습니다. 갈등 후 '회피^{Avoidance}'하거나 덮어둔 그룹은 관계가 악화되었지만, 감정을 추스르고 화해를 시도하는 '적극적 회복$^{Active\ Repair}$' 행동을 한 그룹은 갈등 이전보다 오히려 유대감이 깊어졌습니다.

비 온 뒤에 땅이 굳는다는 속담은, 비가 그치기를 기다린 사람이 아니라 비가 온 뒤에 땅을 다진 사람에게만 유효한 말입니다. 갈등을 '지워야 할 흑역사'가 아닌 '팀을 다질 기회'로 삼아 적극적으로 회복하기 위해 행동 하십시오. 그냥 두면 땅은 질척거릴 뿐입니다.

신뢰 회복을 위한 리더의 3단계 처방전

그렇다면 어떻게 해야 갈등의 폐허 위에 다시 신뢰의 집을 지을 수 있을까요? 여기에는 정교한 3단계 프로세스가 필요합니다.

1단계: 감정의 독소를 빼내라(De-tox)

갈등이 끝나도 감정의 찌꺼기는 남습니다. 분노, 상처, 배신감, 그리고 '나도 피해를 볼 수 있다'는 두려움. 이 감정들을 무시하고 이성적인 업무 얘기만 하려 들면, 독소는 몸 안에 쌓여 결국 조직을 병들게 합니다.

갈등 직후 구성원들이 자신의 부정적 감정을 표현하고 그것을 인정받을 수 있는 기회를 제공해야 합니다. 리더는 '감정의 쓰레기통'을 자처해야 합니다. "지난 3개월 동안 정말 힘들었지? 솔직히 어떤 기분이 들었어?" 개별 면담이나 팀 미팅을 통해 감정을 털어놓게 하십시오. 이때 중요한 것은 "다 잊어버려"라는 섣부른 위로가 아니라, "그랬구나, 정말 힘들었겠다"라는 '깊은 인정'입니다. 감정은 충분히 표현될 때 비로소 소멸합니다.

2단계: 오답 노트가 아니라 '교훈 노트'를 써라(Learn)

감정을 털어냈다면, 이제는 이성을 작동시킬 차례입니다. 하버드 경영대학원의 에이미 에드먼드슨Amy Edmondson 교수는 갈등이나 실패 후 '비난 없는 회고Blameless Post-mortem'를 진행하는 것이 조직의 학습 속도를 결정한다고 강조합니다. 연구에 따르면, 사람을 비난하지 않고 시스템의 문제를 함께 찾을 때, 팀은 똑같은 갈등을 반복하지 않고 '예방책'을 스스로 만들어냅니다.

하지만 주의하십시오. 범인을 찾는 '오답 노트'가 되어서는 안 됩니다. 시스템의 문제를 찾는 '교훈 노트'가 되어야 합니다. "김 대리가 왜 그랬을까?"(사람 비난)가 아니라, "우리의 의사결정 프로세스 중 어느 부분이 이런 오해를 만들었을까?"(시스템 분석)를 물으십시오.

사람을 비난하지 않고 구조적 원인을 함께 찾을 때, 갈등은 서로를 찌르는 '상처'가 아니라 팀을 업그레이드하는 귀중한 '교훈'이 됩니다.

3단계: 새로운 그라운드 룰을 세워라(Reset)

과거는 바꿀 수 없지만, 미래의 약속은 만들 수 있습니다. 갈등의 원인을 분석했다면, 이를 예방할 새로운 규칙을 세워야 합니다.

"앞으로 의견이 충돌하면, 감정 싸움으로 번지기 전에 무조건

10분간 휴식하자." "중요한 결정은 회의실 안에서만 하고, 밖에서는 험담하지 말자."

조직 행동학자 크리스틴 베파Kristin Behfar 교수의 연구에 따르면, 갈등 직후 팀원들이 모여 '갈등 관리 규범Conflict Management Norms'을 명시적으로 합의한 팀은 그렇지 않은 팀보다 장기적인 생존율과 성과가 월등히 높았습니다. 새로운 규칙은 팀원들에게 "우리는 달라질 수 있다"는 희망의 증거가 됩니다.

깨진 신뢰를 다시 붙이는 접착제: 작은 성공Small Wins

팀워크를 재정비하는 가장 확실한 방법은 무엇일까요? 거창한 워크숍이나 회식이 아닙니다. 바로 '일에서의 성공 경험'입니다.

갈등을 겪은 팀은 패배감에 젖어 있습니다. "우린 안 돼", "해봤자 또 싸울 거야"라는 무기력함이 지배합니다. 이때 리더가 해야 할 일은 아주 작지만 확실하게 성공할 수 있는 프로젝트를 설계하는 것입니다.

하버드 경영대학원의 테레사 아마빌Teresa Amabile 교수는 이를 '진척의 원칙The Progress Principle'으로 설명합니다. 연구에 따르면, 거창한 성과가 아니라 매일의 업무에서 느끼는 '작은 성공Small Wins'의 경험이 쌓일 때, 구성원들은 긍정적인 감정과 강력한 동기를 회복한다고 합니다.

거대한 장기 프로젝트보다는 1주일짜리 단기 과제, 복잡한 협업보다는 명확한 역할 분담이 가능한 일을 맡기십시오. 그리고 그 일이 끝났을 때, 평소보다 더 크게 칭찬하고 그 의미를 부여해 주십시오. "봐, 우리 아직 안 죽었어. 할 수 있잖아."

이 작은 승리의 기억들이 쌓여서 패배감을 밀어내고, 그 자리에 자부심을 채우게 됩니다. 작은 성공이 신뢰를 만듭니다.

때로는 '중립 지대'와 '제3자'가 필요하다

만약 팀 내부의 힘만으로 회복이 어렵다면, 환경을 바꾸거나 외부의 도움을 받는 것도 훌륭한 전략입니다. 환경심리학에서는 이를 '맥락 효과Context Effect'라고 합니다. 늘 싸우던 회의실을 벗어나 카페나 옥상 정원 같은 새로운 장소로 이동하는 것만으로도, 우리 뇌는 과거의 부정적 감정 고리를 끊고 새로운 대화 모드로 전환됩니다. 물리적 공간의 환기가 심리적 환기를 돕는 것입니다.

또한, 하버드 협상 프로젝트가 강조하듯 '중립적인 제3자The Third Side'의 도움을 받는 것도 방법입니다. 사내 HR 전문가나 타 부서의 신뢰받는 리더에게 중재를 요청하십시오. 객관적인 제3자의 개입은 감정적인 엉킴을 푸는 데 결정적인 역할을 합니다. 리더 혼자 모든 짐을 짊어지려 하지 마십시오.

갈등은 흉터가 아니라 '훈장'입니다

부러진 뼈가 붙으면 더 단단해진다고 합니다. 갈등을 잘 극복한 팀은 온실 속의 화초 같은 팀보다 훨씬 더 강한 '회복 탄력성Resilience'을 갖게 됩니다.

경영학에서는 이를 '공동의 서사Shared Narrative'의 힘이라고 부릅니다. 심각한 갈등을 겪고 난 뒤, "우리는 그 어려운 시절도 함께 견뎌냈어"라는 이야기가 생기면, 팀원들 사이에는 말로 설명할 수 없는 끈끈한 연대감이 생깁니다. 이 연대감은 단순한 친밀감이 아니라, 앞으로 어떤 위기가 와도 함께 돌파할 수 있다는 '집단적 효능감Collective Efficacy'으로 발전합니다.

팀장님, 폐허는 끝이 아니라, 더 튼튼한 건물을 지을 수 있는 새로운 기회입니다.

감정의 잔해를 치우고, 교훈의 주춧돌을 놓고, 작은 성공의 벽돌을 하나씩 쌓아 올리십시오. 비 온 뒤에 땅이 굳듯이, 당신의 팀은 이전보다 훨씬 더 단단하고 끈끈한 '진짜 팀'으로 거듭날 것입니다.

탁월한 리더의 성공 원칙

1. 감정의 해소: 탁월한 리더는 갈등 종료 후 "일하자"며 서둘러 덮지 않고, 팀원들이 겪은 부정적 감정을 충분히 표현하고 인정받을 수 있는 '해소의 시간'을 마련한다.

2. 학습과 규칙: 탁월한 리더는 갈등의 원인을 시스템적 관점에서 복기 Review하고, 이를 예방할 수 있는 '새로운 그라운드 룰'을 합의하여 팀 운영의 체계를 업그레이드한다.

3. 작은 성공: 탁월한 리더는 패배감에 젖은 팀에게 거창한 목표를 강요하는 대신, 확실하게 성취할 수 있는 '작은 성공Small Wins'을 경험하게 함으로써 자신감과 신뢰를 회복시킨다.

제6장

전체는 부분의 합보다 크다

26

칸막이를 허물어라

팀워크를 설계하는 법

섬처럼 일하는 팀들의 비극

바이오 제약 회사의 신약 개발 프로젝트 매니저인 태훈 팀장은 요즘 속이 타들어 갑니다. 야심 차게 시작한 프로젝트가 벌써 6개월째 제자리걸음이기 때문입니다. 문제는 기술력이 아니었습니다. 각 부서의 '단절'이었습니다. 연구팀은 실험실에 틀어박혀 "우리는 최고의 데이터를 뽑아냈어"라며 자화자찬합니다. 하지만 임상팀은 그 데이터를 보고 한숨을 쉽니다. "이건 실제 환자에게 적용하기 어려운 조건이에요. 연구팀은 현장을 몰라도 너무 몰라요." 규제팀은 서류 뭉치를 흔들며 화를 냅니다. "이 방식으로는 FDA 승인 못 받습니다. 처음부터 다시 해야 해요."

각 팀은 자기 영역에서만큼은 최고였습니다. 모두가 열심히 일했습니다. 하지만 서로 소통하지 않았습니다. 그 결과, 연구팀의 성과물은 임상팀에게 무용지물이었고, 임상팀의 계획은 규제팀의 기준에 미달했습니다.

태훈 팀장은 깨달았습니다. '부분의 합이 전체가 되는 것이 아니라, 부분의 단절이 전체를 망치고 있다'는 것을 말입니다. 이것이 바로 조직을 병들게 하는 '사일로Silo'의 저주입니다.

사일로 효과: 왜 우리는 옆 부서를 적으로 돌리는가?

'사일로Silo'는 원래 곡식이나 미사일을 저장하는 원통형 창고를 뜻합니다. 각각 독립적으로 서 있어서 섞일 수 없는 구조입니다. 경영학에서는 부서 간에 높은 벽을 치고 자기 부서의 이익만을 추구하는 현상을 '사일로 효과Silo Effect'라고 부릅니다.

경영학자 패트릭 렌시오니Patrick Lencioni는 그의 저서에서 "사일로는 단순히 비효율을 낳는 것을 넘어, 조직의 자원을 갉아먹고 인재들을 정치 싸움에 몰아넣는 가장 치명적인 질병"이라고 경고했습니다. 실제로 수많은 기업이 정보가 공유되지 않아 중복 업무를 하고, 의사결정이 지연되며, 무엇보다 '고객'이라는 공통의 목표를 잊어버린 채 내부 경쟁에만 몰두합니다.

그렇다면 왜 사일로가 생길까요? 단순히 팀원들이 이기적이어서 그럴까요? 아닙니다. 대부분은 '구조적인 문제' 때문입니다.

첫째, '평가 방식'이 사일로를 만듭니다. 대부분의 기업은 부서별로 성과를 평가합니다. 영업팀은 매출로, 생산팀은 원가 절감으로 평가받습니다. 영업팀이 "고객 만족을 위해 급하게 제품을 만들어 달라"고 요청하면, 생산팀은 "원가가 올라간다"며 거절합니다. 각자 자신의 KPI(핵심 성과 지표)를 지키는 것이 합리적인 선택이기 때문입니다. 맥킨지는 이를 "개별 성과에 최적화된 인센티브 시스템이 부서 간 협업을 가로막는 가장 큰 장벽"이라고 지적했습니다.

둘째, '전문성의 함정'입니다. "이건 내 전문 분야야. 다른 부서는 이해 못 해." 전문가일수록 자신의 영역을 성역화하려는 경향이 있습니다. 타 부서의 개입을 '간섭'으로 여기고 방어막을 칩니다. 이 방어막이 두꺼워질수록 조직은 동맥경화에 걸립니다.

벽을 허무는 3가지 설계도

그렇다면 어떻게 해야 이 견고한 사일로를 무너뜨리고, 물 흐르듯 유기적인 협업 시스템을 만들 수 있을까요? '마음만 먹으면 된다'는 식의 정신론으로는 불가능합니다. '협업할 수밖에 없는 구조'를 설계해야 합니다.

1. 목표의 시선을 '내부'에서 '외부'로 돌리십시오

가장 먼저 해야 할 일은 '공동의 적' 혹은 '공동의 목표'를 설정하는 것입니다. 부서끼리 싸우는 이유는 시선이 내부에 머물러 있기 때문입니다. 시선을 외부, 즉 '고객'으로 돌려야 합니다.

"우리 팀 목표는 매출 달성이야"가 아니라, "우리 회사의 목표는 고객에게 최고의 경험을 제공하는 거야"로 정의해야 합니다. 구글의 OKR^{Objectives and Key Results} 시스템이 강력한 이유가 여기에 있습니다. 전사적인 목표(O)를 먼저 세우고, 각 팀이 그 목표에 기여할 수 있는 핵심 결과(KR)를 설정함으로써 자연스럽게 정렬^{Alignment}을 유도하기 때문입니다.

태훈 팀장이 해야 할 일은 각 팀장을 모아놓고 묻는 것입니다. "우리의 진짜 목표가 뭡니까? 연구팀의 논문입니까, 규제팀의 무사고입니까? 아니면 환자의 생명을 구하는 신약 출시입니까?"

2. '물리적·심리적 접점'을 강제로 만드십시오

협업은 저절로 일어나지 않습니다. 의도적으로 만나게 해야 합니다. MIT의 토마스 앨런^{Thomas Allen} 교수가 발견한 '앨런 커브^{Allen Curve}'에 따르면, 소통의 임계 거리는 약 50미터이며, 8m 이상 떨어지면 소통 빈도가 3분의 1 이하로 줄어들고, 60m 이상이 되면 소통이 사실상 사라진다고 합니다.

중요한 프로젝트가 있다면, 관련 부서 담당자들을 한 공간에 모으는 '워 룸War Room'을 만드십시오. 책상을 붙이고, 커피를 같이 마시게 하십시오. "이거 물어봐도 되나?"라고 메일을 쓸 시간에, 고개만 돌리면 물어볼 수 있게 만들어야 합니다.

물리적 통합이 어렵다면, '순환 근무'나 '크로스 펑셔널 미팅'을 정례화하십시오. 마케터가 영업 현장을 뛰어보고, 엔지니어가 고객 상담 전화를 받아보는 경험은 백 마디 말보다 강력한 이해를 낳습니다. "아, 저 부서가 저래서 힘들었구나"라는 공감이 생기는 순간, 벽은 허물어집니다.

3. 협업을 '평가'하고 '보상'하십시오

"협업합시다"라고 백날 외쳐봐야 소용없습니다. 협업하는 사람이 손해를 본다면 아무도 하지 않기 때문입니다. 글로벌 컨설팅 기업 딜로이트Deloitte의 연구에 따르면, 협업을 핵심 전략으로 삼은 조직은 그렇지 않은 조직보다 시장에서 성장할 확률이 52%나 높았고, 직원들의 업무 만족도는 56% 더 높았습니다. 협업은 기분 좋은 구호가 아니라, 성장을 위한 가장 확실한 투자입니다.

내 KPI 달성도 중요하지만, '타 부서의 목표 달성을 얼마나 도왔는가'를 평가 항목에 공식적으로 넣어야 합니다. 자신의 성과를 조금 희생하더라도 전체의 이익을 위해 기꺼이 양보한 팀원을 '호구'가 아닌 '영웅'으로 대우해 주십시오. 그래야 사일로가 무너집니다.

부분의 합보다 큰 전체를 위하여

한 자동차 부품 회사의 COO는 "사일로를 깨는 데 3년이 걸렸다"고 고백했습니다. 설계팀은 설계만, 생산팀은 생산만 하던 관행을 깨고, 설계 초기 단계부터 생산팀을 참여시켰습니다. 처음에는 "왜 남의 일에 간섭하냐"며 싸웠지만, 결과적으로 설계 변경 횟수가 획기적으로 줄고 품질 비용이 감소했습니다.

부분 최적화Sub-optimization의 함정에 빠지지 마십시오. 각 부서가 각자의 목표만 100% 달성한다고 해서 회사가 잘되는 것은 아닙니다. 오히려 전체 최적화Total Optimization를 해칠 수 있습니다.

리더인 당신이 해야 할 일은 팀원들의 시야를 넓혀주는 것입니다. "우리 팀 일만 잘하면 돼"라고 말하는 것은 팀원을 우물 안 개구리로 만드는 것입니다. "우리 팀의 일이 옆 팀에 어떤 영향을 미치는지, 그리고 회사의 전체 목표와 어떻게 연결되는지"를 끊임없이 이야기해 주십시오.

벽을 허물면 길이 생깁니다. 그리고 그 길 위에서 비로소 진정한 '시너지Synergy'가 달리기 시작합니다.

탁월한 리더의 성공 원칙

1. **공동 목표 설정:** 탁월한 리더는 부서 이기주의를 부추기는 개별 목표 대신, 모든 부서가 '고객 가치'라는 하나의 지점을 바라보게 하는 공동의 목표Shared Goal를 수립한다.

2. **구조적 연결:** 탁월한 리더는 협업을 개인의 친분에 맡기지 않고, 크로스 펑셔널 미팅이나 워 룸War Room 운영 등 물리적, 제도적으로 소통할 수밖에 없는 '구조'를 만든다.

3. **전체 최적화:** 탁월한 리더는 자기 팀만의 성과(부분 최적화)에 매몰되지 않고, 조직 전체의 관점에서 이익이 되는 '전체 최적화'를 추구하며 이를 평가와 보상에 반영한다.

27

협업이 잘 되는 팀의 5가지 조건

협업 원칙과 구조 설계의 통합

어벤져스를 모아놨는데 왜 성과는 평범할까?
아폴로 신드롬의 비극

전자제품 제조사의 신제품 개발팀장 유진 씨는 요즘 깊은 딜레마에 빠져 있습니다. 그가 이끄는 팀의 면면을 보면 그야말로 '드림팀'입니다. 경쟁사에서 스카우트한 천재 엔지니어, 디자인 어워드를 휩쓴 수석 디자이너, 시장의 흐름을 날카롭게 읽는 데이터 분석가까지. 개개인의 역량만 놓고 보면 업계 최고 수준입니다.

유진 씨는 생각했습니다. '이런 선수들을 모아놨으니, 가만히 놔둬도 엄청난 결과물이 나오겠지.' 하지만 결과는 참담했습니다. 디자이너는 "이게 요즘 트렌드"라며 예술 작품 같은 시안을 내놨지만, 엔지니어는 "이런 곡선은 양산이 불가능하다"며 콧방귀를 뀝니다.

엔지니어가 밤새워 개발한 혁신적인 기능은 마케터에게 "기술적으로는 훌륭할지 몰라도, 고객이 돈 내고 살 기능은 아니다"라는 혹평을 듣습니다.

회의는 매일 열렸지만, 그것은 대화가 아니라 각자의 전문성을 뽐내는 '독백의 향연'이었습니다. 결국 야심 차게 준비한 신제품 출시는 3개월이나 지연되었고, 우여곡절 끝에 나온 결과물은 누구도 만족하지 못하는 이도 저도 아닌 제품이 되어버렸습니다.

유진 씨는 뼈저리게 깨달았습니다. 경영학자 메러디스 벨빈^{Meredith Belbin}이 말한 '아폴로 신드롬^{Apollo Syndrome}'이 바로 이것임을 말이죠. 뛰어난 인재들만 모아놓은 집단이 서로의 주장을 굽히지 않아 오히려 낮은 성과를 내는 현상입니다. 협업은 저절로 피어나는 야생화가 아닙니다. 리더가 정교하게 설계하고 온도를 맞춰줘야만 피어나는 온실 속의 난초와 같습니다.

협업을 가로막는 리더의 위험한 착각들

많은 리더가 협업에 대해 낭만적이고 안일한 착각을 합니다. "우리는 같은 사무실을 쓰니까 소통이 잘 되겠지." "좋은 사람들이니까 알아서 잘 맞추겠지."

하지만 진실은 냉혹합니다. 물리적 근접성은 필요조건일 뿐 충분

조건이 아닙니다. 슬랙^{Slack}이나 노션^{Notion} 같은 최신 협업 도구를 도입한다고 해결되는 것도 아닙니다. 도구는 도구일 뿐, 소통할 마음이 없는 사람들에게 메신저는 또 다른 감옥일 뿐입니다.

협업은 '마음'의 문제가 아니라 철저한 '설계^{Design}'의 문제입니다. 탁월한 성과를 내는 팀은 우연히 만들어지지 않습니다. 그들에게는 협업을 가능하게 만드는 '5가지 구조적 조건'이 갖춰져 있습니다.

조건 1. '공유된 목적^{Shared Purpose}': 우리는 같은 '북극성'을 보고 있는가?

협업의 첫 번째이자 가장 본질적인 조건은 "우리가 왜 함께 일해야 하는가?"에 대한 답을 공유하는 것입니다. 각자가 바라보는 별이 다르면, 배는 결코 한 방향으로 나아갈 수 없습니다. 조직 행동학에서는 이를 '공유된 정신 모형^{Shared Mental Models}'이라고 부릅니다. 팀원들이 목표와 진행 상황에 대해 똑같은 그림을 머릿속에 그리고 있을 때, 불필요한 커뮤니케이션 비용이 사라지고 눈빛만 봐도 통하는 협업이 가능해진다는 이론입니다. 여기서 말하는 '공유된 목적'은 단순히 "매출 100억 달성" 같은 숫자를 의미하지 않습니다.

제가 만난 한 헬스케어 스타트업 CEO는 분기 첫 주를 '목표 정렬 주간'으로 선포해 전 직원이 3일간 끝장 토론을 벌입니다. 단순한 수치 달성이 아닌, '환자의 고통스러운 대기 시간을 줄이는 것'과 같은 진짜 목표를 치열하게 논의합니다.

이 과정을 통해 구성원들은 같은 그림을 그리며 서로를 동지로 인식하게 됩니다. 공유된 목표는 '열심히 하자'가 아닌 '대기 시간 10분 단축'처럼 구체적이고 측정 가능하며, 모두가 이해할 수 있는 언어여야 합니다.

조건 2. '상호 의존성Interdependence': 혼자서는 못 하게 묶어라

협업이 필요 없는 독립적인 업무를 수행하는 사람들에게 "협업 하라"고 강요하는 것은 리더십이 아니라 폭력입니다. 진짜 협업은 "너의 결과물이 나의 입력물이 될 때", 즉 업무가 서로 얽혀 있을 때 Intertwined 자연스럽게 발생합니다.

조직행동학자 루스 와그먼Ruth Wageman 교수는 업무가 독립적인데 도 억지로 협업을 강요받은 '하이브리드 팀'의 성과가 가장 낮았다 는 사실을 밝혀냈습니다. 불필요한 미팅과 조율 비용이 실제 업무 시간을 잡아먹었기 때문입니다. 반면, 업무 구조 자체를 '상호 의존 적'으로 재설계했을 때 팀의 협업 수준과 성과는 비약적으로 상승 했습니다.

한 건축 설계 사무소는 일하는 방식을 완전히 바꿨습니다. 예전 엔 '건축가 설계 → 구조 엔지니어 검토 → 설비 엔지니어 시공' 순 으로 바통 터치하듯 일했습니다. 앞사람이 잘못하면 뒷사람이 독박 을 쓰는 구조였죠. 하지만 지금은 프로젝트 초기 스케치 단계부터 세 전문가가 한 테이블에 앉습니다. "이런 유선형 디자인을 하려면 구조적으로 기둥을 여기에 박아야 해." "그럼 설비 배관은 이렇게 돌려야겠군.”

이렇게 실시간으로 서로의 업무가 맞물릴 때, 협업은 선택이 아니라 생존 수단이 됩니다. 리더는 일을 깍두기처럼 썰어서 나눠주는 사람이 아니라, 일을 실타래처럼 엮어서 연결하는 사람이어야 합니다.

조건 3. ‘상호 존중^{Mutual Respect}’: “당신은 내가 모르는 것을 안다”

전문가들이 모인 팀에서 협업이 깨지는 가장 큰 이유는 ‘지적 오만’ 때문입니다. “내 분야는 내가 제일 잘 알아. 네가 뭘 안다고 참견이야?”라는 태도가 벽을 만듭니다. 이를 깨는 조건이 바로 ‘상호 존중’입니다. 여기서 말하는 존중은 예의 바른 태도가 아닙니다. “저 사람은 내가 모르는 전문성을 가지고 있다”는 사실을 인정하는 ‘지적 겸손’입니다. 엔지니어는 마케터의 시장 감각을 존중하고, 마케터는 엔지니어의 기술적 제약을 존중해야 합니다.

한 글로벌 컨설팅 회사의 파트너는 킥오프 미팅 때 이런 그라운드 룰을 제시합니다. “우리는 서로 다른 눈을 가지고 있습니다. 내가 보지 못하는 사각지대를 동료가 보고 있다는 것을 항상 기억하십시오. ‘틀렸다’고 말하기 전에 ‘왜 그렇게 생각했는지’를 먼저 물으십시오.”

상대의 전문성을 인정할 때, 비판은 공격이 아니라 ‘보완’이 됩니다. 내가 가진 퍼즐 조각만으로는 그림을 완성할 수 없음을 인정하는 것, 그것이 협업의 심리적 토대입니다.

조건 4. '명확한 역할Role'과 '유연한 경계Boundary'

역할이 모호하면 "이거 네가 해"라며 서로 미루는 핑퐁 게임이 시작됩니다. 반대로 역할이 너무 경직되면 "이건 내 알 바 아니야"라며 선을 긋는 사일로가 생깁니다. 최고의 협업 팀은 이 둘의 미묘한 균형을 잡습니다. '주전공Role'은 명확하되, '지원Support'의 경계는 열려 있는 것입니다.

한 소프트웨어 개발사의 CTO는 이렇게 말합니다. "우리 팀은 주 포지션이 명확합니다. 프론트엔드, 백엔드, 데브옵스. 하지만 '이건 제 일 아니에요'라는 말은 금지어입니다. 프론트엔드 개발자가 백엔드 이슈를 발견하면? 직접 고치거나, 최소한 원인을 찾아 백엔드 개발자에게 알려줍니다. 우리는 이것을 '토털 사커Total Soccer'라고 부릅니다. 수비수도 골을 넣을 수 있고, 공격수도 수비에 가담하는 것이죠."

리더는 각자의 '1차 책임'을 명확히 정해주되, 팀 전체의 목표 달성을 위한 '공동 책임'의 영역을 넓혀주어야 합니다. "네 일 내 일 따지지 말고 다 같이 해"는 아마추어지만, "네 일은 이거지만 우리가 이기기 위해 서로 돕자"는 프로입니다.

조건 5. '시스템과 도구System & Tool': 의지보다 환경이다

협업은 인간의 선한 의지만으로 지속되지 않습니다. 의지는 고갈되지만 시스템은 남습니다. 협업을 뒷받침하는 인프라가 필요합니다. 여기서 말하는 시스템은 단순히 비싼 소프트웨어를 쓰는 것이 아닙니다. 정보가 흐르는 길을 닦는 것입니다.

첫째, 정보의 '공유 플랫폼'을 구축하십시오. 모든 프로젝트 자료, 회의록, 고객 피드백을 클라우드에 올려 누구나 검색하고 열람할 수 있게 하십시오. 정보가 투명하게 공유될 때 오해가 사라집니다.

둘째, 정기적인 '동기화Sync' 루틴을 만드십시오. 일일 스탠드업 미팅, 주간 리뷰, 월간 회고. 팀원들이 서로의 진행 상황을 확인하고 보폭을 맞출 수 있는 규칙적인 리듬이 있어야 합니다.

협업을 설계하는 건축가가 되십시오

협업은 팀원들의 성격이 좋아서 일어나는 기적이 아닙니다. 리더가 건축가처럼 구조를 짜고, 정원사처럼 문화를 가꿔야만 가능한 일입니다.

팀장님, 지금 당신의 팀을 냉정하게 돌아보십시오. 목표는 공유되어 있습니까? 업무는 서로 연결되어 있습니까? 서로의 전문성을 존중합니까? 역할은 명확하면서도 유연합니까? 시스템은 지원하고 있습니까? 이 중 하나라도 빠져 있다면, 팀원들을 탓하기 전에 설계도부터 다시 점검하십시오. 협업은 구호가 아니라 '과학'이자 '설계'입니다.

28

함께 일하는 법을 학습하라

협업 역량은 훈련되는 기술이다

"일은 잘하는데, 같이 일하기는 싫은 사람"

조직에서 리더를 가장 골치 아프게 하는 유형은 '일 못 하는 사람'이 아닙니다. 오히려 '일은 기가 막히게 잘하는데, 소통이 안 되는 사람'입니다.

온라인 교육 플랫폼의 콘텐츠 팀장 서연 씨에게도 그런 팀원이 있었습니다. 새로 합류한 경력직 과장은 개인 역량만큼은 타의 추종을 불허했습니다. 혼자 기획하고, 제작하고, 결과물까지 완벽하게 만들어냈죠. 하지만 팀 회의 시간만 되면 분위기가 싸늘하게 얼어붙었습니다. 그는 동료가 의견을 내면 "그건 비효율적입니다"라며 말을 끊기 일쑤였고, 피드백을 주면 "제 방식이 결과가 더 좋잖아요"라며 방어막을 쳤습니다. 팀원들은 그를 피해 다녔고, 협업은 커닝 대화조차 단절되었습니다. 서연 씨가 따로 불러 조심스럽게 조언했습니다. "과장님, 혼자 하는 것보다 팀원들과 호흡을 맞추는 게 중요해요." 그러자 그는 억울하다는 듯 답했습니다. "팀장님, 저는 원래 혼자 일하는 게 편한 성격입니다. 사람마다 성향이 다르잖아요. 제가 성과를 못 내는 것도 아닌데, 굳이 안 맞는 사람들과 억지로 맞춰야 합니까?"

그 말을 듣고 서연 씨는 말문이 막혔습니다. '성격은 타고나는 건데 어쩔 수 없는 건가?'

많은 리더가 여기서 착각에 빠집니다. 협업을 '성격Personality'이나 '태도Attitude'의 문제로 보는 것입니다. 외향적이고 둥글둥글한 사람은 협업을 잘하고, 내향적이고 예민한 사람은 못 한다고 단정 짓습니다. 하지만 이것은 틀렸습니다.

"협업은 성격이 아니라, 학습하고 훈련해야 할 고도의 '기술Skill'입니다."

협업은 '메타 스킬Meta-Skill'이다

많은 사람이 협업을 '성격 좋은 사람들의 전유물'로 착각합니다. "김 대리는 성격이 좋아서 협업을 잘해", "이 과장은 내향적이라 혼자 일하는 게 편하대." 하지만 이것은 위험한 오해입니다. 하버드 비즈니스 리뷰는 "대부분의 조직이 협업을 '가치Value'로만 여기고 '기술Skill'로 가르치지 않는 것이 실패의 원인"이라고 지적했습니다. 협업은 착한 마음씨에서 나오는 것이 아니라, 경청, 피드백, 관점 전환과 같은 구체적인 기술들이 결합된 '고도의 역량'입니다. 링크드인LinkedIn의 '글로벌 인재 트렌드' 보고서 역시 매년 '협업 능력Collaboration'을 기업이 가장 필요로 하는 핵심 소프트 스킬로 꼽습니다.

흥미로운 점은, 현장에서 협업을 잘한다고 평가받는 고성과자들 중 상당수가 "과거에는 혼자 일하는 것에 더 익숙했다"고 고백한다는 것입니다. 그들은 타고난 '인싸'여서가 아니라, 업무를 완수하기 위해 '함께 일하는 법'을 후천적으로 학습하고 훈련했기 때문에 유능해진 것입니다. 우리가 엑셀이나 파이썬을 배우듯, 협업도 배워야 합니다. 리더인 당신이 해야 할 일은 "사이좋게 지내라"고 도덕적 훈계를 하는 것이 아니라, "협업의 기술을 훈련하라"고 가이드하는 것입니다.

그렇다면 협업을 위한 핵심 기술은 무엇일까요? 가장 본질적인 3가지 기술이 필요합니다.

기술 1. 듣기의 기술: '3초의 여백'을 두라

협업의 첫 번째 기술은 '능동적 경청Active Listening'입니다. 많은 사람이 듣기를 수동적인 행위로 생각합니다. 귀만 열어두면 들린다고 생각하죠. 하지만 진짜 경청은 상대의 말 속에 숨겨진 의도와 맥락을 파악하는 적극적인 정보 수집 활동입니다.

협업을 못 하는 사람들의 공통점은 남의 말을 '끊는다'는 것입니다. 상대가 말을 마치기도 전에 반박할 논리를 준비하느라 뇌가 바쁩니다. 이를 교정하기 위한 가장 확실한 훈련법은 '3초 룰'입니다. "상대의 말이 끝났다고 생각되면, 마음속으로 3초를 세고 나서 입을 떼라." 이 3초의 침묵이 마법을 부립니다. 그 짧은 시간 동안 상대는 '내 말이 존중받았다'는 느낌을 받고, 나는 즉흥적인 감정 대응 대신 이성적인 답변을 준비할 수 있습니다. 제가 코칭했던 한 개발 팀장은 이 3초 룰을 팀의 그라운드 룰로 도입한 뒤, 회의 시간의 언쟁이 절반으로 줄었다고 고백했습니다. 듣는 것은 인내심이 아니라 기술입니다.

기술 2. 피드백의 기술: 인격이 아니라 '행동'을 말하라

협업의 두 번째 기술은 '건설적 피드백'입니다. 협업 과정에서 갈등은 필연적입니다. 이때 중요한 것은 "어떻게 말하느냐"입니다. 협업이 서툰 사람은 상대를 비난하지만, 협업의 고수는 상황을 분석합니다.

세계적인 리더십 연구 기관인 CCL[Center for Creative Leadership]이 개발한 'SBI 모델[Situation-Behavior-Impact]'은 이를 훈련하기 위한 최고의 도구입니다.

- **비난**: "김 과장, 왜 자꾸 회의 때 딴짓해? 태도가 문제야." (인신공격) (X)
- **기술**: "어제 회의 때^Situation, 김 과장이 휴대폰을 계속 보는 모습을 봤어^Behavior. 그래서 발표자가 집중력을 잃고 당황하더라고^Impact." (O)

이 기술의 핵심은 '사실^Fact'과 '영향^Impact'을 분리해서 전달하는 것입니다. "너는 나빠"가 아니라 "네 행동이 이런 결과를 낳았어"라고 말할 때, 상대방은 방어벽을 내리고 대화에 참여합니다. 이것은 타고난 성품이 아니라, 철저히 연습해야 할 화법입니다.

기술 3. 관점 전환의 기술: '나'에서 '우리'로 주어를 바꿔라

협업의 세 번째 기술은 '관점 수용^Perspective Taking'입니다. 내 입장이 아니라 상대방의 입장에서 문제를 바라보는 능력입니다.

노스웨스턴 대학의 아담 갈린스키^Adam Galinsky 교수는 흥미로운 실험을 통해 이 능력의 힘을 증명했습니다. 갈등 상황에서 단순히 감정적으로 공감^Empathy하려고 노력한 그룹보다, 냉철하게 "상대방은 무엇을 원할까? 그들의 입장에서 이 상황은 어떻게 보일까?"를 생각한 '관점 수용' 그룹이 숨겨진 합의점을 찾아낼 확률이 월등히 높았습니다.

이 기술을 훈련하는 가장 쉽고 강력한 방법은 '주어 바꾸기'입니다. 회의나 보고를 할 때 습관적으로 사용하는 "나는(I)", "제가"라는 주어를 "우리는(We)", "우리 팀은"으로 의도적으로 바꿔보십시오.

"제가 생각하기에는 이 방법이 효율적입니다"를 "우리 팀의 목표 달성을 위해서는 이 방법이 효율적일 것 같습니다"로 바꾸는 순간, 뇌는 '나의 이익'이 아닌 '전체의 이익'을 계산하기 시작합니다. 언어가 사고를 지배하기 때문입니다. '우리'라는 주어를 입에 붙이는 것, 그것이 관점 전환의 첫걸음입니다.

리더는 협업의 '트레이너'가 되어야 합니다

다시 서연 팀장의 이야기로 돌아가 보겠습니다. 그녀는 그 경력직 과장을 포기하는 대신, '협업 트레이닝'을 제안했습니다.

"과장님의 전문성은 우리 팀에 꼭 필요해요. 다만, 그 전문성이 팀의 성과로 연결되려면 '연결 고리'가 필요합니다. 저와 함께 딱 3개월만 이 세 가지를 연습해 봅시다."

서연 씨는 매주 1:1 미팅 때마다 과제를 줬습니다. "이번 주 회의 때는 다른 사람 말 절대 끊지 않고 3초 기다리기." "이번 프로젝트 피드백은 SBI 모델로 작성해서 메일 보내기."

처음엔 어색해하고 귀찮아하던 과장도, 구체적인 기술을 하나씩 익히면서 달라지기 시작했습니다. 동료들이 자신의 말에 귀 기울여 주고, 자신의 피드백을 고마워하는 경험을 하면서 '함께 일하는 맛'을 알게 된 것입니다.

협업은 저절로 생기는 '감Sense'이 아닙니다. 의도적으로 훈련하고 단련해야 하는 '근육Muscle'입니다. 팀장인 당신이 해야 할 일은 "협업하라"고 소리치는 것이 아닙니다. 헬스 트레이너가 올바른 자세를 교정해 주듯, 팀원들에게 경청의 자세, 피드백의 화법, 관점 전환의 사고방식을 가르치고 훈련시키는 것입니다.

혼자 가면 빨리 가지만, 함께 가면 멀리 간다는 말은 진부하지만 진리입니다. 하지만 '함께 가는 법'을 모르면 한 발자국도 못 가서 넘어진다는 사실을 기억하십시오. 당신의 팀원들에게 그 걸음마를 가르쳐주십시오.

탁월한 리더의 성공 원칙

1. 인식의 전환: 탁월한 리더는 협업을 타고난 성격이나 태도의 문제로 치부하지 않고, 학습하고 훈련하면 누구나 향상될 수 있는 '전문 기술Skill'로 정의한다.

2. 구체적 훈련: 탁월한 리더는 막연히 "사이좋게 지내라"고 하지 않고, 능동적 경청(3초 룰), 건설적 피드백(SBI 모델), 관점 전환(주어 바꾸기) 등 구체적인 '협업 기술'을 코칭한다.

3. 지속적 피드백: 탁월한 리더는 협업 과정에서 발생하는 시행착오를 비난하지 않고, 팀원이 협업 기술을 숙달할 때까지 끈기 있게 '교정'해주고 격려하는 트레이너 역할을 수행한다.

29

협업 DNA를 만드는 팀장의 실천

협업을 팀 문화로 정착시키는 리더의 행동

워크숍 다음 날, 다시 쌓이는 벽

헬스케어 IT 회사의 플랫폼 개발팀장 준호 씨는 요즘 깊은 고민에 빠져 있습니다. 1년 전, 그는 큰마음을 먹고 유명한 강사를 초청해 '원 팀One Team 워크숍'을 진행했습니다. 분위기는 최고였습니다. 팀원들은 서로 손을 맞잡고 "우리는 하나다!"를 외쳤고, 뒤풀이 자리에서는 "이제 진짜 협업 좀 해봅시다"라며 의기투합했습니다. 준호 씨는 흐뭇했습니다. '이제 우리 팀도 협업 문화가 자리 잡겠구나.'

하지만 그 기대는 딱 3개월 만에 무너졌습니다. 바쁜 프로젝트가 닥치자 팀원들은 언제 그랬냐는 듯 다시 각자의 모니터 속으로 숨어버렸습니다. 회의 시간에는 침묵이 흘렀고, 옆자리 동료가 무슨 일을 하는지조차 모른 채 각자도생했습니다.

답답해진 준호 씨가 팀원에게 물었습니다. "아니, 워크숍 때 배운 건 다 어디로 갔어? 왜 협업 안 해?" 팀원은 난처한 표정으로 답했습니다. "팀장님, 워크숍은 워크숍이고 일은 일이죠. 당장 제 코가 석 자인데 남 도와줄 시간이 어디 있습니까? 그냥 옛날 방식이 편해요."

준호 씨는 뒤통수를 맞은 듯했습니다. 그리고 뼈저리게 깨달았습니다. '문화는 화려한 이벤트나 일회성 교육으로 만들어지지 않는다.' 협업은 구호가 아니라, 매일매일 반복되는 지루한 실천 속에 스며드는 것임을 말이죠.

문화는 '말'이 아니라 '행동'의 총합입니다

많은 팀장이 착각합니다. 좋은 교육을 시키고, 회의실 벽에 멋진 슬로건을 걸어두면 문화가 바뀔 거라고요. 하지만 문화Culture의 어원은 '경작하다Cultivate'입니다. 농부가 매일 밭을 갈고 물을 주듯, 리더가 매일 반복하는 행동들이 차곡차곡 쌓여서 문화라는 작물이 자라납니다.

조직 문화의 아버지라 불리는 에드가 샤인Edgar Schein 교수는 이를 명확히 정리했습니다. 조직 문화를 결정하는 가장 강력한 요인은 거창한 비전 선포문이 아니라, "리더가 평소에 무엇에 주의를 기울이고, 무엇을 측정하며, 위기 상황에서 어떻게 행동하는가"입니다.

아무리 "우리는 협업이 중요합니다"라고 외쳐도, 리더가 독단적으로 결정하고 정보를 독점한다면 팀원들은 리더의 뒷모습을 보며 '독단'을 문화로 학습합니다. 반대로 리더가 묵묵히 동료를 돕고 정보를 투명하게 공유한다면, 팀원들은 '이타심'을 우리 팀의 문화로 체득합니다. 결국 협업 문화의 시작과 끝은 팀장인 당신의 '솔선수범'에 있습니다.

그렇다면 협업 DNA를 심기 위해 팀장은 구체적으로 어떤 행동을 반복해야 할까요? 여기 6가지 핵심 실천이 있습니다.

실천 1. 리더가 먼저 '손'을 내미십시오

가장 단순하지만 가장 강력한 원칙입니다. 팀원들이 협업하기를 바란다면, 당신이 먼저 협업의 모델이 되어야 합니다. 맥킨지의 연구에 따르면, 리더가 주도하여 소통과 협업이 원활하게 이루어지는 팀은 그렇지 않은 팀보다 업무 효율성이 2.8배나 높았습니다.

제가 아는 한 광고 제작사의 크리에이티브 디렉터는 아주 바쁜 와중에도 매주 한 번은 꼭 실무 작업에 참여합니다. "김 대리, 이 카피는 내가 한번 써볼까? 같이 고민해 보자." 리더가 팔을 걷어붙이고 현장으로 들어와 "함께 하자"고 제안할 때, 팀원들은 '협업은 귀찮은 일이 아니라 리더도 하는 중요한 일'이라고 인식하게 됩니다. 회의에서 먼저 질문하고, 결정할 때 의견을 묻고, 힘들 때 도움을 청하십시오. 당신의 행동이 곧 팀의 매뉴얼이 됩니다.

실천 2. 협업을 '축제'로 만드십시오

두 번째 실천은 협업을 가시화하고 축하하는 것입니다. 인간은 보상받는 행동을 반복합니다. 매주 리더로부터 정기적인 인정과 칭찬을 받는 직원은 그렇지 않은 직원보다 최고의 생산성을 발휘할 확률이 높습니다. 한 IT 스타트업의 CTO는 매주 주간 회의의 첫 5분을 '협업 하이라이트' 시간으로 씁니다. "이번 주에 개발팀의 박 선임이 디자인팀의 긴급 수정을 도와줘서 일정을 맞췄다고 들었습니다. 박 선임, 정말 고마워요. 덕분에 팀 전체가 살았습니다."

이렇게 구체적으로 누가, 무엇을, 어떻게 도왔는지 공개적으로 칭찬하면, 팀원들은 '아, 우리 팀에서는 개인 성과만큼이나 돕는 것이 중요하구나'라고 학습합니다. 협업을 숨은 선행으로 두지 말고, 스포트라이트를 비춰주십시오.

실천 3. 정보를 '투명하게' 흐르게 하십시오

정보는 권력입니다. 그래서 리더는 본능적으로 정보를 독점하여 자신의 영향력을 유지하려는 유혹에 빠집니다. 하지만 정보의 동맥 경화는 곧 협업의 죽음을 의미합니다.

경영학의 '정보 비대칭 이론Information Asymmetry Theory'은 이 위험성을 경고합니다. 리더와 팀원 간에 정보의 격차(비대칭)가 커지면, 팀원들은 리더의 의도를 의심하게 되고, 올바른 의사결정을 내릴 수 없어 리더에게 계속 의존하게 되는 '비효율'이 발생합니다. 반대로 리더가 정보를 투명하게 공개하여 비대칭을 해소하면, 팀원들은 "나도 리더와 같은 정보를 갖고 있다"는 주인의식과 신뢰를 갖게 됩니다.

리더가 먼저 정보의 격차를 없애야, 팀원들도 자신의 노트북 속에 숨겨뒀던 노하우와 데이터를 꺼내놓기 시작합니다. 정보가 고이지 않고 흐를 때, 비로소 협업의 꽃이 핍니다.

실천 4. 협업의 '실패'를 끌어안으십시오

협업을 시도하다 보면 필연적으로 갈등이 생기고, 때로는 실패하기도 합니다. 이때 리더가 "그렇게 내가 혼자 하라고 했잖아!"라고 질책하면 협업의 싹은 잘려나갑니다.

하버드 경영대학원의 에이미 에드먼드슨Amy Edmondson 교수는 이를 '실패의 재정의Reframing Failure'라고 불렀습니다. 리더가 실패를 비난하지 않고 '학습 기회'로 삼을 때, 구성원들은 두려움 없이 혁신적인 협업을 시도합니다.

"두 팀이 협업하다가 일정이 좀 늦어졌군요. 괜찮습니다. 시도한 것 자체로 의미가 있습니다. 이번 협업 과정에서 우리가 무엇을 배웠고, 다음엔 어떻게 조율하면 좋을까요?"

실천 5. 협업할 '물리적 여유Slack'를 확보해 주십시오

"협업하라"고 말하면서 하루 종일 개인 업무로 뺑뺑이를 돌리면 협업은 불가능합니다. 개인이 100% 가동되는 조직에서는 협업이 들어갈 틈이 없기 때문입니다.

경영학에서는 이를 '조직의 여유Organizational Slack' 개념으로 설명합니다. 마치 꽉 찬 배낭에는 더 이상 짐을 넣을 수 없듯이, 구성원의 시간과 에너지에 '여유Slack'가 있어야 비로소 타인을 돕고 새로운 아이디어를 낼 수 있는 공간이 생긴다는 이론입니다. "효율성"만을 강조하여 빈틈없이 업무를 채우는 것은, 역설적으로 "협업의 질식사"를 초래합니다.

정기적으로 '오픈 랩Open Lab' 시간을 제공하세요. 개인 업무 금지, 회의 금지. 오직 동료의 연구를 돕는 시간으로만 쓰게 합니다. 처음엔 "시간 낭비"라던 팀원들도 나중에는 이 시간을 가장 기다리게 됩니다. 멍석(여유)을 깔아주어야 춤(협업)을 춥니다.

실천 6. 협업의 '방지턱'을 제거하십시오

마지막 실천은 장애물 제거입니다. 팀원들이 협업하고 싶어도 복잡한 보고 체계나 불합리한 평가 시스템 때문에 주저하는 경우가 많습니다.

리더는 팀원에게 "목표로 가라"고 소리치는 사람이 아니라, 목표로 가는 길에 놓인 '장애물을 치워주는 사람'이어야 합니다. 협업을 가로막는 돌부리를 치워주는 것이야말로 가장 강력한 동기부여입니다.

"협업하는 데 방해되는 게 뭡니까? 결재 라인이 너무 복잡한가요? 타 부서 눈치가 보이나요? 제가 해결하겠습니다."

리더가 불도저처럼 길을 터줄 때, 팀원들은 평탄해진 길 위에서 마음껏 달릴 수 있습니다.

협업을 습관으로 만드는 '루틴의 힘'

이 6가지 실천을 어떻게 지속할 수 있을까요? 정답은 '루틴Routine'입니다.

필리파 랠리Phillippa Lally 교수 연구팀에 따르면, 새로운 행동이 완전히 몸에 배어 습관이 되기까지는 평균 66일이 걸린다고 합니다. 혼자서 이 긴 시간을 버티기는 쉽지 않습니다. 대부분 작심삼일로 끝나는 이유가 여기에 있습니다. 하지만 리더가 의도적인 루틴을 만들어주면 이야기가 달라집니다. 루틴의 힘이 협업의 문화를 만듭니다.

- **매일 아침 9시**: "오늘 누구와 협업할 예정입니까?"(협업을 생각하게 하는 자극)
- **매주 금요일**: "이번 주 최고의 협업 사례는?"(협업을 칭찬받는 보상)
- **매월 말**: "협업을 방해한 돌부리는 무엇이었나?"(장애물을 제거하는 피드백)

매일의 작은 자극들이 모여 거대한 문화를 만듭니다.

팀장님이 오늘 내민 손, 오늘 건넨 칭찬 한 마디, 오늘 공유한 정보 하나가 바로 협업 DNA의 씨앗입니다.

탁월한 리더의 성공 원칙

1. **솔선수범:** 탁월한 리더는 말로만 협업을 강조하지 않고, 스스로 먼저 정보를 공유하고 도움을 요청하며 타 부서와 협력하는 '행동하는 모델'이 된다.

2. **가시적 인정:** 탁월한 리더는 당연해 보이는 협업 행동도 놓치지 않고 포착하여 공개적으로 칭찬하고 보상함으로써, '협업하면 인정받는다'는 메시지를 명확히 한다.

3. **장애물 제거:** 탁월한 리더는 팀원들의 의지만 탓하지 않고, 협업을 가로막는 복잡한 절차나 불합리한 평가 시스템 등 '구조적 장애물'을 적극적으로 제거하여 협업의 고속도로를 닦아준다.

제7장

세대를 연결하는 팀장의 커뮤니케이션

30

세대가 다르면, 일의 의미도 다르다

세대별 가치관 차이의 이해와 조율

"요즘 애들은 개념이 없어" vs "부장님은 꼰대야"

디지털 마케팅 에이전시의 전략기획팀장 미현 씨는 요즘 신입 사원과의 대화가 가장 어렵습니다. 며칠 전, 미현 씨는 신입에게 중요한 프로젝트를 맡기며 격려 차원에서 이렇게 말했습니다. "이번 프로젝트는 우리 팀의 사활이 걸린 중요한 일이야. 자네에게도 엄청난 성장의 기회가 될 거야. 우리 한번 야근을 해서라도 끝내주게 만들어 보자고!"

미현 씨는 신입의 눈이 반짝일 거라 기대했습니다. 하지만 돌아온 대답은 예상 밖이었습니다. "팀장님, 야근이요? 그럼 대체 휴가는 언제 쓸 수 있나요? 저는 저녁에 필라테스 예약해 놔서요."

미현 씨는 말문이 막혔습니다. '성장'이라는 단어보다 '야근'이라는 단어에만 반응하는 신입이 야속했습니다. '요즘 애들은 헝그리 정신이 없어.' 반면 신입 사원은 자리로 돌아가 동기 단톡방에 이렇게 썼습니다. '팀장님 또 성장 타령. 성장이고 뭐고 내 저녁이 더 중요한데. 꼰대력 폭발이다.'

일주일 후, 그 신입은 사표를 냈습니다. "이 회사는 저와 가치관이 안 맞는 것 같습니다." 미현 씨는 혼란스러웠습니다. 자신이 무엇을 잘못한 걸까요? 그녀는 깨달았습니다. 같은 한국말을 쓰고 있지만, 서로 다른 사전을 가지고 대화하고 있었다는 사실을 말입니다.

세대 차이는 '나이'가 아니라 '경험'의 차이입니다

많은 팀장이 세대 갈등을 단순히 '나이 차이'로 치부합니다. "내가 나이가 많아서 재네를 이해 못 하나 봐." 하지만 하버드 비즈니스 리뷰의 연구 결과는 다릅니다. 세대 차이를 만드는 결정적 요인은 나이가 아니라, 그 세대가 가장 예민한 시기에 겪었던 '시대적 경험Shared Experience'입니다.

같은 나이라도 한국에서 자란 사람과 미국에서 자란 사람의 가치관이 다르듯이, IMF를 겪은 세대와 스마트폰을 쥐고 태어난 세대는 서로 다른 행성에서 온 외계인이나 다름없습니다.

우리가 흔히 말하는 3세대(X세대, 밀레니얼 세대, Z세대)는 각자 어떤 시대를 살았기에 이렇게 다른 일의 의미를 갖게 되었을까요?

X세대(1965~1980년생): "일은 성취다"

지금 조직의 상층부를 담당하고 있는 X세대는 '경쟁'의 시대를 살았습니다. 고도 성장기에 태어났지만, 사회에 나올 무렵 IMF라는 거대한 파도를 만났습니다. 평생 직장의 신화가 무너지는 것을 목격한 첫 세대입니다.

그래서 이들에게 일은 '생존'이자 '성취'입니다. 살아남기 위해, 그리고 증명하기 위해 일합니다. 이들은 성과를 내고, 승진하고, 연봉이 오르는 것을 일의 가장 큰 보람으로 여깁니다. "나 때는 말이야, 밤새워서라도 해냈어"라는 말은 꼰대질이 아니라, 그들이 치열하게 살아남았던 생존의 훈장입니다. 이들에게 '워라밸'보다는 '성공'이 더 강력한 동기부여가 됩니다.

밀레니얼 세대(1981~1996년생): "일은 의미다"

밀레니얼 세대는 부모 세대가 회사에 헌신하다가 구조조정 당하는 모습을 보고 자랐습니다. 그래서 '회사는 나를 책임져주지 않는다'는 사실을 본능적으로 알고 있습니다.

이들에게 일은 '의미Meaning'입니다. 단순히 돈을 벌기 위해 영혼 없이 일하는 것을 거부합니다. "이 일을 왜 해야 하는가?", "이 일이 나의 커리어에 어떤 도움이 되는가?"를 끊임없이 묻습니다. 링크드인의 조사에 따르면, 밀레니얼의 대다수가 직장 선택 시 '연봉'보다 '일의 의미와 목적'을 더 중요하게 생각한다고 답했습니다.

미현 씨가 "성장의 기회야"라고 했을 때 신입이 반응하지 않은 이유는, 그 성장이 '회사의 성장'인지 '나의 성장'인지 명확하지 않았기 때문일 수 있습니다.

Z세대(1997년생 이후): "일은 선택이다"

디지털 네이티브인 Z세대는 태어날 때부터 스마트폰과 함께했습니다. 그리고 청소년기에 전 세계적인 팬데믹을 겪으며 '삶의 불확실성'을 체감했습니다. "내일 죽을지도 모르는데, 오늘을 희생하며 살 필요가 있을까?"

이들에게 일은 삶의 전부가 아니라, 행복한 삶을 위한 '하나의 선택지Option'일 뿐입니다. 유튜버, 인플루언서 등 회사를 다니지 않고도 돈을 버는 수많은 방법을 알고 있습니다.

딜로이트의 '글로벌 MZ세대 조사(2022)'에 따르면, Z세대가 직장을 선택할 때 가장 중요하게 고려하는 요소 1위는 '일과 삶의 균형Work-Life Balance'이었습니다. 이들에게 야근을 강요하는 것은 단순한 업무 지시가 아니라 '계약 위반'이나 다름없습니다. 그들은 공정성에 민감하며, 자신의 권리를 당당하게 요구합니다.

다름을 '틀림'으로 보지 않는 것이 시작입니다

이렇게 서로 다른 세대가 한 팀에 모여 있으니, 갈등은 필연적입니다. X세대 팀장은 "요즘 애들은 끈기가 없어"라고 혀를 차고, Z세대 팀원은 "팀장님은 비합리적이야"라고 고개를 젓습니다. 이 갈등을 해결하는 첫 번째 단추는 '판단 중지Suspend Judgment'입니다. "네 생각이 틀렸어"가 아니라 "네 생각은 다르구나"라고 인정하는 것입니다.

미시간 대학의 스콧 페이지Scott Page 교수는 이를 '다양성 보너스Diversity Bonus'라고 부릅니다. 그의 연구에 따르면, 복잡한 문제를 해결할 때 능력이 뛰어난 사람들만 모인 '동질적인 팀'보다, 능력은 조금 부족하더라도 배경과 관점이 다른 사람들이 모인 '다양한 팀'이 훨씬 더 뛰어난 성과를 낸다고 합니다. 다양성은 관리해야 할 '비용'이 아니라, 조직의 지능을 높이는 '자산'입니다.

제가 코칭했던 한 대기업 팀장은 신입 사원과 점심을 먹으며 이렇게 물었습니다. "김 사원은 왜 정시 퇴근을 그렇게 중요하게 생각해요?"(따지는 게 아니라 정말 궁금해서) "저는 퇴근 후에 웹소설을 쓰고 있거든요. 그 시간이 저에게는 하루를 버티는 힘이에요."

그 말을 듣고 팀장은 무릎을 쳤습니다. '아, 얘가 게으른 게 아니라, 다른 곳에서 에너지를 얻는 친구구나.' 그 후 팀장은 김 사원의 정시 퇴근을 지켜주었고, 김 사원은 업무 시간에 놀라운 집중력을 보여주었습니다. 이해하면 보입니다. 보이면 풀립니다.

세대를 연결하는 '하이브리드 리더십'

이해만으로는 부족합니다. 리더는 이 다른 퍼즐 조각들을 맞춰 하나의 그림을 만들어야 합니다. 어떻게 조율해야 할까요?

1. '공통의 목표'로 시선을 모으십시오

세대는 달라도 모두가 동의할 수 있는 목표는 있습니다. "고객에게 최고의 경험을 주자", "업계 1등을 해보자", "우리 모두 성장하자". 방법은 달라도 지향점이 같다는 것을 확인시키십시오. "우리는 서로 다른 배를 타고 왔지만, 지금은 같은 배에 타고 있다"는 사실을 상기시켜야 합니다.

2. 방식은 '뷔페'처럼 유연하게 하십시오

목표는 하나라도, 도달하는 방식은 다양할 수 있습니다. X세대는 대면 보고를 선호하고, Z세대는 메신저 보고를 선호합니다. 둘 다 허용하십시오. "결과물만 확실하다면, 재택을 하든 카페에서 하든 상관없다. 보고도 편한 방식으로 해라." 근무 방식의 선택권을 주십시오. 획일화된 규율은 창의성을 죽입니다.

3. 서로 가르치고 배우게 하십시오

시니어는 경험이 많고, 주니어는 트렌드에 밝습니다. 서로가 서로의 선생님이 되게 하십시오. 한 보험회사는 '세대 공감 멘토링'을 운영합니다. 부장님은 신입에게 조직 생활의 노하우와 인맥을 전수하고, 신입은 부장님에게 인스타그램 마케팅과 메타버스 활용법을 가르칩니다. 서로에게 배울 것이 있다는 것을 깨닫는 순간, 꼰대와 요즘 애들의 벽은 무너집니다.

다양성은 갈등의 씨앗이자 혁신의 불꽃입니다

팀장님, 당신의 팀에 X세대, 밀레니얼, Z세대가 섞여 있다면, 그것은 골칫거리가 아니라 축복입니다. 당신은 과거, 현재, 미래를 모두 가진 강력한 팀을 이끌고 있는 것입니다.

그들의 다름을 억지로 맞추려 하지 마십시오. 비빔밥처럼 고유의 맛을 살리면서도 조화롭게 섞일 수 있도록, '공감'이라는 참기름과 '비전'이라는 고추장을 넣어주십시오.

세대 차이는 극복해야 할 장애물이 아니라, 즐겨야 할 '다양성의 파티'입니다.

탁월한 리더의 성공 원칙

1. 맥락의 이해: 탁월한 리더는 세대 간의 행동 차이를 "요즘 애들 문제" 로 치부하지 않고, 그들이 살아온 시대적 배경과 경험의 차이에서 비롯 된 '가치관의 차이'로 깊이 있게 이해한다.

2. 목적의 통합: 탁월한 리더는 각 세대가 추구하는 가치(성취, 의미, 워라 밸)를 존중하되, 이를 조직의 비전이라는 '공통의 목표'로 정렬시켜 시 너지를 창출한다.

3. 유연한 조율: 탁월한 리더는 "나 때는 말이야"라며 자신의 방식을 강 요하지 않고, 근무 방식과 소통 채널 등에서 '선택권'을 부여하여 세대 별 강점을 극대화한다.

31

꼰대가 아닌 어른으로 보이려면

존중 기반의 커뮤니케이션 자세

팀원은 왜 나를 꼰대라고 할까

게임 개발사의 QA 팀장 성민 씨는 며칠 전, 큰 충격을 받았습니다. 팀 회식을 마치고 화장실에 다녀오던 중, 우연히 흡연실 앞을 지나다 후배들이 나누는 대화를 듣게 된 것입니다.

"아, 팀장님 오늘 또 시작하셨네. '라떼는 말이야' 레퍼토리 지겹지도 않나 봐." "그러게. 좋은 말씀이긴 한데… 왜 이렇게 듣기가 싫지? 완전 꼰대 같아."

성민 씨는 그 자리에 얼어붙었습니다. '나를 꼰대라고? 내가?' 그는 억울했습니다. 자신은 후배들이 시행착오를 겪지 않게 하려고 뼈와 살이 되는 조언을 해준 것뿐이었습니다. 심지어 밥값과 술값도 자신이 다 냈습니다. 그런데 돌아온 평가는 '꼰대'였습니다.

다음 날, 성민 씨는 평소 허물없이 지내던 후배를 조용히 불렀습니다. "김 대리, 솔직하게 말해줘. 내가 꼰대처럼 보여?" 김 대리는 한참을 머뭇거리다 어렵게 입을 뗐습니다. "음… 팀장님은 저희 잘되라고 조언해 주시는 건 알겠는데요. 사실 그게 조언이라기보다는… '내 말이 정답이니까 토 달지 말고 들어'라는 지시처럼 들릴 때가 많아요. 존중받는 느낌보다는 훈계받는 느낌이랄까요?"

성민 씨는 비로소 깨달았습니다. '내 의도'와 '상대방에게 전달되는 느낌'은 하늘과 땅 차이라는 것을.

꼰대와 어른, 종이 한 장 차이

많은 리더가 억울해합니다. "경험이 부족한 후배들이 시행착오를 겪지 않게 하려고, 내 뼈아픈 노하우를 알려주는 게 왜 꼰대입니까?" 하지만 냉정하게 구분해야 합니다. 어른과 꼰대는 다릅니다. 그 차이는 나이도, 지위도 아닙니다. 바로 상대방의 '자유 의지'를 건드리는가, 지켜주는가의 차이입니다.

심리학자 잭 브렘Jack Brehm의 '심리적 반발 이론Psychological Reactance Theory'은 이 현상을 아주 명쾌하게 설명합니다. 인간은 누구나 자신의 행동을 스스로 선택하고 통제하고 싶은 욕구가 있습니다. 그런데 누군가 "이게 정답이야", "무조건 이렇게 해"라며 선택의 자유를 위협하면, 뇌에서는 본능적인 '반발심'이 튀어 오릅니다. 이때는 상대의 말이 아무리 옳은 말이라 해도, 내 자유를 지키기 위해 무조건 거부하게 됩니다. 이것이 꼰대가 겪는 비극입니다. 꼰대는 자신의 경험을 '유일한 정답'으로 포장하여 상대의 선택권을 빼앗습니다. "내가 해봐서 아는데"라는 말 속에는 "너는 생각할 필요 없어"라는 무시가 깔려 있습니다. 반면 어른은 자신의 경험을 '하나의 참고 자료'로 제시하며 상대에게 선택권을 넘깁니다. "내 경험은 이렇지만, 결정은 네가 하는 거야."

결국 콘텐츠(조언 내용)가 문제가 아니라, 딜리버리(전달 방식)가 문제였던 것입니다. 상대방의 '선택할 권리'를 존중해 주는 것, 그것이 꼰대가 되지 않는 유일한 길입니다.

그렇다면 어떻게 해야 꼰대라는 오명을 벗고, 존경받는 어른으로 소통할 수 있을까요? 여기 5가지 원칙이 있습니다.

원칙 1. 마침표보다 물음표를 먼저 던지십시오

많은 리더가 대화를 시작하자마자 마침표를 찍습니다. "이건 이렇게 하는 게 맞아." "저건 틀렸어." 상황을 파악하기도 전에 결론부터 내립니다. 하지만 상대방은 이미 그 방법을 시도해 봤을 수도 있고, 더 나은 대안을 가지고 있을 수도 있습니다.

에드거 샤인Edgar Schein 교수는 이를 '겸손한 질문Humble Inquiry'이라는 개념으로 설명합니다. 그는 리더가 "단정 짓기 전에 물어보는 태도"

를 가질 때, 구성원은 방어벽을 내리고 진짜 속마음과 정보를 공유한다고 강조합니다. 질문은 단순한 정보 수집이 아니라, "나는 당신의 생각이 궁금하고, 당신을 존중한다"는 가장 강력한 신호입니다.

제가 코칭했던 한 개발 팀장은 '코드 리뷰' 시간을 가장 힘들어했습니다. 지적만 하다 끝나기 일쑤였죠. 하지만 순서를 바꿨습니다. "예전엔 '이 코드는 비효율적이야. 이렇게 바꿔'라고 했어요. 지금은 먼저 물어요. '이 부분은 어떤 의도로 이렇게 짰어?' 들어보면 다 이유가 있더라고요. '성능 최적화 때문에요.' 그러면 대화가 달라집니다. '아, 그렇구나. 그럼 이 방법도 고려해 봤어?'"

질문은 상대를 존중한다는 가장 강력한 신호입니다. "너는 이미 생각했을 거야. 그래서 네 생각이 궁금해"라는 메시지이기 때문입니다.

원칙 2. '명령'하지 말고 '옵션'을 주십시오

두 번째 원칙은 화법의 프레임입니다. "이렇게 해^{Must}"가 아니라 "이런 방법도 있어^{Option}"라고 제안하십시오.

같은 내용이라도 '명령형'으로 전달하면 수용률이 낮지만, '옵션형'으로 전달하면 수용률이 높아집니다. 사람은 본능적으로 통제받는 것을 싫어하고, 스스로 선택하고 싶어 하기 때문입니다. 즉, 옵션을 주는 것은 상대방의 자율성을 존중하여 수용률을 높이는 과학적인 방법입니다.

- **꼰대 화법**: "내 말대로 해. 내가 해봐서 알아." (X)
- **어른 화법**: "내 경험상으로는 이 방법이 효과적이었어. 자네 상황에도 맞을지 한번 참고해 보게." (O)

핵심은 "선택은 네가 하는 거야"라는 여지를 남겨두는 것입니다.

원칙 3. '정답'이 아니라 '관점'을 나누십시오

세 번째 원칙은 '유연성Flexibility'입니다. "내 경험이 정답이야"라는 경직된 확신을 버리고, "내 관점은 이런데, 지금 상황은 다를 수 있어"라고 열어두는 태도입니다.

세상은 변했습니다. 10년 전, 20년 전 당신이 성공했던 방식이 지금은 틀린 답일 수 있습니다. 학문적으로 이를 '지식의 반감기Half-life of Knowledge'라고 부릅니다. 현대 경영학에서는 비즈니스 지식의 절반이 쓸모없어지는 기간을 불과 5년으로 봅니다. 즉, 당신이 10년 전에 배운 성공 공식은 이미 유효기간이 한참 지난 낡은 지도일 가능성이 높습니다.

한 마케팅 임원은 이렇게 말했습니다. "2010년대 초반엔 페이스북 광고가 정답이었습니다. 그래서 후배들한테 '무조건 페이스북 해'라고 강요했죠. 그런데 지금은 숏폼의 시대잖아요. 제가 틀렸던 겁니다. 이제는 이렇게 말합니다. '내가 실무 할 땐 이런 흐름이었는데, 지금 트렌드는 자네가 더 잘 알 테니 어떻게 생각해?'"

이것이 진짜 어른의 유연함입니다. 나의 경험을 절대화하지 않고, 시대의 변화를 인정하며 후배의 전문성을 존중하는 열린 태도입니다.

원칙 4. 듣는 척하지 말고, 진짜 들으십시오

네 번째 원칙은 경청입니다. 많은 리더가 "나도 듣는 척은 해"라고 말합니다. 하지만 리더십의 대가 스티븐 코비Stephen Covey 박사는 뼈아픈 지적을 했습니다. "대부분의 사람들은 이해하기 위해 듣는 것이 아니라, 반박하기 위해 듣는다Listen to reply, not to understand." 그는 이를 '자서전적 경청Autobiographical Listening'이라고 불렀습니다. 상대의 말을 내 경험의 틀에 끼워 맞추거나 다음에 할 말을 준비하느라 온전히 듣지 못하는 현상입니다. 팀장님도 상대의 말을 들으면서 머릿속으로는 이미 '다음에 내가 무슨 말을 할지', '어떻게 반박할지'를 시나리오 쓰고 있지 않습니까? 이것은 듣는 게 아니라, 내 차례를 기다리는 대기 상태일 뿐입니다.

진짜 경청은 "상대의 말에 의해 내 생각이 바뀔 수도 있다"는 열린 자세를 갖는 것입니다. 내가 틀릴 수도 있음을 인정하는 것, 그것이 진짜 경청의 시작입니다.

원칙 5. '나이'가 아니라 '역할'로 권위를 세우십시오

마지막 원칙은 권위의 근거입니다. "내가 너보다 나이가 많으니까", "내가 선배니까"라는 말은 이제 통하지 않습니다. 사회학자들은 Z세대를 '합리적 권위Rational Authority'만을 인정하는 세대라고 정의합니다. 이들에게 나이와 직급은 '계급장'이 아니라 단순한 '역할 구분'일 뿐입니다. 그들은 무조건적인 복종이 아니라, 납득할 수 있는 이유와 전문성을 원합니다. "내가 너보다 20년 더 살았어"라고 말하지 마십시오. 꼰대 소리를 듣는 지름길입니다. 대신 이렇게 말하십시오. "나는 팀장으로서 프로젝트의 리스크를 관리할 책임이 있어. 그래서 이 절차만큼은 꼭 지켜줬으면 해."

존중은 디테일에 있습니다

어른과 꼰대의 차이는 거창한 철학이 아니라, 아주 사소한 디테일에서 갈립니다. 이야기할 때 휴대폰을 내려놓고 눈을 맞추는 것. 후배의 이름을 정확히 불러주는 것. "고맙다", "미안하다"는 말을 먼저 하는 것. 회의 시간에 후배의 말을 끊지 않고 끝까지 듣는 것.

이 작은 존중들이 쌓여서 '품격'을 만듭니다.

팀장님, 후배들이 당신을 피하고 있다면, 혹시 당신의 '선의Good will'가 '무례Rudeness'한 방식으로 전달되고 있지는 않은지 점검해 보십시오. "라떼는 말이야"를 멈추고, "지금은 어때?"라고 물어봐 주십시오. 그 질문 하나가 당신을 꼰대에서 존경받는 어른으로 바꿔

줄 것입니다.

탁월한 리더의 성공 원칙

1. 질문의 우선: 탁월한 리더는 자신의 경험을 앞세워 섣불리 조언하기보다, "먼저 질문하고 나중에 제안하는" 순서를 지킴으로써 상대의 상황을 충분히 존중한다.

2. 선택권 부여: 탁월한 리더는 자신의 방식을 유일한 정답으로 강요하지 않고, "이런 방법도 있다"는 하나의 옵션으로 제시하여 상대방에게 선택과 실행의 주도권을 넘겨준다.

3. 태도의 품격: 탁월한 리더는 나이나 지위를 무기로 삼지 않고, 경청하고 인정하며 사과할 줄 아는 '인격적 태도'를 통해 자연스러운 권위를 획득한다.

32

세대를 연결하는 칭찬과 인정의 기술

세대별로 다른 칭찬 욕구를 채우는 법

칭찬했는데 왜 분위기가 싸해질까?

핀테크 스타트업의 개발팀장 지훈 씨는 며칠 전, 의도치 않게 팀 분위기를 냉각시켰습니다. 대형 프로젝트를 성공적으로 마친 뒤, 전체 회식 자리에서 팀원들을 칭찬하려던 것이 화근이었습니다. 먼저 50대 시니어 개발자에게 술을 따르며 말했습니다. "최 부장님, 이번 프로젝트는 부장님 덕분에 성공했습니다. 역시 관록은 무시 못 하네요. 정말 감사합니다." 최 부장은 쑥스러운 듯 웃으며 답했습니다. "아닙니다. 당연한 일을 했을 뿐입니다." 훈훈한 분위기였습니다. 자신감을 얻은 지훈 씨는 옆에 앉은 20대 주니어 개발자에게도 칭찬을 건넸습니다. "김 대리도 고생 많았어. 김 대리 덕분에 프로젝트가 잘 끝났네. 수고했어." 그런데 김 대리의 반응은 달랐습니다. 잠시 침묵하더니 뚱한 표정으로 물었습니다. "팀장님, 제가 구체적으로 뭘 잘했나요? 그냥 프로젝트 끝났으니까 하시는 말씀 아니에요?"

지훈 씨는 말문이 막혔습니다. '그냥 칭찬인데 왜 저렇게 까칠하지?' 다음 날, 김 대리는 동기 메신저 방에 이렇게 남겼습니다. '팀장님 칭찬은 영혼이 없어. 내가 밤새워 코딩한 건 모르고 그냥 뭉뚱그려서 퉁치네.'

지훈 씨는 깨달았습니다. 칭찬이라고 다 같은 칭찬이 아니라는 것을. 누군가에게는 최고의 보약인 칭찬이, 누군가에게는 무의미한 소음이 될 수 있다는 사실을 말입니다.

세대마다 '인정'의 주파수가 다릅니다

왜 같은 칭찬이 다르게 받아들여질까요? 그것은 세대마다 자라온 환경이 다르고, 그에 따라 '인정받고 싶은 욕구Recognition Needs'의 종류가 다르기 때문입니다.

글로벌 리서치 기업 갤럽Gallup은 수십 년간의 연구 끝에, 직원의 몰입도를 결정하는 가장 중요한 지표 중 하나가 "지난 7일간, 나는 좋은 업무 성과에 대해 인정이나 칭찬을 받은 적이 있는가?"라는 질문에 대한 대답임을 밝혀냈습니다. 즉, 인정의 유효기간은 딱 일주일이라는 것입니다.

하지만 인정의 방식은 천차만별입니다. 연구들에 따르면, 기성세대는 '조직에 대한 헌신과 기여'를 공식적으로 인정받을 때 가장 큰 만족감을 느끼는 반면, MZ세대는 '나의 구체적인 역량 성장'에 대해 즉각적이고 개인화된 피드백을 받을 때 몰입도가 급상승합니다.

리더인 당신이 해야 할 일은 앵무새처럼 똑같은 칭찬을 반복하는 것이 아니라, 각 세대가 원하는 '인정의 주파수'를 맞추는 것입니다.

X세대(시니어): "당신의 헌신을 존경합니다"

조직의 허리와 머리를 담당하는 시니어 그룹은 집단주의 문화와 고도 성장기를 겪었습니다. 이들에게 최고의 가치는 '조직에 대한 헌신'과 '성과'입니다.

조직행동학에서는 이를 '정서적 몰입Affective Commitment'이 높은 세대라고 설명합니다. 이들은 자신이 조직의 부속품이 아니라, 조직을 지탱하는 기둥이라는 사실을 확인받고 싶어 합니다. 따라서 개인의 역량보다는, "당신 덕분에 우리 조직이 이만큼 성장했다"는 기여를 인정받을 때 가장 큰 자부심을 느낍니다.

[시니어를 위한 칭찬 레시피]

- **키워드**: 헌신, 경험, 관록, 기여
- **화법**: "부장님의 20년 경험이 이번 위기를 넘기는 데 결정적이었습니다."

"역시 부장님이 중심을 잡아주시니 팀이 흔들리지 않네요." "후배들이 부장님을 보며 많이 배우고 있습니다." 이들에게 "코딩 실력이 좋으시네요" 같은 기능적 칭찬은 오히려 자존심을 건드릴 수 있습니다. 대신 그들의 '존재감'과 '무게감'을 인정해 주십시오.

밀레니얼 세대(중간 관리자): "당신의 성장을 응원합니다"

밀레니얼 세대는 경쟁과 자기 계발의 시대를 치열하게 살아왔습니다. 이들에게 직장은 평생 뼈를 묻을 안식처가 아니라, '나의 커리어를 성장시키는 훈련장'입니다.

갤럽Gallup의 연구에 따르면, 밀레니얼 세대의 무려 87%가 직장을 선택할 때 "전문적인 성장과 발전 기회"를 가장 중요한 요소로 꼽았습니다. 이는 다른 세대보다 월등히 높은 수치입니다. 그렇기 때문에 단순히 "잘했어", "수고했어"라는 영혼 없는 칭찬은 이들에게 정보값이 '0'인 소음일 뿐입니다. 이들이 진짜 원하는 인정은 구체적인 피드백입니다. "지난 프로젝트에서 자네가 데이터를 분석한 방식은 정말 탁월했어. 그 덕분에 우리 팀의 의사결정 속도가 빨라졌지. 이 경험이 자네가 데이터 전문가로 성장하는 데 큰 자산이 될 거야."

내가 무엇을 잘했는지, 이것이 내 커리어에 어떤 도움이 되는지를 구체적으로 짚어줄 때, 밀레니얼은 "이 리더와 함께라면 내가 성장할 수 있겠다"는 확신을 갖게 됩니다.

[밀레니얼을 위한 칭찬 레시피]

- **키워드**: 성장, 디테일, 전문성, 과정

- **화법**: "김 과장, 이번 기획안에서 경쟁사 데이터를 분석한 관점이 아주 날카로웠어." "지난번보다 프레젠테이션 스킬이 확실히 늘었네. 특히 도입부가 인상적이었어." "이 프로젝트 경력이 자네가 마케팅 전문가로 성장하는 데 큰 도움이 될 거야."

이들에게는 막연한 칭찬보다 '성장의 증거'를 짚어주는 것이 최고의 인정입니다.

Z세대(신입): "당신은 진정으로 공정하게 인정받고 있습니다"

디지털 네이티브인 Z세대는 '좋아요'와 '댓글'에 익숙한 '즉각적 피드백' 세대이자, '공정성'에 가장 민감한 세대입니다.

글로벌 컨설팅 기업 언스트앤영의 보고서에 따르면, Z세대는 무엇보다 '진정성^{Authenticity}'을 중요하게 여깁니다. 그들은 리더가 진심으로 칭찬하는지, 아니면 그냥 기분 좋으라고 영혼 없는 소리를 하는지 본능적으로 감지합니다.

또한 이들은 형평성에 매우 예민합니다. "왜 나만 칭찬하지? 다른 사람도 고생했는데?" 혹은 "왜 재만 칭찬해? 기준이 뭐야?"라며 인정의 근거를 따지기도 합니다. 이들에게 최고의 칭찬은 화려한 미사여구가 아니라, 투명하고 납득할 수 있는 '팩트 기반의 인정'입니다.

- **키워드**: 즉시성, 진정성, 솔직함, 공정성, 의미
- **화법**: (행동 직후 바로) "방금 그 아이디어 정말 신선했어. 바로 적용해 보자." "솔직히 처음엔 걱정했는데, 결과물을 보니 내가 틀렸네. 자네 방식이 맞았어." "이 업무가 사소해 보이지만, 우리 팀 전체 데이터의 정확도를 높이는 아주 중요한 일이야."

이들에게는 화려한 미사여구보다 '투명하고 솔직한 피드백'이 통합니다.

세대를 관통하는 칭찬의 3원칙

세대별 차이에도 불구하고, 모든 인간이 공통적으로 원하는 칭찬의 본질이 있습니다.

첫째, '사람'이 아니라 '행동'을 칭찬하십시오. "너는 똑똑해"는 재능에 대한 칭찬이라 부담을 주지만, "네가 이 문제를 이렇게 창의적으로 해결한 방식이 탁월했어"는 구체적인 행동을 강화합니다.

둘째, '나중'이 아니라 '지금' 하십시오. 행동심리학의 '강화 이론

Reinforcement Theory'에 따르면, 행동 직후에 주어지는 보상이 가장 강력한 동기부여 효과를 냅니다. 일주일 뒤 회식 자리에서 하는 칭찬은 '식은 피자'와 같습니다. 잘한 행동을 본 그 순간, 즉시 엄지를 치켜세우십시오.

셋째, '공개'와 '비공개'를 구분하십시오. 외향적인 사람이나 큰 성과에 대한 칭찬은 공개적으로 하는 것이 좋지만, 내향적인 사람이나 개인적인 성장에 대한 칭찬은 1:1로 하는 것이 더 효과적일 수 있습니다. 《콰이어트》의 저자 수전 케인은 "내향적인 사람들에게 쏟아지는 스포트라이트는 상이 아니라 벌칙일 수 있다"고 경고합니다. 그들에게는 조용한 메신저나 티타임에서의 인정이 더 깊게 와닿습니다.

칭찬은 리더의 가장 가성비 높은 투자입니다

칭찬하는 데는 돈이 들지 않습니다. 드는 것이라고는 리더의 '관심'뿐입니다.

팀장님, 오늘 하루 당신은 팀원들에게 어떤 인정의 말을 건넸습니까? 혹시 "수고했어"라는 영혼 없는 한마디로 끝내지는 않았습니까?

내일 출근하면 팀원 한 명 한 명을 유심히 관찰해 보십시오. 시니어의 노련함이 보이면 "존경"을 표하십시오. 중간 관리자의 디테일이 보이면 "성장"을 짚어주십시오. 막내의 센스가 보이면 "즉시" 엄지를 치켜세우십시오.

당신의 그 말 한마디가, 팀원들에게는 월급보다 더 달콤한 출근의 이유가 됩니다.

탁월한 리더의 성공 원칙

1. **맞춤형 인정:** 탁월한 리더는 모든 팀원에게 똑같은 칭찬을 하지 않고, 시니어에게는 '헌신과 기여'를, 주니어에게는 '구체적 역량과 성장'을 인정하는 '세대별 맞춤형 화법'을 구사한다.

2. **구체성의 힘:** 탁월한 리더는 "수고했어", "잘했어" 같은 막연한 칭찬 대신, "어떤 행동이 어떤 긍정적 결과를 가져왔는지"를 짚어주는 '행동 기반 피드백'으로 신뢰를 얻는다.

3. **즉시성 실천:** 탁월한 리더는 칭찬을 연말 평가나 회식 자리까지 미루지 않고, 긍정적인 행동이 관찰된 그 순간 '즉시' 반응하여 강화 효과를 극대화한다.

33

피하고 싶지만 피할 수 없는 대화를 시작하는 법

거절, 질책, 불편한 피드백을 건설적으로 전달하는 기술

'좋은 사람'이 되고 싶은 팀장의 딜레마

온라인 쇼핑몰의 운영팀장인 수진 씨는 요즘 밤잠을 설칩니다. 이유는 단 하나, 한 달째 성과가 곤두박질치고 있는 김 대리 때문입니다. 마감 시한을 세 번이나 놓쳤고, 보고서의 퀄리티는 엉망입니다. 급기야 다른 팀원들이 불만을 터뜨리기 시작했습니다. "팀장님, 김 대리가 펑크 낸 일을 왜 우리가 수습해야 합니까? 언제까지 봐주실 거예요?"

수진 씨도 알고 있습니다. 김 대리를 불러 따끔하게 질책해야 한다는 것을. 하지만 막상 부르려니 입이 떨어지지 않습니다. '혹시 김 대리가 상처받으면 어떡하지? 나를 꼰대라고 욕하진 않을까? 요즘 집안일이 힘들다던데…'

차일피일 미루다 보니 벌써 한 달이 지났습니다. 그러던 어느 날, 결국 사단이 났습니다. 참다못한 옆자리 과장이 김 대리에게 소리를 지른 것입니다. "도대체 언제까지 이럴 거야? 정신 안 차려?" 사무실 분위기는 순식간에 얼어붙었고, 김 대리는 짐을 싸서 나가버렸습니다.

수진 씨는 그제야 후회했습니다. 자신이 '좋은 사람'으로 남고 싶어서 망설이는 동안, 팀은 멍들고 있었고 김 대리는 개선할 기회조차 얻지 못한 채 벼랑 끝으로 몰렸다는 사실을 말입니다. 불편한 대화를 피하는 것은 배려가 아니라 '리더의 방임'이었습니다.

미루면 미룰수록 이자는 비싸집니다

많은 리더가 껄끄러운 피드백, 거절, 질책과 같은 '불편한 대화'를 본능적으로 회피합니다. 관계가 깨질까 봐, 혹은 상대가 상처받을까 봐 두렵기 때문입니다. 하지만 기억하십시오. 불편한 대화는 '고금리 사채'와 같습니다. 당장은 피해서 마음이 편할지 몰라도, 시간이 지날수록 감정의 이자가 눈덩이처럼 불어나 나중에는 감당할 수 없는 '관계 파산'으로 이어집니다. 커뮤니케이션 전문가 조셉 그레니Joseph Grenny는 저서 《결정적 순간의 대화Crucial Conversations》에서 이를 '침묵의 대가Cost of Silence'라고 불렀습니다. 그들의 연구에 따르면, 조직 내에서 문제가 발생했을 때 당사자들이 대화를 미루고 침묵하는 시간이 길어질수록, 프로젝트 실패 확률과 비용은 기하급수적으로 증가했습니다.

문제가 작은 '불씨'일 때 끄면 입김 한 번으로도 꺼지지만, 외면하다가 '산불'이 된 후에는 소방차를 불러도 끄기 어렵습니다. 김 대리의 문제는 한 달 전에는 '코칭'으로 해결할 수 있었지만, 지금은 '해고'나 '이별'로만 해결할 수 있게 된 것처럼 말이죠.

그렇다면 어떻게 해야 상처 주지 않고, 관계를 깨뜨리지 않으면서 할 말을 제대로 할 수 있을까요? 여기 '불편한 대화'를 '건설적 대화'로 바꾸는 5가지 기술이 있습니다.

기술 1. 타이밍의 골든타임: '48시간 룰'을 지키십시오

첫 번째 원칙은 '신선도'입니다. 문제가 발생했을 때 즉시, 늦어도 48시간 이내에 대화해야 합니다. 시간이 지나면 기억은 왜곡되고, 감정은 앙금으로 변합니다.

"김 대리, 지난주 일인데…"라고 말을 꺼내는 순간, 상대방은 "왜 이제 와서 뒷북이지?"라며 방어벽을 칩니다. 반면 "방금 회의에서 있었던 일에 대해 잠깐 이야기하자"라고 하면, 상황에 대한 객관적인 대화가 가능합니다.

기술 2. 주어를 '너'에서 '나'로 바꾸십시오

상대를 비난하지 않고 문제를 지적하는 가장 강력한 도구는 'I-Message(나 전달법)'입니다. 주어를 '너'로 시작하면 비난이 되지만, '나'로 시작하면 솔직한 소통이 됩니다.

- **너 전달법**: "너는 왜 이렇게 책임감이 없어? 맨날 늦잖아."(비난) (X)
- **나 전달법**: "자네가 이번 주에 두 번 지각했을 때(사실), 나는 우리 팀의 규율이 무너질까 봐 걱정이 됐어(나의 감정/영향)." (O)

차이가 느껴지십니까? 전자는 상대의 인격을 공격하지만, 후자는 나의 상태를 설명합니다. 사람은 공격받으면 반격하지만, 걱정해 주면 미안해합니다. '행동 기반 피드백'은 수용하지만, '인격 기반 피드백'은 저항합니다.

기술 3. 'OFNR' 모델로 팩트만 전달하십시오

비폭력 대화^{Nonviolent Communication, NVC}의 핵심인 OFNR 모델은 감정을 섞지 않고 문제를 지적하는 최고의 프레임워크입니다.

1. **Observation(관찰)**: 판단하지 않고 있는 그대로의 사실만 말합니다.

   ("보고서가 엉망이다" → "보고서에 오탈자가 5개 있다")

2. **Feeling(느낌)**: 그 사실로 인해 내가 느끼는 감정을 말합니다.

("당황스럽다", "걱정된다")

3. **Need(욕구)**: 내가 바라는 것을 말합니다.

   ("나는 정확한 데이터가 필요하다")

4. **Request(요청)**: 구체적인 행동을 부탁합니다.

   ("제출 전에 한 번 더 검토해 줄 수 있을까?")

이 구조를 따르면 "김 대리, 보고서에 오탈자가 5개 있어서(O) 내가 당황스러웠어(F). 우리 팀의 전문성을 보여주려면 정확도가 중요하거든(N). 다음엔 제출 전에 동료에게 크로스 체크를 부탁해 볼 수 있을까?(R)"라는 품격 있는 피드백이 완성됩니다.

기술 4. '거절'은 단호하되 친절하게 하십시오

리더가 가장 힘들어하는 것 중 하나가 '거절'입니다. 하지만 거절하지 못하는 리더는 결국 팀 전체를 망칩니다. 거절의 공식은 '공감-거절-이유'의 3단계입니다.

1. **공감**: "자네가 이 프로젝트를 얼마나 하고 싶어 하는지 잘 알아. 그 열정은 정말 높이 평가해."

2. **거절**: "하지만 이번에는 자네에게 그 역할을 맡기기 어렵네."

   (명확하게 No라고 말해야 합니다. '생각해 볼게' 같은 희망 고문은 금물입니다.)

3. **이유**: "지금 자네가 맡고 있는 A 프로젝트가 워낙 중요해서, 분산되면 둘

다 놓칠 위험이 있다고 판단했어."

거절은 '사람'에 대한 거부^{Rejection}가 아니라, '제안'에 대한 선택 ^{Selection}임을 명확히 하십시오.

기술 5. 질책은 '샌드위치'가 아니라 '돌직구'로 하십시오

많은 리더가 질책할 때 칭찬 사이에 쓴소리를 끼워 넣는 '샌드위치 화법'을 씁니다.

"김 대리 성실한 거 알아. 근데 이번 일은 실망이야. 그래도 파이팅해."

이것은 최악입니다. 칭찬은 거짓말처럼 들리고, 질책의 메시지는 흐려집니다. 질책해야 할 때는 사적인 공간에서, 단둘이, 명확하게 해야 합니다.

"김 대리, 잠깐 회의실로 오게. 이번 고객 클레임 건에 대해 이야기하고 싶네. 자네가 매뉴얼을 지키지 않아서 회사가 금전적 손실을 입었어. 이건 명백한 실수야. 나는 자네가 프로답게 이 문제를 수습하고 재발 방지 대책을 세워주길 바라네."

질책은 짧고 굵게, 그리고 반드시 단둘이 하십시오.

불편한 대화가 끝나면 반드시 손을 내미십시오

불편한 대화가 끝나고 문을 나설 때, 둘 사이에는 어색한 공기가 흐릅니다. 이때 그 공기를 깨고 먼저 손을 내밀어야 하는 사람은 리더인 당신입니다. 이것을 심리학에서는 '감정의 봉합Closure'이라고 합니다. 심리학자 존 고트먼John Gottman 박사는 관계를 유지하는 핵심이 갈등 그 자체가 아니라, 갈등 후의 '회복 시도Repair Attempt'에 있다고 강조했습니다. '회복 시도'가 바로 갈등으로 인한 부정적 감정을 닫고Closure 긍정적 관계로 돌아가는 '감정의 봉합' 과정입니다. 비록 쓴소리를 했더라도, 그 마무리가 따뜻하면 관계는 깨지지 않습니다.

대화 다음 날, 커피 한 잔을 건네며 툭 던지십시오. "어제 내가 좀 깐깐하게 말했지? 자네가 더 잘됐으면 하는 욕심에 그런 거니 이해해 줘." 또는 메신저로 작은 칭찬을 보내십시오. "오늘 회의 때 보여준 태도는 아주 좋았어. 고마워."

상처를 줬다면 연고를 발라주는 것까지가 리더의 책임입니다. 껄끄러운 대화 뒤에 이어지는 이 작은 회복 제스처가, 당신을 '무서운 상사'가 아닌 '엄격하지만 따뜻한 리더'로 기억되게 만듭니다.

팀장님, 오늘도 누군가에게 싫은 소리를 해야 해서 가슴이 답답하십니까? 피하지 마십시오. 당신이 침묵하면 문제는 괴물이 됩니다. 용기를 내어 문을 두드리십시오. 그리고 사실Fact에 기반하여 정중하지만 단호하게 말하십시오. 그것이 당신이 팀원을, 그리고 당신 자신을 지키는 유일한 길입니다.

탁월한 리더의 성공 원칙

1. **타이밍 준수:** 탁월한 리더는 불편한 피드백을 미루지 않고, 문제가 발생한 직후 '골든타임(48시간)' 내에 대화함으로써 감정의 앙금이 쌓이는 것을 방지한다.

2. **사실 중심:** 탁월한 리더는 "너는 왜 그래?"라는 인격 비난 대신, 관찰된 사실과 그로 인한 영향을 전달하는 'I-Message'와 'OFNR 화법'을 통해 방어기제를 낮춘다.

3. **관계 회복:** 탁월한 리더는 질책이나 거절 후에 관계가 서먹해지지 않도록 먼저 다가가 '감정적 봉합'을 시도함으로써 신뢰를 유지한다.

34

상사를 감동시키는 커뮤니케이션

상향 커뮤니케이션의 품격과 전략

3개월 준비한 보고가 3분 만에 끝난 이유

바이오텍 연구소의 세포배양팀장 현우 씨는 오늘 연구소장님 앞에서 뼈아픈 좌절을 맛보았습니다. 팀의 숙원 사업인 신규 장비 구매를 건의하기 위해 무려 3개월을 준비했습니다. 각종 데이터를 모으고, 화려한 PPT를 만들고, 리허설까지 마쳤습니다.

"연구소장님, 우리 팀에 이 장비가 꼭 필요한 이유를 말씀드리겠습니다." 현우 씨는 1페이지부터 차근차근 배경 설명을 시작했습니다. 그런데 5분이 채 지나지 않아 소장님이 말을 끊었습니다. "김 팀장, 그래서 결론이 뭐야? 얼마가 들고, 언제 회수할 수 있는데?"

현우 씨는 당황해서 허둥지둥 자료를 뒤적였습니다. "아, 그 내용은… 자료 17페이지에 있습니다. 잠시만요…" 소장님은 미간을 찌푸리며 시계를 보더니 말했습니다. "자료는 좋은데 핵심이 안 보이네. 나중에 다시 정리해서 가져와요. 지금 다른 미팅이 있어서."

현우 씨는 억울해서 눈물이 날 지경이었습니다. '3개월이나 준비했는데, 내 노력은 봐주지도 않고…' 하지만 냉정하게 생각해 봅시다. 연구소장은 하루에 10건 이상의 보고를 받습니다. 그에게 주어진 시간은 한정되어 있습니다. 현우 씨는 자신의 노력을 보여주려 했지만, 소장님은 '판단의 근거'를 원했습니다. 현우 씨는 깨달았습니다. 아래로 소통하는 법은 배웠지만, 위로 소통하는 법은 전혀 모르고 있었다는 사실을 말입니다.

상향 커뮤니케이션은 '설득'이 아니라 '배려'입니다

많은 팀장이 상사에게 보고하는 것을 '숙제 검사'나 내 아이디어를 관철해야 하는 '설득의 전장'으로 생각합니다. 하지만 상향 커뮤니케이션의 본질은 상사의 '시간'과 '인지적 에너지'를 아껴주는 '배려'입니다.

경영학의 아버지 피터 드러커Peter Drucker는 "상사를 관리한다Managing the Boss는 것은 상사를 조종하는 것이 아니라, 상사가 성과를 낼 수 있도록 돕는 것"이라고 정의했습니다. 상사의 성공이 곧 나의 성공이기 때문입니다.

또한, 조직 이론가 헨리 민츠버그^{Henry Mintzberg} 교수는 경영자(임원)의 업무 특성을 '파편화^{Fragmentation}'와 '짧음^{Brevity}'으로 요약했습니다. 우리는 흔히 경영자라고 하면, 고요한 집무실에 앉아 깊게 사색하고, 장기적인 전략을 수립하는 '오케스트라 지휘자' 같은 모습을 상상합니다. 하지만 민츠버그가 실제 경영자들을 따라다니며 관찰한 결과, 업무의 내용이 일관성 있게 연결되는 것이 아니라, 전혀 다른 주제들이 뒤죽박죽 섞여서 튀어나와 '파편화^{Fragmentation}'되어 있었습니다. 마치 리모컨을 쥔 어린아이가 1분마다 TV 채널을 돌리는 것과 같이 하루 종일 '감정의 롤러코스터'를 타며, 전혀 상관없는 이슈들을 번갈아 가며 처리해야 합니다. 또한 경영자의 업무는 길게 이어지지 않고, 뚝뚝 끊어지는 아주 짧은 단위^{Brevity}로 이루어집니다. 업무의 절반 이상은 9분도 채 지속되지 않았습니다. 심지어 하위 임원의 경우, 한 가지 일에 2분 이상 집중하기 힘들 정도로 짧았습니다. 그들의 삶은 '정신없이 돌아가는 응급실 의사'에 더 가까웠습니다.

이런 상황에서 "배경부터 설명하겠습니다"라며 장황하게 말을 꺼내는 것은 배려가 아니라 '테러'입니다. 상사가 짧은 시간 안에 올바른 판단을 내릴 수 있도록 정보를 정제해서 떠먹여 주는 것, 그것이 바로 보고의 핵심입니다.

그렇다면 어떻게 해야 상사의 귀를 열고, 마음을 움직이는 보고를 할 수 있을까요? 여기 5가지 원칙이 있습니다.

원칙 1. 두괄식의 미학: 결론부터 말하십시오

첫 번째 원칙은 구조입니다. 결론Conclusion → 근거Reason → 상세 내용Detail 순서로 말해야 합니다. 이것을 피라미드 구조라고 합니다.

많은 팀장이 기승전결의 서사 구조로 보고합니다. "지난달에 이런 문제가 있어서, 저희가 조사를 해봤는데, 데이터가 이렇게 나와서…" 이런 보고는 상사를 지치게 합니다. 상사의 머릿속에는 '그래서 결론이 뭐야?'라는 질문만 맴돕니다.

'결론 우선 보고'는 '과정 우선 보고'보다 상사의 이해도를 높이고, 의사결정 속도를 빠르게 합니다.

- **과정 우선**: "시장 조사를 해보니 경쟁사는 A 기능을 쓰고 있고, 고객 반응은 이렇습니다. 그래서 저희도…" (X)
- **결론 우선**: "신규 서비스 출시를 제안합니다(결론). 이유는 3가지입니다(근거). 첫째, 시장 점유율 10% 상승이 예상됩니다. 둘째…" (O)

이렇게 말하면 상사는 첫 1분 안에 전체 그림을 파악하고, 안심하고 세부 내용을 들을 수 있습니다.

원칙 2. 상사의 질문을 미리 '해킹'하십시오

두 번째 원칙은 준비입니다. 보고하기 전에 상사가 물어볼 질문을 미리 예측하고 답변을 준비해야 합니다.

전략 컨설팅 업계에서는 '경영진의 5가지 의사결정 필터'를 강조합니다. 임원급 리더는 보고를 받을 때 무의식적으로 다음 5가지 질문을 통해 판단을 내립니다.

1. **비용**Cost: 얼마나 드는가?

2. **효과**Benefit: 무엇을 얻는가?

3. **리스크**Risk: 잘못되면 어떻게 되는가?

4. **대안**Alternative: 다른 방법은 없는가?

5. **일정**Timeline: 언제까지 되는가?

이 5가지를 한 장짜리 요약본Executive Summary에 담아 맨 앞에 두십시오. 상사의 질문이 나오기 전에 답을 제시하는 것, 그것이 바로 프로의 보고입니다.

원칙 3. 형용사 대신 '숫자'로 말하십시오

세 번째 원칙은 구체성Concreteness입니다. "많이", "대폭", "빨리" 같은 형용사와 부사는 문학에서는 아름답지만, 비즈니스에서는 '오해의 씨앗'입니다. 상사에게는 "도대체 얼마나?"라는 모호한 불안감을 줄 뿐입니다.

와튼 스쿨의 연구진은 사람들이 의사결정을 할 때 말보다 숫자를 더 신뢰하는 '수량화 고착Quantification Fixation' 경향이 있다고 밝혔습니다. 뇌는 구체적인 숫자를 볼 때 그것을 '주장'이 아닌 '사실Fact'로 받아들이기 때문입니다.

- **모호한 보고**: "고객 만족도가 많이 올랐습니다."(많이가 얼마만큼인데?) (X)
- **명확한 보고**: "고객 만족도가 전 분기 75점에서 87점으로 12점 상승했습니다." (O)

숫자는 거짓말을 하지 않습니다. 숫자로 말할 때 상사는 당신의 보고를 '감상'하는 것이 아니라 '판단'할 수 있게 됩니다.

원칙 4. 문제를 가져갈 때는 '답안지'도 챙기십시오

네 번째 원칙은 태도입니다. 상사에게 문제만 툭 던져놓고 "어떡할까요?"라고 묻는 것은 최악입니다. 그것은 징징거림에 불과하며, 상사에게 자신의 책임을 떠넘기는 행위입니다.

경영학에서는 이를 '완결된 참모 업무Completed Staff Work'라고 부릅니다. 문제를 보고할 때는 반드시 당신이 고민한 '잠재적 해결책Potential Solutions'을 함께 가져가야 합니다. 완벽한 정답이 아니어도 좋습니다. 중요한 것은 "제가 이만큼 고민했습니다"라는 흔적을 보여주는 것입니다.

- **문제만 보고**: "팀장님, A 프로젝트가 2주 지연됐습니다. 어떡하죠?" (X)

- **솔루션 보고**: "팀장님, A 프로젝트가 2주 지연됐습니다. 이를 만회하기 위해 B 프로젝트의 리소스를 일시적으로 투입하는 1안과, 기능을 축소하여 일정에 맞추는 2안을 검토해 보았습니다. 제 생각에는 1안이 품질 유지에 더 유리할 것 같습니다. 승인해 주시겠습니까?" (O)

상사는 당신의 해결책이 완벽하지 않더라도, 대안을 고민해 온 그 태도를 높이 평가할 것입니다. 당신은 문제를 배달하는 사람이 아니라, 문제를 해결하는 파트너로 인식되기 때문입니다.

원칙 5. '내 성과'가 아니라 '상사의 성공'을 도우십시오

마지막 원칙은 관점입니다. 상향 커뮤니케이션의 궁극적인 목적은 '내 자랑'이 아니라 '상사의 목표 달성 지원'이어야 합니다.

하버드 비즈니스 스쿨의 존 코터^{John Kotter}와 존 가바로^{John Gabarro} 교수는 그들의 기념비적인 연구 "상사를 관리하라^{Managing Your Boss}"에서 이렇게 강조했습니다. "상사와의 관계는 '상하 복종'이 아니라 '상호 의존^{Mutual Dependence}'이다. 상사가 목표를 달성하도록 돕는 것이 곧 당신의 목표를 달성하는 가장 빠른 길이다."

"우리 팀이 매출 목표 120% 달성했습니다!"라고 자랑하기보다, "상무님께서 올해 가장 중요하게 생각하신 본부 매출 목표 달성에, 저희 팀이 120% 성과로 기여할 수 있어 기쁩니다."라고 말해보십시오. 상사는 당신을 '자기 밥그릇만 챙기는 사람'이 아니라, 조직 전체의 승리를 위해 뛰는 '전략적 파트너'로 인정하게 될 것입니다. 그 때부터 당신은 상사의 '부하'가 아니라 '동지'가 됩니다.

상사를 감동시키는 것은 아첨이 아닙니다

상향 커뮤니케이션을 잘하는 것을 '아부'나 '정치'로 폄하하지 마십시오. 그것은 조직의 혈관을 뚫어주는 중요한 능력입니다. 상사가 올바른 결정을 내릴 수 있도록 정확한 정보를 적시에, 적절한 형태로 제공하는 것은 부하의 가장 큰 책무입니다.

팀장님, 내일 보고를 앞두고 있다면 원고를 다시 한번 점검해 보십시오. 결론이 맨 앞에 있습니까? 숫자로 증명되었습니까? 해결책이 포함되어 있습니까? 무엇보다, 이 보고가 상사의 고민을 덜어주는 내용입니까?

상사를 감동시키는 것은 화려한 언변이 아닙니다. 상사의 입장에서 한 번 더 생각하고 배려한 '준비된 디테일'입니다.

탁월한 리더의 성공 원칙

1. 두괄식 보고: 탁월한 리더는 배경 설명으로 시간을 낭비하지 않고, '결론-근거-상세'의 피라미드 구조로 핵심을 먼저 전달하여 상사의 빠른 의사결정을 돕는다.

2. 솔루션 제시: 탁월한 리더는 문제 상황을 단순히 보고하는 데 그치지 않고, 자신이 고민한 '복수의 대안'과 '추천안'을 함께 제시하여 상사의 부담을 덜어준다.

3. 관점의 정렬: 탁월한 리더는 자신의 성과를 과시하기보다, 자신의 업무가 '상사의 목표'와 조직 전체의 비전에 어떻게 기여하는지를 중심으로 소통한다.

35

팀장의 언어가 팀의 분위기를 만든다

말투와 표현의 리더십 심리학

"왜?"라는 말 한마디가 팀을 얼어붙게 한다

스타트업의 데이터 분석 팀장 민수 씨는 요즘 팀 분위기가 이상하다고 느낍니다. 회의실에 들어가면 갑자기 정적이 흐르고, 팀원들은 민수 씨의 눈을 피합니다. 아이디어 회의를 해도 침묵만 흐를 뿐, 누구도 먼저 입을 열지 않습니다.

민수 씨는 답답해서 묻습니다. "다들 왜 이렇게 조용해? 의견 없어? 우리 팀은 왜 이렇게 열정이 부족하지?"

하지만 민수 씨가 모르는 것이 하나 있었습니다. 팀원들의 입을 막은 것은 바로 민수 씨의 '말버릇'이었다는 사실을 말입니다.

지난주 회의 때였습니다. 팀원이 주말에 발생한 시스템 오류를 보고하자 민수 씨는 반사적으로 물었습니다. "왜 주말에 확인 안 했어? 당직자가 누구였어?" 그 순간 팀원은 움츠러들며 "죄송합니다"
라고 고개를 숙였습니다.

그다음 회의 때, 신입 사원이 조심스럽게 새로운 분석 툴 도입을
제안했습니다. 민수 씨는 팔짱을 끼며 말했습니다. "그거 안 될 거
야. 우리 데이터 양으로는 부족해. 다른 거 없어?" 신입 사원은 얼굴
이 빨개진 채 입을 다물었습니다.

한 달 후, 민수 씨는 시니어 팀원과의 1:1 면담에서 충격적인 이
야기를 들었습니다. "팀장님, 솔직히 말씀드리면 팀원들이 팀장님
을 무서워합니다. 팀장님은 항상 '왜 그랬어?', '안 돼', '누구 책임이
야?'라는 부정적인 말부터 하시잖아요. 그러니 다들 혼날까 봐 아무
말도 안 하는 겁니다."

민수 씨는 큰 충격을 받았습니다. 자신은 문제를 해결하고 싶어
서 한 말이었는데, 그 말이 오히려 팀을 망치고 있었던 것입니다.

언어는 문화를 만드는 가장 강력한 도구입니다

많은 리더가 "말보다 행동이 중요하다"고 생각합니다. 하지만 리
더십에서 말은 곧 행동이자 문화입니다. 리더가 어떤 단어를 선택하
고 어떤 톤으로 말하느냐에 따라 팀의 공기는 순식간에 바뀝니다.

하버드 경영대학원의 에이미 에드먼드슨^{Amy Edmondson} 교수는 팀

의 성과를 결정하는 핵심 요소인 '심리적 안전감Psychological Safety'이 전적으로 리더의 언어 습관에 달려 있다고 강조합니다. 리더가 "모른다", "실수했다" 같은 수용적인 언어를 쓸 때 팀의 안전감은 올라가지만, "누구 책임이야?", "안 돼" 같은 냉소적인 언어를 쓸 때 안전감은 바닥을 칩니다. 더 무서운 것은 와튼 스쿨의 시걸 바르세이드 Sigal Barsade 교수가 증명한 '감정의 전염성Emotional Contagion'입니다. 리더의 부정적인 언어는 마치 바이러스처럼 팀원들에게 전파됩니다. 리더가 짜증 섞인 말투로 지시하면, 팀원들도 무의식적으로 서로에게 날 선 말을 하게 됩니다. 반대로 리더가 "우리 함께 해보자", "배울 점이 있네" 같은 긍정 언어를 쓰면, 팀 전체의 정서가 회복탄력성을 갖게 됩니다.

리더인 당신의 입은 팀의 '확성기'입니다. 당신이 뱉은 작은 부정의 말이 팀원들에게는 천둥소리처럼 들린다는 사실을 기억하십시오.

그렇다면 죽어가는 팀 분위기를 살리기 위해 리더는 어떤 언어를 써야 할까요? 여기 5가지 언어 습관의 전환이 필요합니다.

원칙 1. "왜"를 버리고 "어떻게"를 잡으십시오

첫 번째 원칙은 질문의 방향을 과거에서 미래로 돌리는 것입니다. "왜"는 과거를 묻습니다. "왜 늦었어?", "왜 실패했어?" 이 질문을 받은 사람의 뇌는 즉시 '변명 모드'로 전환됩니다. 자신을 방어할 이유를 찾느라 에너지를 다 씁니다.

반면 "어떻게"는 미래를 묻습니다. "어떻게 하면 다음엔 늦지 않을까?", "어떻게 하면 이 문제를 해결할 수 있을까?" 이 질문을 받은 뇌는 '해결 모드'로 전환됩니다.

"어떻게" 질문을 받은 팀원은 "왜" 질문을 받은 팀원보다 창의적 아이디어를 더 많이 낼 수 있습니다. 리더가 질문 단어 하나만 바꿔도 팀은 변명 대신 대안을 내놓습니다.

- **과거형**: "왜 마감을 못 지켰어?" (X)
- **미래형**: "다음엔 마감을 지키려면 어떻게 일정을 조정하면 좋을까?" (O)

원칙 2. "때문에"를 버리고 "만약"을 상상하게 하십시오

두 번째 원칙은 사고의 프레임입니다. 팀의 분위기를 무겁게 만드는 가장 나쁜 말버릇은 "~때문에 안 돼요"라는 '마침표의 언어'입니다.

"예산이 부족하기 때문에 안 돼요." "일정이 촉박하기 때문에 어려워요." "해본 적이 없기 때문에 불가능해요."

리더가 회의실에서 이런 보고를 받고 "그렇구나, 어쩔 수 없네"라고 수긍하는 순간, 그 팀의 성장은 거기서 멈춥니다. '때문에'는 뇌의 생각 스위치를 꺼버리는 가장 강력한 주문입니다.

탁월한 리더는 이 마침표를 "만약If ~라면"이라는 '가설의 언어'

로 바꿉니다. 혁신 전문가 아담 모건^{Adam Morgan}과 마크 바든^{Mark Barden}은 이를 '제약의 재정의'라고 부릅니다. 그들은 고성과 리더들이 '제약 조건^{Constraint}'을 만났을 때 포기하는 것이 아니라, 그 제약을 해결해야 할 '도전적 조건^{Condition}'으로 치환한다는 사실을 발견했습니다.

"안 된다"고 말하고 싶을 때, 문장을 "만약"으로 시작해 보십시오.

- **마침표 언어**: "예산이 부족해서 이 프로젝트는 불가능합니다." (포기) (X)
- **가설 언어**: "만약 예산을 10%만 더 확보할 수 있다면 가능합니다. 혹은, 만약 범위를 조금 줄인다면 현재 예산으로도 시도해 볼 수 있습니다." (대안) (O)
- **마침표 언어**: "인력이 없어서 마감을 못 맞춥니다." (X)
- **가설 언어**: "만약 타 부서에서 지원을 받을 수 있다면 마감을 맞출 수 있습니다." (O)

리더인 당신부터 바꿔보십시오. 팀원이 "어려운데요"라고 말할 때, 같이 한숨 쉬지 말고 이렇게 되물어주십시오. "그럼, 만약 어떤 조건이 충족되면 가능할 것 같아?"

이 질문 하나가 회의실의 공기를 '무력감'에서 '도전'으로 바꾸며, 꽉 막힌 벽에 문을 냅니다.

원칙 3. "하지만"을 "그리고"로 바꾸십시오

세 번째 원칙은 접속사의 마법입니다. 많은 리더가 칭찬 뒤에 습관적으로 "하지만"을 붙입니다. "아이디어는 좋은데, 하지만 예산이 부족해."

심리학에서는 '하지만^{But}'을 '언어적 지우개'라고 부릅니다. 이 단어가 들리는 순간, 앞서 했던 칭찬은 모두 지워지고 뒤에 나오는 부정적인 말만 남기 때문입니다. "하지만"은 대화의 문을 닫는 '차단기'입니다. 대신 "그리고^{And}"를 써보십시오. "아이디어는 좋네. 그리고 예산 문제만 해결하면 더 완벽하겠어."

스탠퍼드 대학의 디자인 스쿨은 이를 'Yes, And' 원칙이라고 가르칩니다. 상대의 의견을 일단 긍정^{Yes}하고, 거기에 내 의견을 덧붙여^{And} 아이디어를 확장하는 것입니다. "하지만"이 심판관의 언어라면, "그리고"는 협력자의 언어입니다. 접속사 하나만 바꿔도, 당신은 아이디어를 죽이는 사람이 아니라 살리는 사람이 됩니다.

원칙 4. 비난하지 말고 '관찰'을 말하십시오

네 번째 원칙은 사실^{Fact} 기반의 대화입니다. 많은 리더가 자신의 주관적인 '판단'을 객관적인 '사실'인 양 말합니다.

"김 대리는 너무 게을러." (판단)

"이 보고서는 성의가 없어." (판단)

이런 말은 상대에게 인격 모독으로 들려 방어기제를 자극합니다. 비폭력 대화[NVC]의 창시자 마셜 로젠버그 박사는 "관찰과 평가를 분리하라"고 강조합니다. 판단을 멈추고, CCTV가 찍듯이 관찰한 사실만 건조하게 말해야 합니다.

"김 대리가 이번 주에 세 번 지각했어." (사실)

"이 보고서 5페이지에 데이터 출처가 빠져 있네." (사실)

미시간 대학의 연구에 따르면, '행동 기반 피드백[Behavior-based Feedback]'은 수용률이 82%에 달했지만, '인격 기반 피드백'은 23%에 불과했습니다. 감정을 섞지 않고 드라이하게 사실만 짚어줄 때, 상대는 감정적으로 대응하지 않고 이성적으로 문제를 인식하게 됩니다.

원칙 5. 긍정과 부정의 황금 비율 '5:1'을 지키십시오

리더가 쓴소리를 안 할 수는 없습니다. 하지만 칭찬과 질책에도 황금 비율이 있습니다.

경영학자 에밀리 히피[Emily Heaphy]와 마시알 로사다[Marcial Losada]가 60개 비즈니스 전략팀의 회의 패턴을 정밀 분석한 결과, 가장 탁월한 성과를 낸 팀의 긍정적 발언과 부정적 발언의 비율은 '5.6 대 1'이었습니다. 즉, 칭찬, 격려, 감사 같은 긍정 언어를 최소 5번 할 때, 비판이나 지적을 1번 하는 셈입니다. 반면 저성과 팀의 비율은 0.3

대 1로, 부정적 발언이 압도적으로 많았습니다. 이 비율이 3:1 아래로 떨어지면 팀은 현상 유지에 급급해지고, 1:1 이하가 되면 팀워크는 붕괴합니다.

팀장님, 오늘 하루 당신의 '언어 통장'은 흑자입니까, 적자입니까? 평소에 긍정 언어를 충분히 저축해 두어야, 결정적인 순간에 쓴소리를 해도 관계가 파산하지 않습니다.

침묵과 표정도 강력한 언어입니다

말하지 않는 것도 언어입니다. 팀원이 용기 내어 아이디어를 냈을 때, 아무 말 없이 쳐다만 보거나 스마트폰을 보는 행동은 "네 말은 들을 가치도 없어"라는 가장 강력한 무시의 언어입니다. 심리학자 앨버트 메라비언Albert Mehrabian은 커뮤니케이션에서 말의 내용이 차지하는 비중은 불과 7%이며, 나머지 93%는 표정, 태도, 목소리 톤 같은 비언어적 요소가 결정한다고 밝혔습니다. 고개를 끄덕여주고, 눈을 맞추고, "그렇구나"라고 추임새를 넣어주는 것. 이 사소해 보이는 '반응Response'이 백 마디 말보다 더 큰 신뢰를 줍니다. 리더가 보여주는 따뜻한 눈빛 하나가 팀원에게는 "내가 존중받고 있구나"라는 확신을 심어줍니다.

팀장의 입은 팀의 나침반입니다

리더의 언어는 팀이 나아갈 방향을 가리키는 나침반과 같습니다. 당신이 부정의 언어를 쓰면 팀은 늪으로 가고, 긍정의 언어를 쓰면 팀은 산 정상으로 갑니다.

내일 아침 출근길, 스스로에게 다짐해 보십시오. '오늘은 "왜" 대신 "어떻게"를 물어봐야지.' '지적하기 전에 먼저 "고맙다"고 말해야지.'

그 작은 언어의 변화가, 무겁게 가라앉았던 사무실의 공기를 산뜻하게 바꿀 것입니다.

탁월한 리더의 성공 원칙

1. 질문의 전환: 탁월한 리더는 과거의 잘못을 추궁하는 "왜Why"라는 질문 대신, 미래의 해결책을 모색하는 "어떻게How"라는 질문을 통해 팀의 사고를 긍정적으로 전환시킨다.

2. 연결의 언어: 탁월한 리더는 책임을 전가하는 "너"라는 주어 대신, 함께 해결하겠다는 의지를 담은 "우리"라는 주어를 사용하여 팀의 결속력을 높인다.

3. 긍정의 저축: 탁월한 리더는 쓴소리만 하는 것이 아니라, 평소에 칭찬, 감사, 격려 등 '긍정 언어'를 충분히 사용하여 신뢰 관계(5:1 비율)를 구축해 둔다.

제8장

팀장은
사람을 남기는
리더다

36

팀장의 진짜 성과는 팀원의 성장

성과 중심에서 성장 중심으로의 리더십 전환

"내가 떠나고 나니 팀이 무너졌다"는 말의 진짜 의미

클라우드 서비스 기업의 인프라 팀장 재훈 씨는 자타가 공인하는 '슈퍼 팀장'이었습니다. 3년 연속 팀 목표를 초과 달성했고, 인사 평가에서도 늘 최우수 등급을 받았습니다. 그의 팀은 언제나 일사불란했고, 기술적 난제가 발생하면 재훈 씨가 직접 나서서 해결했습니다. 회사는 그 탁월한 문제 해결 능력을 인정해 재훈 씨를 더 큰 조직의 본부장으로 승진시켰습니다.

그런데 재훈 씨가 떠나고 6개월 뒤, 충격적인 소식이 들려왔습니다. 그가 그토록 완벽하게 구축해 놓았던 예전 팀의 성과가 곤두박질치기 시작한 것입니다. 장애 대응 시간은 길어졌고, 고객 불만이 폭주했습니다. 급기야 1년 뒤에는 핵심 팀원 3명이 줄줄이 퇴사했습니다.

재훈 씨는 혼란스러웠습니다. '내가 있을 때는 그렇게 잘 돌아가던 팀이 왜 이렇게 됐지? 후임 팀장이 무능한가?' 궁금증을 참지 못하고 예전 팀원에게 연락해 솔직한 이유를 물었습니다. 돌아온 대답은 뼈아팠습니다.

"본부장님, 솔직히 말씀드리면… 본부장님이 계실 땐 본부장님이 다 해결해 주셨잖아요. 저희는 시키는 대로만 하면 됐고요. 그러다 보니 저희는 스스로 판단하고 결정하는 근육이 다 빠져버렸습니다. 본부장님이 안 계시니까 저희끼리는 아무것도 결정을 못 하겠더라고요. 저희는 '일하는 법'을 배운 게 아니라, '지시받는 법'만 배웠던 겁니다."

재훈 씨는 그제야 깨달았습니다. 자신은 성과를 만든 것이 아니라, '자신에게 의존하는 무기력한 조직'을 만들었을 뿐이라는 것을요. "내가 없으면 안 돼"라는 말은 리더의 자부심이 아니라, 리더십의 가장 처참한 실패를 증명하는 말임을 뼈저리게 느꼈습니다.

리딩 퍼포먼스Leading Performance vs 리딩 피플Leading People

많은 팀장이 '성과 관리Leading Performance'와 '사람 관리Leading People'를 혼동합니다. 성과 관리는 '일Work'에 초점을 맞춥니다. 납기를 맞추고, 품질을 높이고, 숫자를 달성하는 것입니다. 반면 사람 관리는 '일을 하는 주체Doer'에 초점을 맞춥니다. 그들의 역량을 높이고, 동기를 부여하고, 잠재력을 끌어내는 것입니다.

경영 사상가 짐 콜린스Jim Collins는 그의 명저《좋은 기업을 넘어 위대한 기업으로》에서 "위대한 리더Level 5 Leader는 자신이 떠난 후에도 조직이 승승장구할 수 있도록 후계자를 양성하고 시스템을 구축한다"고 강조했습니다. 반면, 유능하지만 위대하지 못한 리더Level 4는 재임 기간에는 성과를 내지만, 떠나는 순간 조직이 무너져 내리는 경우가 많습니다. 리더의 개인기에만 의존했기 때문입니다.

제가 HR 현장에서 수많은 리더를 지켜본 결과, 초임 팀장들은 대부분 '성과'에 집착합니다. 당장 눈앞의 불을 끄는 것이 급하기 때문입니다. 하지만 고위직으로 올라갈수록, 그리고 탁월한 리더로 인정받을수록 그들의 관심은 '사람'으로 이동합니다. 그들은 압니다. "성과는 목적이고 사람은 수단"이 아니라, "사람이 성장해야 비로소 지속 가능한 성과가 나온다"는 경영의 진리를 말입니다. 사람을 키우지 않고 성과만 쥐어짜는 것은, 밭에 거름은 주지 않고 열매만 계속 따먹는 것과 같습니다. 결국 땅은 황폐해지고 더 이상 열매는 맺히지 않습니다.

리더는 '해결사 Solver'가 아니라 '코치 Coach'여야 합니다

그렇다면 어떻게 해야 눈앞의 성과에 매몰되지 않고, 사람을 키우는 리더, 즉 '코치'가 될 수 있을까요?

많은 리더가 코칭을 어려워하는 이유는 '답답함' 때문입니다. 내가 하면 5분이면 끝날 일을, 팀원에게 맡기고 질문하며 기다리면 1시간이 걸립니다. 효율성의 관점에서 보면 코칭은 낭비처럼 보입니다. 하지만 리더십의 관점에서 보면 그것은 낭비가 아니라 '투자 Investment'입니다.

코칭의 아버지라 불리는 존 휘트모어 John Whitmore 경은 "코칭은 성과를 극대화하기 위해 개인의 잠재력을 풀어주는 것"이라고 정의했습니다. "이렇게 해"라고 정답을 지시받은 팀원보다, "네 생각은 어때?"라고 질문받은 팀원이 스스로 생각하는 힘을 기르고 문제 해결 능력을 키우게 됩니다.

팀장은 '가장 일 잘하는 선수'가 되어서는 안 됩니다. '선수가 스스로 뛸 수 있게 만드는 코치'가 되어야 합니다. 내가 직접 보고서를 고치는 시간에, 팀원에게 보고서 작성법을 가르치십시오. 당장은 시간이 걸리지만, 한 번 가르쳐두면 평생 내 시간을 아껴주고, 팀원은 평생 써먹을 무기를 갖게 됩니다.

사람을 남기는 리더로 전환하는 4가지 기술

그렇다면 어떻게 해야 사람을 남기는 리더가 될 수 있을까요? 여기 4가지 전환이 필요합니다.

전환 1. "답Answer"을 참는 인내심을 기르십시오

가장 시급한 것은 리더의 '해결사 본능'을 억누르는 것입니다. 팀원이 문제를 들고 왔을 때, 바로 답을 주면 팀원은 편합니다. 하지만 팀원의 뇌는 성장을 멈춥니다.

제가 코칭했던 한 스타트업의 프로덕트 오너PO는 입버릇을 바꿨습니다. "예전엔 'A안으로 가세요'라고 말했죠. 지금은 입술을 깨물며 참습니다. 그리고 묻습니다. 'A안과 B안의 장단점이 뭐라고 생각하세요?' 처음엔 팀원들이 답답해했지만, 지금은 제가 묻기도 전에 스스로 분석해서 대안까지 가져옵니다."

답을 주는 것은 리더의 지식을 뽐내는 것이지만, 질문을 던지는 것은 팀원의 지혜를 깨우는 것입니다.

전환 2. "실무Doing"의 비중을 줄이고 "관찰Observing"을 늘리십시오

리더가 실무에 파묻혀 있으면 팀원이 어떻게 일하는지, 어떤 강점이 있고 어떤 약점이 있는지 볼 수 없습니다. 모니터에서 눈을 떼고 팀원들을 관찰하십시오. "김 대리는 데이터를 볼 때 패턴을 찾는 능력이 탁월하구나." "박 과장은 고객과 대화할 때 경청하는 자세가 좋네." 이 관찰이 있어야 제대로 된 피드백과 코칭이 가능합니다.

전환 3. "완벽Perfection"을 요구하지 말고 "실수Mistake"를 허용하십시오

사람을 키우려면 실수를 '비용'이 아니라 '교육비'로 봐야 합니다. 실수해도 안전하다는 믿음이 있을 때 팀원은 새로운 시도를 하고, 그 과정에서 배웁니다.

팀원이 실수했을 때 "정신 안 차려?"라고 혼내는 대신, "이 실수에서 무엇을 배웠어? 다음엔 어떻게 다르게 할 거야?"라고 물어보십시오. 실수가 비난의 대상이 아니라 학습의 재료로 전환될 때, 팀원은 실패를 딛고 한 뼘 더 자랍니다.

전환 4. "단기Now"가 아니라 "장기Future"를 보십시오

리더는 팀원의 '지금' 모습이 아니라 '3년 뒤' 모습을 상상해야 합니다. "이번 분기 목표 달성했어?"라는 질문 뒤에 반드시 이 질문을 덧붙이십시오. "자네는 3년 뒤에 어떤 전문가가 되고 싶나? 그걸 위해 지금 내가 뭘 도와주면 될까?" 이 질문 하나가 팀원을 단순 노동자가 아닌, 꿈을 가진 인재로 만듭니다.

당신이 자리를 비워도 팀은 돌아갑니까?

많은 리더가 자신이 자리를 비우면 팀이 엉망이 될까 봐 휴가도 마음 편히 못 갑니다. 하지만 냉정하게 말하면, 그것은 팀원을 못 믿어서가 아니라, 팀원들을 '의존적인 존재'로 길들여왔기 때문일 수 있습니다.

유능한 리더의 궁극적인 목표는 '자신을 불필요한 존재로 만드는 것'입니다. 역설적이죠? 내가 없어도 팀원들이 스스로 회의를 진행하고, 중요한 이슈를 판단하고, 성과를 낼 수 있도록 만드는 것. 그것이 리더십의 완성입니다.

팀장님, 내일 하루 아예 출근하지 않는다고 가정해 보십시오. 팀은 평소처럼 돌아갈까요? 만약 "아니오"라면, 당신은 아직 '사람을 남기는 리더'가 아닙니다.

이제부터라도 조금씩 손을 놓으십시오. 권한을 넘기십시오. 그리고 뒤에서 지켜보십시오. 아이가 걸음마를 배울 때 넘어질까 봐 계속 안고 있으면 평생 걷지 못합니다. 비틀거리더라도 스스로 걷게 하십시오. 당신이 손을 놓아야 팀원은 리더로 자라납니다.

탁월한 리더의 성공 원칙

1. 성과의 재정의: 탁월한 리더는 단기적인 숫자 달성[Performance]을 넘어, '구성원의 성장[Growth]'을 리더십의 궁극적인 성과 지표로 삼고 이를 위해 시간과 자원을 투자한다.

2. 코칭형 리더십: 탁월한 리더는 모든 문제를 직접 해결해 주는 '해결사[Solver]'가 되기를 거부하고, 질문과 피드백을 통해 팀원 스스로 답을 찾게 돕는 '코치[Coach]'의 역할을 수행한다.

3. 독립성의 배양: 탁월한 리더는 자신이 없으면 안 되는 의존적인 조직을 만드는 것이 아니라, 자신의 부재 시에도 팀원들이 자율적으로 판단하고 실행할 수 있는 '시스템과 역량'을 구축하여 사람을 남긴다.

37

잘 듣고, 잘 묻는 것이 코칭이다

경청과 질문의 힘

정답 자판기 팀장의 좌절

이커머스 플랫폼의 운영팀장인 수현 씨는 자타가 공인하는 '정답 자판기'였습니다. 팀원이 질문을 가져오면, 채 3초도 되지 않아 해결책이 튀어나왔습니다. "팀장님, 이 클라이언트 불만은 어떻게 처리하죠?" "아, 그건 지난번 B사 사례처럼 처리해. 내가 메일 초안 보내줄게." 수현 씨는 자신이 유능한 리더하고 생각했습니다. 팀원들의 시간을 아껴주고, 문제를 빠르게 해결해 주니까요. 그런데 이상한 일이 벌어졌습니다. 1년이 지나도 팀원들은 똑같은 질문을 반복했습니다. "팀장님, 이번엔 C사가 불만인데 어떡하죠?" 수현 씨는 짜증이 났습니다. '아니, 지난번에 알려줬잖아. 왜 응용을 못 하지?'

급기야 수현 씨는 1:1 면담 시간 30분 내내 혼자 떠들고 있는 자신을 발견했습니다. 팀원은 그저 고개만 끄덕일 뿐, 아무런 생각도 하지 않는 표정이었습니다. 수현 씨는 깨달았습니다. 자신이 팀원들에게 '정답'을 줄수록, 팀원들은 '생각'을 멈춘다는 사실을 말입니다. 그것은 코칭이 아니라 일방적인 '강의'였습니다.

코칭은 티칭Teaching이 아닙니다

많은 리더가 코칭을 '가르치는 것Teaching'으로 오해합니다. 내가 아는 지식과 경험을 주입하는 것이라고 생각하죠. 하지만 코칭의 본질은 주입이 아니라 '인출'입니다. 팀원 내면에 이미 존재하는 잠재력과 해답을 끄집어내는 과정입니다.

국제코칭연맹ICF의 연구에 따르면, 효과적인 코칭 대화의 황금 비율은 "말하기 20% : 듣기 80%"입니다. 리더가 입을 다물고 귀를 열때, 팀원의 뇌가 작동하기 시작합니다.

《학습하는 조직》의 저자 피터 센게Peter Senge 교수는 리더의 역할을 이렇게 정의했습니다. "리더는 정답을 주는 사람이 아니라, 구성원들이 스스로 답을 찾을 수 있도록 돕는 학습 설계자여야 한다."

"이렇게 해"라고 정답을 지시받은 팀원보다, "네 생각은 어때?"라고 질문받은 팀원이 스스로 생각하는 근육을 키우게 됩니다. 답을 주면 그 순간은 편하지만, 질문을 던지면 평생 써먹을 무기가 생기기 때문입니다.

그렇다면 어떻게 해야 '지시하는 관리자'에서 '코칭하는 리더'로 거듭날 수 있을까요? 코칭의 2대 핵심 기술인 잘 듣기(경청), 잘 묻기(질문)를 익혀야 합니다.

기술 1. 잘 듣기: 듣는 척하지 말고, 온몸으로 들으십시오

첫 번째 기술은 적극적 경청^{Active Listening}입니다. 많은 리더가 팀원의 말을 들을 때, 내용은 듣지만 그 이면의 의도나 감정은 놓칩니다. 더 나쁜 것은 듣는 척하면서 머릿속으로는 다음에 할 말을 준비하는 것입니다.

FBI의 전설적인 인질 협상가 크리스 보스^{Chris Voss}는 그의 저서《우리는 어떻게 마음을 움직이는가》에서, 꽉 닫힌 범인의 입을 여는 최고의 기술은 화려한 설득이 아니라 '철저한 경청'이라고 강조했습니다. 상대가 내 말을 듣게 만들려면, 먼저 상대가 "내 말이 온전히 이해받았다"고 느끼게 해주어야 하기 때문입니다.

제가 코칭했던 한 임원은 1:1 미팅 때 반드시 노트북을 덮고 스마트폰을 뒤집어 놓습니다. 그리고 몸을 팀원 쪽으로 기울이며 눈을 맞춥니다. "지금 이 시간에는 당신의 이야기가 세상에서 가장 중요합니다." 이 무언의 메시지가 팀원의 입을 열게 만듭니다.

경청의 핵심 기술은 '백트래킹^{Back-tracking}' 과 '미러링^{Mirroring}'입니다. 상대의 말을 요약해서 거울처럼 다시 비춰주는 것입니다. "아, 그러

니까 김 대리 말은 지금 일정보다는 퀄리티가 더 걱정된다는 뜻이
구나?" 이렇게 확인해 주면 팀원은 안도감을 느끼며 더 깊은 속내
를 털어놓게 됩니다. 귀로만 듣지 말고, 눈과 표정, 그리고 요약하는
입으로 들으십시오.

기술 2. 잘 묻기: 뇌를 깨우는 '강력한 질문'을 던지십시오

두 번째 기술은 '질문[Questioning]'입니다. 하지만 "밥 먹었어?", "언제
까지 할 거야?" 같은 '닫힌 질문[Closed Question]'은 코칭 질문이 아닙니
다. 답이 "네/아니오"나 단답형으로 정해져 있어 생각할 필요가 없
기 때문입니다.

코칭 질문은 상대방의 뇌를 자극하여 스스로 답을 찾게 만드는
'열린 질문[Open Question]'이어야 합니다.

MIT 리더십 센터의 할 그레거슨[Hal Gregersen] 교수는 "탁월한 리더
는 정답을 주는 사람이 아니라, 질문을 통해 낡은 가정을 파괴하는
사람"이라고 정의했습니다. 뇌과학적으로도 닫힌 질문은 단순히 기
억을 끄집어내는 수준에 그치지만, "어떻게[How]"나 "무엇을[What]"로
시작하는 열린 질문은 뇌의 전두엽을 강하게 자극하여 창의적인 사
고 회로를 작동시킵니다.

[죽은 질문 vs 산 질문]

- **닫힌 질문**: "이거 할 수 있어?" (답은 예/아니오뿐) (X)

- **열린 질문**: "이걸 달성하려면 어떤 방법이 있을까?" (생각을 유도) (O)

- **닫힌 질문**: "왜 실패했어?" (변명을 유도) (X)

- **열린 질문**: "이번 경험에서 무엇을 배웠어?" (학습을 유도) (O)

- **닫힌 질문**: "문제가 뭐야?" (과거 지향) (X)

- **열린 질문**: "이상적인 결과는 어떤 모습이야?" (미래 지향) (O)

길 잃은 대화를 구출하는 나침반: GROW 모델의 4단계

"질문이 좋은 건 알겠는데, 도대체 어떤 순서로 물어봐야 합니까?" 막막해하는 리더들을 위해 코칭의 아버지 존 휘트모어 경은 'GROW 모델'이라는 강력한 내비게이션을 선물했습니다. 이 4단계 프레임워크만 따라가면, 횡설수설하던 대화도 명확한 실행 계획으로 귀결됩니다.

Step 1. Goal(목표): 가슴 뛰는 목적지를 설정하라

대화의 시작은 언제나 '원하는 결과'를 정의하는 것입니다. 팀원이 문제에 파묻혀 있을 때, 리더는 시선을 들어 목표를 보게 해야 합니다.

- **팀장**: "김 대리, 이번 프로젝트를 통해 자네가 진짜 얻고 싶은 결과[Goal]는

뭔가?"

- **팀원**: "그냥… 안 늦고 끝내는 거요."

- **팀장**: "그건 최소한의 조건이고, 자네가 '성공했다'고 느끼려면 어떤 모습
  이어야 할까?"

- **팀원**: "음, 고객들이 '써보니 정말 편하다'는 피드백을 주는 거요."

Step 2. Reality(현실): 냉정한 팩트를 직시하라

목표가 정해졌다면, 현재 위치를 객관적으로 파악해야 합니다.
이때 중요한 것은 감정이 아닌 '사실^{Fact}'을 확인하는 것입니다.

- **팀장**: "좋아. 그럼 현재 상황^{Reality}은 어떤가? 목표 달성을 방해하는 진짜 장
  애물은 뭐지?"

- **팀원**: "사실 개발팀과 소통이 잘 안 되고 있습니다."

- **팀장**: "'잘 안 된다'는 게 구체적으로 어떤 상황이지? 데이터나 사례가 있
  나?"

- **팀원**: "요구사항 정의서에 대한 피드백이 3일째 늦어지고 있습니다."

Step 3. Options(대안): 가능성의 문을 활짝 열어라

현실을 알았다면, 이제 브레인스토밍 시간입니다. 리더가 답을
주지 않고 팀원이 최대한 많은 옵션을 쏟아내도록 돕는 것이 핵심
입니다.

- **팀장**: "그렇군. 그럼 이 문제를 해결하기 위해 자네가 할 수 있는 방법Options 은 무엇이 있을까? 제약 없이 다 말해보게."
- **팀원**: "음… 메일을 다시 보낼까요?"
- **팀장**: "그것도 방법이지. 또 다른 방법은?"
- **팀원**: "찾아가서 직접 이야기하거나, 점심을 같이 먹자고 할 수도 있겠네요."
- **팀장**: "좋아. 만약 내가 도와준다면 어떤 방법이 더 생길까?"

Step 4. Will(의지/실행): 구체적인 약속을 받아내라

옵션 중 최선을 선택하고, 구체적인 행동 계획을 수립하는 단계입니다. 언제, 무엇을 할지 명확히 해야 실행력이 생깁니다.

- **팀장**: "여러 대안 중 당장 내일부터 실행할 것Will은 무엇인가?"
- **팀원**: "내일 오전 10시에 개발 팀장님 자리로 찾아가겠습니다."
- **팀장**: "좋아. 그 결과는 언제 나한테 공유해 줄 수 있지?"
- **팀원**: "내일 오후 2시까지 말씀드리겠습니다."

이 GROW 모델을 통과하고 나면, 팀원은 "팀장님이 시켜서"가 아니라 "내가 결정해서" 움직이는 주체적인 실행가가 됩니다.

침묵을 견디는 것이 리더의 그릇입니다

코칭에서 가장 어렵지만 가장 강력한 기술은 바로 '침묵Silence'입니다. 질문을 던지고 팀원이 대답할 때까지 온전히 기다려주는 시간입니다.

많은 리더가 질문을 던지고 1초를 못 견뎌서 자기 답을 말해버리거나 힌트를 줍니다. 교육심리학자 메리 버드 로우Mary Budd Rowe 교수의 '대기 시간Wait Time' 연구에 따르면, 질문 후 답변을 기다리는 시간이 평균 1초 미만일 때 사고는 멈추지만, 이를 3초 이상으로만 늘려도 답변의 길이와 창의성이 3배 이상 증가한다고 합니다.

3초는 짧아 보이지만, 대화 도중의 3초는 영겁의 시간처럼 느껴집니다. 그 어색한 공백을 견디지 못해 리더가 입을 여는 순간, 팀원의 뇌는 생각을 멈춥니다. 침묵은 '비어있는 시간'이 아닙니다. 팀원의 머릿속에서 정보가 연결되고 통찰이 만들어지는 가장 치열한 '생산적인 시간'입니다.

팀장님, 질문을 던졌다면 입술을 꽉 깨물고 속으로 열을 세십시오. 팀원이 눈동자를 굴리며 생각하고 있다면 절대 방해하지 마십시오. 그 침묵이 바로 팀원을 성장시키는 '인큐베이팅'의 시간입니다.

답을 멈추고 질문을 시작하십시오

이제 수현 팀장은 팀원이 질문하면 바로 답을 주지 않습니다. 대신 이렇게 말합니다. "글쎄, 자네 생각은 어떤가?" 처음엔 당황하던 팀원들도 이제는 "제 생각엔 A안과 B안이 있는데, 장단점은 이렇습니다"라며 자신의 의견을 들고 옵니다. 수현 팀장은 그저 "좋은 생각이네. 그럼 B안으로 갔을 때 리스크는 뭘까?"라고 툭 질문만 던져주면 됩니다.

팀원들은 스스로 답을 찾으며 성장하고, 수현 팀장은 실무에서 해방되어 더 중요한 전략적 고민을 할 수 있게 되었습니다.

리더는 정답을 알려주는 '내비게이션'이 아닙니다. 스스로 길을 찾도록 돕는 '나침반'입니다. 오늘부터 답을 멈추고 질문을 시작하십시오. 팀원들이 놀라운 답을 가지고 당신을 찾아올 것입니다.

탁월한 리더의 성공 원칙

1. **경청의 자세:** 탁월한 리더는 팀원의 말을 끊거나 판단하지 않고, 온몸으로 듣고 반응하는 '적극적 경청'을 통해 팀원이 스스로 마음을 열고 이야기하게 만든다.

2. **질문의 기술:** 탁월한 리더는 "예/아니오"로 끝나는 닫힌 질문 대신, "어떻게", "무엇을"로 시작하는 '열린 질문'을 던져 팀원의 사고를 확장시킨다.

3. **침묵의 인내:** 탁월한 리더는 질문 후 찾아오는 정적을 두려워하지 않고, 팀원이 스스로 답을 찾을 때까지 '기다려주는 침묵'을 통해 성장의 시간을 확보해 준다.

38

과거를 지적하지 말고 미래를 그려주는 피드백

피드포워드의 원리와 실전 적용법

왜 내 피드백은 잔소리가 될까?

디지털 마케팅 에이전시의 콘텐츠 팀장 지은 씨는 요즘 신입 사원 때문에 속앓이를 하고 있습니다. 야심 차게 맡긴 캠페인 기획안이 엉망이었기 때문입니다. 지은 씨는 신입을 회의실로 불러 앉혀 놓고, 꼼꼼하게 '피드백'을 줬습니다.

"이번 기획안의 문제점을 하나씩 짚어줄게. 첫째, 타겟 분석이 너무 피상적이었어. 둘째, 핵심 메시지가 뭔지 모르겠어. 셋째, 경쟁사 분석 데이터가 빠졌어. 넷째…"

무려 20분 동안 잘못된 점을 조목조목 지적했습니다. 신입은 고개를 푹 숙인 채 "죄송합니다"만 연발했습니다. 지은 씨가 마지막으로 물었습니다. "그래서, 다음엔 어떻게 할 거야?" 신입이 기어들어가는 목소리로 답했습니다. "더 열심히 하겠습니다."

지은 씨는 한숨이 나왔습니다. '아니, 구체적으로 어떻게 할 거냐고.' 하지만 더 놀라운 것은 한 달 후였습니다. 신입이 또다시 비슷한 실수를 반복했기 때문입니다. 지은 씨는 좌절했습니다. '그렇게 자세히 피드백을 해줬는데 왜 안 바뀌지? 내가 너무 살살 말했나?'

이유는 간단합니다. 지은 씨가 준 것은 피드백이 아니라 '과거에 대한 질책'이었기 때문입니다. 과거의 잘못을 현미경처럼 파헤치는 동안, 신입의 뇌는 '학습 모드'가 아니라 자존감을 지키기 위한 '방어 모드'로 전환되어 버린 것입니다.

피드백의 본질: 심판이 아니라 '조절'입니다

우리가 흔히 쓰는 '피드백Feedback'이라는 용어는 원래 기계 제어 공학에서 왔습니다. 출력된 결과를 다시 입력Feed하여 시스템의 오차를 조절Back한다는 뜻입니다. 에어컨이 설정 온도를 맞추기 위해 작동을 멈추거나 세게 트는 것이 바로 피드백입니다.

즉, 피드백의 본질은 "너는 틀렸어"라고 심판하는 것이 아니라, "목표와 현재 상태의 차이를 줄이기 위해 행동을 교정하는 것"입니다.

이 원리를 가장 치열하게 실천하는 곳이 바로 군대입니다. 특히 미국 공군과 육군은 작전이 끝나면 계급장을 떼고 AAR^{After Action}

Review이라는 사후 디브리핑을 진행합니다.

전투기 조종사들이 생사를 오가는 작전을 마치고 돌아오면, 그들은 둥글게 모여 앉아 묻습니다. "우리가 살아서 돌아오기 위해 무엇을 했어야 했나?" 그들의 목표는 단 하나, '생존과 승리'입니다. 누군가를 비난하기 위해서가 아니라, 다음 작전에서 살아남기 위해 처절하게 복기하는 것입니다.

경영학적으로 적용된 AAR의 4가지 질문은 피드백의 정석입니다.

1. **최초 의도**Goal/Intention: 우리가 무엇을 하려고 했는가? (목표)

2. **실제 결과**Result: 실제로 무슨 일이 일어났는가? (팩트)

3. **차이의 원인**Cause: 왜 차이가 발생했는가? (분석)

4. **배운 점**Learning: 무엇을 배웠고, 다음엔 무엇을 다르게 할 것인가? (개선)

지은 씨가 이 AAR 방식으로 물었다면 어땠을까요? "우리가 이번 기획안에서 목표했던 게 뭐지?" "타겟의 공감을 얻는 것이었습니다." "그런데 클라이언트 반응은 어땠지?" "메시지가 불명확하다고 했습니다." "왜 그런 차이가 생겼을까?" "제가 타겟 분석보다 디자인의 화려함에만 신경을 쓴 것 같습니다."

이렇게 질문했다면 신입은 변명이 아니라 '원인'을 스스로 찾았을 것입니다.

피드백의 4가지 유형: 당신은 어디에 있습니까?

리더가 구사하는 피드백은 크게 4가지 유형으로 나뉩니다.

1. **지지적 피드백**Supportive: 잘한 행동을 구체적으로 칭찬하여 반복하게 만듭니다. "지난번 보고서의 논리 구조가 아주 좋았어."

2. **교정적 피드백**Corrective: 잘못된 행동을 수정하게 합니다. "데이터 출처는 반드시 명기해야 해."

4. **학대적 피드백**Abusive: 인격을 모독합니다. "너는 왜 항상 그 모양이야?" (절대 금지)

5. **무의미한 피드백**Insignificant: 알맹이가 없습니다. "수고했어." (효과 없음)

탁월한 리더는 학대적 피드백과 무의미한 피드백을 하지 않습니다. 지지적 피드백과 교정적 피드백을 적절히 섞어 씁니다. 특히 교정적 피드백을 할 때는 감정을 빼고 AAR 기법처럼 사실과 원인에 집중해야 합니다.

백미러를 보지 말고 앞 유리창을 보라: 피드포워드Feedforward

하지만 피드백에는 치명적인 한계가 있습니다. 아무리 좋게 말해도 시선이 '과거Back'에 머문다는 점입니다. 이미 엎질러진 물을 놓고 이야기하면, 듣는 사람은 본능적으로 위축되고 변명하고 싶어집니다. 그래서 리더십 코칭의 대가 마셜 골드스미스Marshall Goldsmith는 '피드포워드Feedforward'라는 혁신적인 개념을 제안했습니다. 피드백이 '백미러'를 보며 운전하는 것이라면, 피드포워드는 넓은 '앞유리창'을 보며 운전하는 것입니다.

"지난번에 왜 그랬어?"(Feedback) →

"다음엔 이렇게 해보면 어떨까?"(Feedforward)

차이는 명확합니다. 피드백은 문제를 지적하지만, 피드포워드는 해결책을 제안합니다. 피드백은 방어기제를 부르지만, 피드포워드는 실행 의지를 부릅니다.

피드포워드를 실천하는 4가지 원칙

지은 씨는 이제 신입에게 이렇게 말합니다. "다음 기획안에서는 타겟의 하루 일과를 먼저 그려보고 시작하면 메시지가 훨씬 구체적으로 나올 것 같아. 어떻게 생각해?"

이것이 피드포워드입니다. 이를 위한 4가지 원칙을 기억하십시오.

원칙 1. 시제를 '과거'에서 '미래'로 바꾸십시오

- **과거형**: "발표 준비를 더 철저히 했어야 했어." (후회) (X)
- **미래형**: "다음 발표 때는 리허설을 3번 정도 해보면 좋겠어." (제안) (O)

뇌과학적으로 인간의 뇌는 과거의 실수를 떠올릴 때 '고통^{Pain}'을 느끼지만, 미래의 행동을 상상할 때는 '기대^{Reward}' 회로를 작동시킨다고 합니다. 상대를 움직이고 싶다면 후회가 아닌 기대를 자극하십시오.

원칙 2. 부정을 긍정으로 프레이밍 하십시오

- **부정형**: "클라이언트 앞에서 말 더듬지 마." (X)
- **긍정형**: "클라이언트 앞에서는 조금 천천히, 또박또박 말하면 훨씬 신뢰감을 줄 거야." (O)

인지언어학자 조지 레이코프$^{George\ Lakoff}$는 그의 저서 《코끼리는 생각하지 마》에서 "어떤 프레임을 부정하면 그 프레임이 활성화된다"고 설명했습니다. "코끼리를 생각하지 마"라고 하면 코끼리가 생각나고, "말 더듬지 마"라고 하면 더듬는 것에만 신경 쓰게 됩니다.

따라서 원하지 않는 행동을 금지하는 것이 아니라, 원하는 행동을 긍정문으로 요청해야 합니다.

원칙 3. 추상이 아닌 '구체적 행동'을 제안하십시오

- **추상형**: "소통 좀 잘해." (X)
- **구체형**: "프로젝트 진행 상황을 매주 목요일 오전 10시까지 팀 톡방에 공유해 줘." (O)

목표 설정 이론의 대가 에드윈 로크Edwin Locke 교수는 "모호한 목표보다 구체적인 목표가 성과를 월등히 높인다"는 것을 증명했습니다. 피드백도 마찬가지입니다. "소통 잘해"라는 말은 해석의 여지가 너무 많아 실행하기 어렵습니다.

원칙 4. '방법'을 묻는 질문을 던지십시오

- **원인 질문**: "왜 마감을 못 지켰어?" (변명 유도) (X)
- **방법 질문**: "다음 프로젝트에서 마감을 지키려면 어떻게 하면 될까?" (해결책 유도) (O)

문제가 생겼을 때 "왜Why"를 물으면 뇌는 '변명'을 찾습니다. 하지만 "어떻게How"를 물으면 뇌는 '해결책'을 찾습니다. 상담심리학의 해결 중심 단기 치료Solution-Focused Brief Therapy 기법에서도 문제의 원인을 파고드는 것보다, "해결된 상태는 어떤 모습이며, 그것을 위해 지금 무엇을 할 수 있는가"를 묻는 것이 훨씬 효과적이라고 강조합니다. 과거를 묻지 말고 방법을 물으십시오.

리더인 당신은 팀원을 과거의 감옥에 가두는 간수입니까, 아니면 미래의 가능성으로 이끄는 가이드입니까? 실수한 팀원에게 "왜 그랬어"라고 묻고 싶은 충동을 꾹 누르고, "다음엔 어떻게 할까?"라고 물어보십시오. 그 질문 하나가 팀원의 눈빛을 바꿀 것입니다.

탁월한 리더의 성공 원칙

1. **균형 잡힌 접근:** 탁월한 리더는 과거의 성과를 분석하는 '피드백AAR'과 미래의 행동을 제안하는 '피드포워드'를 적절히 배합하여(3:7) 학습과 성장을 동시에 이끈다.

2. **미래 지향적 언어:** 탁월한 리더는 "했어야 했다"는 후회의 언어 대신, "하면 좋겠다"는 제안의 언어를 사용하여 팀원이 방어기제 없이 변화를 수용하게 만든다.

3. **구체적 행동 제안:** 탁월한 리더는 "잘해라" 같은 모호한 지시가 아니라, "다음엔 A를 B 방식으로 해보자"는 구체적인 행동 지침을 주어 실행력을 높인다.

39

1 on 1의 품질이 팀 전체를 바꾼다

관계 중심 1 on 1 미팅의 구조와 대화법

"팀장님과 면담하는 30분이 가장 숨 막혀요"

핀테크 스타트업의 데이터 사이언스 팀장 현수 씨는 요즘 마음이 무겁습니다. 얼마 전 팀의 핵심 인재인 시니어 데이터 과학자가 퇴사했기 때문입니다. 현수 씨는 억울했습니다. 그는 나름대로 소통하는 리더였습니다. 격주로 30분씩 꼬박꼬박 팀원들과 1 on 1을 가졌으니까요.

"진행 상황 어때?" "잘 되고 있습니다." "이슈 없어?" "특별히 없습니다." "그래, 그럼 다음 주에 보자."

현수 씨는 15분 만에 끝나는 이 미팅을 '효율적'이라고 생각했습니다. 군더더기 없이 업무만 딱 체크하고 끝냈으니까요. 하지만 퇴사자가 남긴 말은 충격적이었습니다. "팀장님, 솔직히 말씀드리면 1

on 1 시간이 제일 괴로웠습니다. 제 고민을 나눌 시간이 아니라, 숙제 검사받는 시간 같았거든요. 사실 몇 달 전부터 번아웃이 와서 힘들었는데, 팀장님은 늘 '일정'과 '숫자'만 물으셨죠."

현수 씨는 큰 충격을 받았습니다. 30분을 단둘이 앉아 있었지만, 그것은 대화가 아니라 '취조'에 가까웠던 것입니다. 그는 깨달았습니다. 1 on 1의 본질은 '업무 점검'이 아니라 '관계 구축'이라는 것을.

1 on 1은 팀 미팅의 축소판이 아닙니다

많은 리더가 1 on 1을 오해합니다. 팀 전체 회의에서 못다 한 업무 지시를 하거나, 진척 상황을 더 꼼꼼하게 확인하는 시간으로 씁니다. 하지만 1 on 1은 팀 미팅과 DNA가 다릅니다.

팀 미팅이 '업무^{Task}'를 다루는 공적인 시간이라면, 1 on 1은 '사람^{Person}'을 다루는 사적인 시간입니다. 팀 미팅이 '결과'를 확인하는 자리라면, 1 on 1은 그 결과를 만들어가는 '과정'과 그 속의 '감정'을 나누는 자리입니다.

글로벌 리서치 기업 갤럽^{Gallup}의 연구에 따르면, 리더와 정기적인 미팅을 갖는 직원은 그렇지 않은 직원보다 업무 몰입도가 3배나 높았습니다. 또한 어도비^{Adobe}는 연례 평가를 폐지하고 상시적인 1 on 1 체크인을 도입한 결과, 자발적 퇴사율이 30% 이상 감소하는 효과를 거쳤습니다. 1 on 1의 품질이 곧 리더십의 품질입니다. 숙제 검사가 아닌, 사람을 얻는 시간으로 만드십시오.

그렇다면 '숙제 검사'가 아닌 '진짜 대화'를 하려면 어떻게 해야 할까요?

원칙 1. 마이크를 팀원에게 넘기십시오(Owner)

첫 번째 원칙은 주도권입니다. 1 on 1은 팀장을 위한 시간이 아니라 '팀원을 위한 시간'입니다. 많은 리더가 수첩에 자신이 물어볼 질문 리스트를 적어갑니다. "A 프로젝트 진행률은?", "B 이슈 해결됐어?" 하지만 이것은 리더 주도의 미팅입니다. 1 on 1의 어젠다^Agenda 는 팀원이 정하게 해야 합니다.

구글^Google이 10년간의 연구 끝에 밝혀낸 '좋은 팀장의 10가지 특징^Project Oxygen'에서도, 고성과 리더들은 1 on 1 미팅의 주제를 전적으로 팀원에게 맡기고 자신은 경청과 코칭에 집중한다는 공통점이 발견되었습니다. 자신의 관심사를 다룰 때 팀원은 비로소 몰입하고 마음을 열기 때문입니다.

미팅을 시작할 때 이렇게 물어보십시오. "오늘 자네가 이야기하고 싶은 주제가 뭔가?" "지금 자네에게 가장 중요한 이슈가 뭐지?"

이 질문 하나로 마이크는 팀원에게 넘어갑니다.

원칙 2. '일'이 아니라 '사람'을 보십시오(Focus)

두 번째 원칙은 초점Focus입니다. 1 on 1 미팅에 들어갈 때는 잠시 업무 현황판을 치우고, 사람의 표정을 보십시오.

글로벌 리더십 컨설팅사 DDI의 연구에 따르면, 리더가 업무 지시보다 구성원의 감정과 상태에 공감을 보일 때, 팀원의 업무 몰입도는 3배 이상 높아졌습니다.

우리는 너무나 자주 "일정은?"이라고 묻습니다. 하지만 그 일을 수행하는 주체는 '사람'입니다. 사람이 지치면 일정은 무의미해집니다. 질문의 주어를 '일'에서 '사람'으로 바꿔보십시오.

- **업무 중심**: "목표 달성률은 몇 %야?" (X)
- **사람 중심**: "목표를 향해 가면서 어떤 점이 제일 힘들어?" (O)
- **업무 중심**: "다음 주 일정은?" (X)
- **사람 중심**: "요즘 컨디션이나 에너지 레벨은 어때?" (O)

업무 이야기는 이메일이나 슬랙으로도 충분합니다. 귀한 1 on 1 시간에는 그 업무를 수행하는 '사람'의 성장을 챙겨야 합니다.

원칙 3. '바빠서 취소'는 최악의 메시지입니다(Consistency)

세 번째 원칙은 일관성Consistency입니다. "김 대리, 미안한데 내가 오늘 급한 회의가 있어서 1 on 1 은 다음 주에 하자. "이 말을 듣는 순간 팀원은 생각합니다. '아, 나는 팀장님의 우선순위에서 밀리는 구나.' 잦은 취소와 연기는 팀원에게 "너는 중요하지 않다"는 무언의 메시지를 보냅니다. 구글^{Google}의 '프로젝트 옥시전^{Project Oxygen}' 연구에서도 고성과 리더들의 결정적 특징으로 1 on 1 미팅을 대하는 태도'를 꼽았습니다. 그들은 1 on 1 미팅을 '팀원과의 신성한 약속'으로 여겼기에, 아무리 바빠도 취소하지 않았습니다.

비가 오나 눈이 오나 약속된 시간에는 반드시 만난다는 신뢰, 그것이 관계의 토대입니다. 리더의 달력에서 1 on 1 이 '삭제 가능한 일정'이 되는 순간, 신뢰도 함께 삭제됩니다.

1 on 1 의 황금 구조: 10-10-10 모델

그렇다면 30분을 어떻게 채워야 할까요? 막막한 리더들을 위해 '10-10-10 모델'을 제안합니다. 일명 텐-텐-텐 모델입니다. 10분씩 3등분 하는 것입니다.

1. **Check-in(10분):** 관계와 감정을 확인하는 시간입니다. "주말엔 뭐 했어?", "요즘 가장 신나는 일은 뭐야?", "스트레스 지수는 몇 점이야?" 스몰 토크로 마음의 문을 엽니다.

2. **Deep Dive(10분):** 팀원이 가져온 핵심 이슈를 깊이 있게 다룹니다. "그

문제를 해결하는 데 가장 큰 걸림돌이 뭐라고 생각해?", "내가 도와줄 수 있는 건 뭐야?" 리더는 해결사가 아니라 코치가 되어 질문합니다.

3. Action & Feedback(10분): 다음 실행 계획을 합의하고 서로 피드백을 주고받습니다. "그럼 다음 주까지 이건 자네가 해보고, 저건 내가 지원할게." 그리고 반드시 물어보십시오. "오늘 1 on 1 은 어땠어? 내가 더 잘 들어줘야 할 부분은 없을까?"

이 구조만 지켜도 1 on 1 은 잡담이나 훈계로 흐르지 않고, 생산적인 대화가 됩니다.

경청의 80:20 법칙

1 on 1 에서 리더가 지켜야 할 가장 중요한 룰은 '말하기 다이어트'입니다. 리더십 컨설팅사 젱거 포크먼^{Zenger Folkman}의 연구에 따르면, 탁월한 리더는 평균적인 리더보다 말하는 시간은 적고 듣는 시간은 압도적으로 길었습니다. 대화의 황금 비율은 "리더가 20%를 말하고, 팀원이 80%를 말하게 하는 것"입니다.

침묵을 견디십시오. 팀원이 말을 멈췄다고 바로 끼어들지 말고, 3초만 더 기다려 보십시오. "그리고 또?", "더 이야기해 줄래?"라는 추임새만 넣어주십시오. 리더가 입을 다물면 팀원은 마음을 엽니다.

1 on 1은 끝나도 끝난 게 아닙니다

1 on 1 의 진짜 효과는 미팅 룸 문을 나선 직후부터 발생합니다. 바로 '약속 이행Follow-through'입니다. 팀원이 "노트북이 너무 느려서 힘들어요"라고 했다면, 다음 날 바로 교체해 주거나 최소한 교체 신청이라도 해야 합니다. "타 부서 협조가 안 돼요"라고 했다면, 리더가 직접 전화를 걸어 해결해 주어야 합니다.

경영학에서는 이를 '행동하는 신뢰Behavioral Trust'라고 합니다. 말만 하고 행동하지 않는 리더는 '거짓말쟁이'가 되지만, 작은 약속이라도 즉각 실천하는 리더는 '믿을 수 있는 사람'이 됩니다. "말만 하면 뭐 해, 바뀌는 것도 없는데"라는 냉소주의를 없애는 유일한 방법은 '즉각적인 행동'입니다.

30분의 기적

현수 팀장은 이제 1 on 1 시간에 엑셀 파일을 켜지 않습니다. 대신 빈 노트 한 권을 펴고 묻습니다. "요즘 어때? 어떤 게 제일 고민이야?" 처음에는 어색해하던 팀원들도 이제는 속마음을 털어놓습니다. 커리어에 대한 불안, 동료와의 갈등, 심지어 개인적인 고민까지. 현수 씨는 듣고, 적고, 공감합니다. 그리고 약속한 것은 반드시

지킵니다.

6개월 후, 팀 분위기는 완전히 달라졌습니다. 팀원들은 자발적으로 문제를 제기하고 해결책을 가져옵니다. "팀장님은 내 얘기를 들어주는 사람"이라는 믿음이 팀을 하나로 묶어주었기 때문입니다.

팀장님, 이번 주 1 on 1 은 어떻게 하시겠습니까? 숙제 검사를 하시겠습니까, 아니면 사람을 얻으시겠습니까? 당신의 30분이 팀의 운명을 바꿉니다.

탁월한 리더의 성공 원칙

1. **주도권 이양:** 탁월한 리더는 1:1 미팅을 자신의 지시 사항을 전달하는 시간으로 쓰지 않고, 팀원에게 '어젠다 설정권'을 넘겨 그들이 진짜 하고 싶은 이야기를 하게 만든다.

2. **사람 중심:** 탁월한 리더는 업무 진척도만 체크하는 건조한 미팅을 지양하고, 팀원의 감정, 성장, 커리어 비전 등 '사람' 자체에 집중하여 깊은 신뢰 관계를 쌓는다.

3. **실행과 약속:** 탁월한 리더는 미팅에서 나온 팀원의 고충이나 건의 사항을 흘려듣지 않고, 반드시 후속 조치를 취하고 그 결과를 공유함으로써 '말하면 해결된다'는 효능감을 심어준다.

40

사람을 남기는 탁월한 리더의 조건

공유, 공감, 공명의 '3공 리더십'

나 홀로 영웅의 시대는 저물었습니다

우리는 오랫동안 '슈퍼히어로 리더십'에 열광해 왔습니다. 스티브 잡스나 엘론 머스크처럼 천재적인 직관으로 앞장서서 지휘하고, 모든 난관을 혼자 돌파해 내는 카리스마 넘치는 영웅들 말입니다. 그들은 정답을 알고 있었고, 우리는 그들을 따르기만 하면 되었습니다.

하지만 지금 우리가 마주하고 있는 세상은 영웅 혼자서 구원할 수 있는 세상이 아닙니다. 경영학에서는 지금의 시대를 VUCA라고 정의합니다. 변동성^{Volatility}, 불확실성^{Uncertainty}, 복잡성^{Complexity}, 모호성^{Ambiguity}이 지배하는 시대입니다. 어제의 정답이 오늘은 오답이 되고, 한 명의 천재가 처리하기엔 너무나 방대한 데이터가 매일 쏟아집니다. 이런 상황에서 리더 한 명의 머리에 조직의 운명을 맡기는 것은, 거친 파도 속에서 뗏목 하나에 모두가 매달리는 도박과 다름 없습니다.

더구나 우리 앞에는 새로운 인류, '잘파Zalpha 세대'가 등장했습니다. Z세대를 넘어 알파 세대까지, 태어날 때부터 디지털과 연결된 이들은 수직적인 위계가 아니라 수평적인 연결을 원합니다. 이들에게 "나를 따르라"는 일방적인 명령은 통하지 않습니다. "우리 함께 만들자"는 정중한 초대가 필요합니다.

이제 리더십의 패러다임은 '통제Control'에서 '연결Connect'로, '독점Monopoly'에서 '공유Share'로 이동해야 합니다. 저는 이것을 미래 리더가 갖춰야 할 필수 조건, '3공 리더십'이라고 정의합니다. 바로 공유Shared, 공감Compassionate, 공명Resonant입니다.

공유 리더십Shared Leadership: "권력은 나눌수록 커집니다"

첫 번째 조건은 '공유'입니다. 공유 리더십은 리더 한 명이 모든 권한과 책임을 독점하는 '1인 리더십'의 반대 개념입니다. 상황과 전문성에 따라 팀원들이 돌아가며 리더의 역할을 맡고, 팀장은 그들을 지원하는 팔로워가 되기도 하는 유연한 구조를 말합니다.

경영학자 크레이그 피어스Craig Pearce와 제이 콩거Jay Conger는 "지식

기반 사회에서 가장 효과적인 리더십은 수직적 명령이 아니라 수평적 영향력의 공유에서 나온다”고 강조했습니다.

과거에는 정보와 지식이 리더에게 집중되어 있었습니다. 그래서 리더가 지시하면 효율적이었습니다. 하지만 지금은 현장의 실무자가 리더보다 더 많은 정보를, 더 빨리 접합니다. AI가 데이터를 분석하고, 클라우드가 지식을 공유하는 세상에서 리더의 역할은 정보를 독점하는 ‘게이트키퍼Gatekeeper’가 아니라, 정보가 흐르게 하는 ‘플랫폼Platform’이 되어야 합니다.

제가 현업에서 목격한 가장 혁신적인 팀은 ‘재즈 밴드’ 같았습니다. 클래식 오케스트라가 지휘자 한 명만 바라보고 연주한다면, 재즈 밴드는 곡의 흐름에 따라 드럼이 리드하기도 하고, 색소폰이 리드하기도 합니다. 그 팀은 프로젝트의 성격에 따라 리더가 바뀌었습니다. 기술적 난제가 핵심일 때는 엔지니어가 리더가 되고 팀장은 자원 조달을 돕는 서포터가 되었습니다. 고객 클레임이 터졌을 때는 영업 담당자가 전권을 쥐고 현장을 지휘했습니다.

리더십을 공유한다는 것은 리더가 책임을 회피하는 것이 아닙니다. 오히려 팀원 모두를 ‘작은 리더’로 키워내어 조직의 집단지성을 극대화하는 고도의 전략입니다. “내가 없으면 안 돼”라는 생각을 버리십시오. “누구나 리더가 될 수 있다”는 믿음이 팀원들을 수동적인 실행자에서 능동적인 주체로 변화시킵니다. 권력은 웅덩이처럼 고여 있을 때 썩지만, 강물처럼 흐르고 나눌 때 생명력을 갖습니다.

공감 리더십Compassionate Leadership :

"머리가 아닌 가슴으로 연결하십시오"

두 번째 조건은 '공감'입니다. 여기서 말하는 공감은 단순히 "힘들겠구나"라고 느끼는 감정적 동조Empathy를 넘어섭니다. 타인의 고통을 깊이 이해하고, 그 고통을 덜어주기 위해 구체적으로 행동하려는 의지, 즉 '자비적 공감Compassionate'입니다.

링크드인LinkedIn의 CEO 제프 와이너Jeff Weiner는 "리더십의 미래는 공감Compassion에 있다"고 단언했습니다. 왜일까요? 기술이 고도화되고 비대면 업무가 늘어날수록, 사람들은 역설적으로 더 깊은 인간적 연결과 존중을 갈구하기 때문입니다.

특히 잘파 세대는 공정함에 민감하고, 자신의 감정을 존중받길 원합니다. 이들에게 "까라면 까"는 폭력입니다. 실수한 팀원에게 "정신 안 차려?"라고 윽박지르는 리더는 그들의 마음을 영영 잃게 됩니다. 대신 이렇게 묻는 리더가 필요합니다. "자네가 지금 느끼는 당혹감과 어려움이 무엇인가? 내가 무엇을 도와주면 그 짐을 덜고 다시 도전할 수 있을까?"

제가 코칭했던 한 스타트업 대표는 직원이 치명적인 실수를 저질러 회사가 손해를 입었을 때, 질책 대신 이렇게 말했습니다. "자네가 지금 얼마나 놀라고 미안할지 잘 아네. 나도 신입 때 비슷한 실수를 했었지. 자책은 그만하고, 이제 우리가 이걸 어떻게 함께 수습할지, 그리고 여기서 무엇을 배울지 이야기해 보세."

이 따뜻한 공감이 실수를 '트라우마'가 아닌 '성장의 발판'으로 바꾸었습니다. 그 직원은 이후 회사의 가장 충성스러운 핵심 인재가 되었습니다. 공감은 나약함이 아닙니다. 사람을 가장 강력하게 움직이는 엔진입니다.

공명 리더십^{Resonant Leadership} :
"파장을 맞춰 울림을 만드십시오"

세 번째이자 가장 높은 단계의 조건은 '공명'입니다. 물리학에서 공명^{Resonance}은 진동수가 같은 물체가 서로에게 영향을 주어 소리를 증폭시키는 현상입니다. 리더십에서의 공명은 리더의 비전과 철학이 구성원의 가슴을 울려, 조직 전체가 같은 주파수로 진동하게 만드는 것입니다.

《감성의 리더십》의 저자 대니얼 골먼^{Daniel Goleman}은 "위대한 리더는 사람들의 감정에 불을 지펴 공명을 일으킨다"고 했습니다. 반면 실패한 리더는 구성원의 감정과 엇박자를 내며 불협화음^{Dissonance}을 만듭니다.

앞으로의 시대는 '기능^{Function}'으로 일하는 시대가 아니라 '의미^{Meaning}'로 일하는 시대입니다. 팀원들은 더 이상 월급만으로는 영혼을 바치지 않습니다. "우리가 하는 이 일이 세상에 어떤 가치를 주는가?", "우리는 어디를 향해 가고 있는가?"라는 질문에 리더가 답을 줄 수 있어야 합니다.

리더인 당신의 가슴속에는 무엇이 있습니까? 단순히 '매출 20% 성장'이라는 숫자만 들어 있습니까? 아니면 '고객의 삶을 바꾼다', '업계의 표준을 만든다'는 뜨거운 비전이 들어 있습니까? 리더의 열정이 진정성 있게 전달되어 팀원에게 전염되고, 팀원의 개인적인 꿈이 리더의 비전과 하나가 될 때, 조직은 1 더하기 1이 2가 아니라 무한대의 에너지를 발산합니다.

당신은 팀원들과 주파수를 맞추고 있습니까? 아니면 혼자만의 소리를 지르고 있습니까? 당신의 철학이, 당신의 언어가, 당신의 뒷모습이 팀원들의 가슴속에 있는 현String을 건드려 아름다운 화음을 만들어낼 때, 비로소 당신은 '관리자'를 넘어 진정한 '리더'가 됩니다.

사람을 남기는 리더가 되십시오

우리는 긴 여정을 통해 탁월한 팀장이 되는 길을 탐색해 왔습니다. 불안을 성장의 신호로 받아들이는 법부터 시작해, 성과를 내고, 위임하고, 갈등을 넘고, 협업하는 기술까지. 숨 가쁘게 달려왔습니다.

하지만 이 모든 기술과 전략의 종착역은 결국 하나입니다. 바로 '사람'입니다.

화려했던 지난달의 숫자는 잊힙니다. 성공했던 프로젝트도 언젠가는 과거의 기록이 됩니다. 하지만 당신이 정성을 다해 키워낸 사람, 당신이 심어준 건강한 문화, 당신이 힘겨운 순간에 보여주었던 듬직한 뒷모습은 그들의 마음속에 영원히 남습니다.

리더십은 직책^{Title}이 아니라 '영향력^{Influence}'입니다. 권한을 나누어(공유) 모두를 주인으로 만들고, 아픔을 헤아려(공감) 단단한 신뢰를 쌓고, 가슴을 울려(공명) 한 방향으로 뛰게 만드십시오.

먼 훗날, 당신이 떠난 자리에 덩그러니 놓인 차가운 트로피가 아니라, 당신을 닮은 수많은 리더들이 숲을 이루고 있기를 바랍니다.

"팀장님 덕분에 제가 더 좋은 사람이 되었습니다." "당신과 함께 일했던 시간이 제 인생의 전성기였습니다."

이 한마디를 듣는 리더가 되십시오. 그것이 탁월한 팀장의 마지막 조건이자, 당신이 받을 수 있는 최고의 찬사입니다.

탁월한 리더의 성공 원칙

1. **공유**Shared: 탁월한 리더는 권력을 독점하지 않고 팀원 모두를 '작은 리더'로 세우며, 상황과 전문성에 따라 리더십을 유연하게 주고받는 '집단지성'의 플랫폼이 된다.

2. **공감**Compassionate: 탁월한 리더는 타인의 감정을 머리로 이해하는 것을 넘어, 구체적인 행동으로 어려움을 돕고 성장을 지원하는 '자비적 공감'을 실천하여 단단한 신뢰와 유대감을 만든다.

3. **공명**Resonant: 탁월한 리더는 명확한 비전과 진정성 있는 가치관으로 구성원의 마음을 울려, 조직 전체가 같은 주파수로 진동하며 폭발적인 시너지를 내는 '울림'을 만들어낸다.

이제 당신은 다른 사람입니다

책의 첫 장을 펼쳤을 때를 기억하십니까?

명함에 새겨진 두 글자가 바뀌던 날. 축하 인사 속에서 홀로 서늘해지던 가슴. '과연 나는 이 자리에 맞는 사람일까' 스스로에게 던졌던 질문. 그 두려움이 당신을 이 책으로 이끌었습니다.

이제 마지막 장을 덮으려 합니다. 무엇이 달라졌습니까?

당신은 알게 되었습니다.

불안은 무능의 증거가 아니라 성장의 신호라는 것을. 리더는 모든 답을 아는 사람이 아니라 함께 답을 찾아가는 사람이라는 것을. 실무의 에이스였던 과거를 내려놓아야 비로소 리더의 길이 열린다는 것을.

당신은 배웠습니다.

신뢰는 하루아침에 쌓이지 않지만, 한순간에 무너질 수 있다는 것을. 감정을 읽지 못하는 리더는 성과도 읽지 못한다는 것을. 방향이 정렬되지 않은 팀은 아무리 열심히 달려도 제자리라는 것을. 진짜 동기는 당근과 채찍이 아니라 의미와 성장에서 온다는 것을.

당신은 익혔습니다.

성과를 쪼는 대신 몰입을 설계하는 법을. 일을 떠안는 대신 권한을 나누는 법을. 갈등을 피하는 대신 직면하여 더 강한 팀을 만드는 법을. 세대를 가르는 대신 연결하는 소통의 기술을.

그리고 당신은 깨달았습니다.

리더의 진짜 성과는 자신의 실적이 아니라 구성원의 성장이라는 것을. 혼자 빛나는 리더가 아니라 모두를 빛나게 만드는 리더가 탁월한 리더라는 것을.

하지만 솔직하게 말씀드리겠습니다.

이 책을 읽었다고 해서 내일 아침 모든 것이 마법처럼 바뀌지는 않습니다. 여전히 회의는 길어질 것이고, 구성원과의 갈등은 생길 것이며, 상사의 압박은 계속될 것입니다. 리더의 자리는 원래 그런 곳입니다.

달라지는 것은 당신입니다.

같은 상황을 마주해도 반응이 달라질 것입니다. 막막했던 순간에 방향이 보일 것입니다. 혼자라고 느꼈던 자리에서 함께할 방법을 찾게 될 것입니다. 지식이 행동이 되고, 행동이 습관이 되고, 습관이 당신의 리더십이 됩니다.

그 변화는 하루아침에 오지 않습니다. 매일 조금씩, 한 번의 대화, 한 번의 피드백, 한 번의 결정을 통해 쌓여갑니다. 넘어지기도 할 것입니다. 실수도 할 것입니다. 하지만 괜찮습니다. 넘어진 자리에서 배우는 것, 그것이 진짜 성장입니다.

탁월한 리더의 탄생

프롤로그에서 에라스무스의 말을 인용했습니다.

"인간은 태어나는 것이 아니라 만들어진다."

이제 당신은 압니다. 리더도 마찬가지라는 것을. 카리스마를 타고나야 하는 것도 아니고, 특별한 재능이 필요한 것도 아닙니다. T.E.A.M.의 원칙을 이해하고, 훈련하고, 체화하면 됩니다. 그 과정이 바로 탁월한 리더의 탄생입니다.

두려움의 반대편에는 언제나 가능성이 있습니다.

누군가는 이 시대에도 탁월한 리더가 됩니다. 구성원들이 믿고 따르는 리더, 성과와 성장을 함께 이끌어내는 리더, 떠난 뒤에도 자신이 키운 사람들로 빛나는 리더. 그들은 특별한 재능을 타고난 사람들이 아닙니다. 두려움을 안고도 한 걸음씩 나아간 사람들입니다.

이제 당신의 차례입니다.

이 책을 덮은 뒤, 당신 앞에는 내일이 기다리고 있습니다.

아침 회의가 있을 것입니다. 보고해야 할 상사가 있을 것입니다. 대화해야 할 팀원이 있을 것입니다. 내려야 할 결정이 있을 것입니다. 그 순간들이 바로 당신의 리더십이 만들어지는 현장입니다.

완벽하지 않아도 됩니다. 처음부터 잘하지 않아도 됩니다. 다만 어제보다 나은 오늘을 만들어 가십시오. 그 작은 진전들이 모여 당신을 탁월한 리더로 빚어낼 것입니다.

탁월한 리더는 태어나지 않습니다. 만들어집니다.

그리고 그 여정은 끝나지 않습니다. 계속됩니다.

당신의 탄생을 축하합니다.

탁월한 리더의 탄생

초판 1쇄 발행 2026년 3월 1일

지은이 박진일

책임편집 임주성
디자인 박은진
마케팅 임주성, 이유림, 윤소연
경영지원 이지원

펴낸곳 파지트 | **펴낸이** 최익성
출판등록 제2021-000049호

주소 경기도 화성시 동탄원천로 354-28 | **전화** 070-7672-1001
이메일 pazit.book@gmail.com | **인스타** @pazit.book

© 박진일 2026
ISBN 979-11-7152-131-9 (03320)

THE STORY FILLS YOU
책으로 펴내고 싶은 이야기가 있다면, 원고를 메일로 보내주세요.
파지트는 당신의 이야기를 기다리고 있습니다.